フロイトとベルクソン

渡辺哲夫

講談社学術文庫

目次

フロイトとベルクソン

プロローグ

小林秀雄の声を聴いたこと

昭和六十二年頃であるから、もう四半世紀近くが経過しているが、奇妙な思い出がいまだに、折に触れて、蘇ってくる。当時、私は三十八歳くらいであった。勤務先の精神科病院から自動車を運転しながらの帰路、川崎市の西端部の畑の中の車道で、小林秀雄の声がはっきりと聴こえてきた。強い日差しが今もなお目に浮かび、また適度の暑さの感覚も思い出されるから、初夏あるいは真夏の昼下がりのことだったのだろう。亡くなってからすでに四年くらい経過していたと思うが、当時、運転中に「新潮カセット」で小林秀雄の講演が聴けたのだ[1]。

ベルクソンの『物質と記憶』とフロイトの『夢判断』(『夢解釈』)、この二つが近代の思想にとって最も重要な書物であることが、力強く語られていた。

これを聴いて、私は即座に「無理なことを」と思った。一人で運転中であったゆえ、「無理だよ、小林さん」と独語したかもしれない。明瞭な記憶はもうない。ただ、今もって不思議なのは、この二冊の古典をはっきりと具体的に提示されただけで、そこに参列していた聴講生に格別特殊の期待を小林秀雄が述べているわけではなく、録音を聴いていただけの私などその場に無縁の人間であるのに、私に即座に生じてしまった反応の強さ（「無理だよ」など）、その持続の長さ、受けた印象の深さである。講演している小林秀雄が何かを私に要請したわけではない。ただ聞き流せばよい、聴いて過ぎればそれでよい、そういう一つの出来事にすぎない。だが、「無理だよ、小林さん」との反応が起こってしまったのだから、そのとき私が何らかの要請を深刻に受け取ってしまったのは確かなのだろう。こういう印象深い体験は多くないが、これは私の個人的で奇矯な思い込みではない。ごく自然な、たんたんとした体験であった。何らの興奮もなかった。この印象は静かに始まり、静かに今日まで続いていると言っていい。そして、以後四半世紀、この要請を忘れたことはない。

つまり、ベルクソンとフロイトが十九世紀末にほぼ同時に開始した仕事を深刻に受けとめて、二人が始めた仕事をさらに継続していくことは諸君の双肩にかかっているのだ、この仕事は終わっていない、続けなさい……そう呼びかけているとしか思われない小林秀雄の声。可能か、不可能か、ということなら、こんな途方もない要請に応えられるわけがない。これは、不可能、まったくできない相談である。一世紀以上も前に、正確には十九世紀末の数年間に相継いで現れたフロイトとベルクソンの仕事、その二冊の本という成果は、まさに非凡な天稟と非凡な努力の結合によってのみ許された革命的なものであって、われわれの追随を峻拒している。だが、面白いか、つまらないか、ということなら、これ以上に面白い要請は他にはなかなか考えられまい。そして人生は、つまらない可能事に満ち満ちている反面、不可能だが面白いという、わくわくしてうれしくなるような不可能な謎にも満ちているのである。

還暦を過ぎて、後者、すなわち面白い不可能事に惹かれるのは、わがことながら、まったく自然なのだ。

フロイトとベルクソン、似ている点は、「無意識」の実在を経験的に実感し、それまでの通念としての「意識」を、その根底から震撼させたことにある。つまり、「自我」、「時空間秩序」、「理性」など、哲学の根本前提に対して、二人は直下型大地震のようであったし、今もなおそうであり続けている。だが、この二人の仕事の類似点、相違点などについて、ここで立ち入って云々することはやめておこう。一歩一歩、慎重に進んでゆかなければならない。問題はそれほどに巨大かつ困難だ、これは言うまでもない。還暦を過ぎて、静かな思い出の中に義務感のごときものがしみ込んできたのか、とも感じられる。


小林秀雄（一九〇二—八三年）が若い頃からベルクソンを格別に愛読していたことは本人もよく話したり書いたりしているゆえ、改めて強調するまでもない。ベルクソンは小林秀雄の思索にとって最高最良の教師であった、と言っていい。もちろん、昭和三十八（一九六三）年に起こってしまった「感想——ベルグソン論」[2]の壮大な破綻を念頭に置いてもなお、生涯にわたってそうであった、と言わなければならないのだ。

だが、他方で、彼がフロイトに触れていることも想定以上に多いのである。「フロイディスムは〔…〕フロイトという人間を欠いている」という周知の文章を含んだ「見失われた歴史」[3]という論文が発表されたのは昭和三十五（一九六〇）年であり、絶筆となった「正宗白鳥の作について」[4]は、超常現象をあいだにして対峙するフロイトとユングの闘争場面を描き終えた直後、昭和五十七（一九八二）年三月、すなわち死の一年前に途絶えている。

では、小林秀雄はフロイトとベルクソンの関係をどう考えていたか。これが実のところ、謎めいている。少なくとも十分に意を尽くして文章化している、それに成功している、とは思われないのである。彼が学生たちに向けてあまり目立たない調子で発した要請は、また彼自身にとっても無理な要請だったのだろうか。

直覚された二人の関係

昭和六十二年になって初めて私が聴き、私に静かながら深い感銘を残した講演は、調べてみると、昭和三十六年八月十五日に長崎県雲仙の夏季学生合宿教室で行われたものであるという。私はまだ十二歳の小学生であったから参加もかなわぬ幼さで、参加した学生たちは私よりひとまわり近く年長の人たちであったことになる。それはともかく、興味深いのは講演が行われた時期である。

先に注記したことだが、破格のベルクソン論「感想」は、昭和三十三年五月に『新潮』で連載開始され、昭和三十八年六月の五十六回で未完のまま中断、放棄されている。改めて指摘するまでもなく、この講演は、「感想」執筆開始後三年三ヵ月後の時期に、そしてこの講演後二年以内には未完のまま放棄されることになる執筆のまっただなかにおいて、なされている。小林秀雄、五十九歳、まさに悪戦苦闘のさなかの告白だった。彼の脳髄の熱気たるや想像を絶していた、と考えて間違いない時期の貴重な肉声なのだ。

フロイトとベルクソンの関係について、小林秀雄によって何かが大問題として直覚されていた、しかも、大変深刻なその大問題が聴衆に対して向けられていた。では、彼の言葉は十分に明瞭であるか、それとも曖昧な印象告白にすぎないのか、これは直接知りたいところである。この講演が文章になっているのかどうか、私は寡聞にして知らない。だが、文章探しをする時間があったら、自分でテープ起こしするほうが楽しいであろう。

以下、話題がフロイトとベルクソンの関係に触れる個所を再現してみる。

私はこの頃、ベルグソンをまた熟読玩味しているんです。これは若い頃から、私、読んできた本ですが、それで、いろんなことを私に教えてくれた思想家ですが、この人が、人間の心の問題と肉体の問題を近代の思想家ではいちばん深刻に扱った人です。こういう本があんまり読まれないので、残念なんですが……。

この人に『物質と記憶』という本があります。こりゃ諸君もいっぺんお読みになるといいと思って、お勧めしますがね。百円出せば岩波文庫で買える本です。薄っぺらい本ですが、大変難しい本ですが、これは、難しいのは仕方がない。こういう、まぁ、偉い人が何年も考え考えて書いた本がそうやさしいわけがないんでね。この、難しいということも、私らの書いたものでも、難しい難しいと私はよく言われますが、言われると私は少し腹が立ちますね。むろん、私も若い頃は虚栄心が強いですから、若い頃はどうしても虚栄心がありますから、わざわざ、やさしく書けるところを、ちょっと難しく書いてみたりしてね、生意気なこともやりました。そういうことは、ある時期が過ぎればなくなることで、今、僕はやさしく書けることはやさしく書いてます。しかし、やさしく書けないことがありますからね。これは、私のせいじゃないんで、これは、そういう問題が実在するということなんです……世の中には。もしも世の中がやさしくって、私が難しいことを書いていれば、私が悪いです。だけど、そうじゃないんです。どんなアタマの立派な人にも実在のほうが難しいんです。人生のほうが難しいんです。だから、重要な問題っていうのは、いつでも難しいんです。だから、今の、人間の心と人間の肉体の関係なんて問題だって、大変難しい問題です。この関係はあるんですよ、実在するんです。だけど、それはどういう関係だろうということは、大変難しいことです。

だから、ベルグソンのその本も、大変難しいものになっているんです。だから、諸君は、その内容についてはだな、諸君がそれを自分で読んで、一度読んだってどうせ分かりゃしないから、三度も四度も読んで、分かればいいんで、僕はここでその内容をお話しすることはできないがねぇ。しかし、まぁ、こういう本、こういう大事な仕事がまた読まれなくなってしまうってことは、はなはだ残念なことです。

ちょうどベルグソンがその本を書いて、ちょうどその頃です、フロイトが『夢判断』を書いたのも、ちょうどその頃です。で、『夢判断』という本も、ちょうどベルグソンが日本で流行って、原著を全然読まないで、「ベルグソンはこんなことを言った人だ」ってことだけでもって流行ってしまったように、フロイトもそうです、『夢判断』なんかおそらく読んでる人なんかないでしょう。だけど、フロイトっていう人はこんなことを考えた人、なんていうのはみんな知ってるんですねぇ。そういうことはホントに悪いことなんです。『夢判断』を読めばいいんです、大きな本じゃないんですから。諸君も買って読めばいいんです。

そういうふうなねぇ、やはり思想界には古典的な名著というものがありましてね。そういう古典的名著というものは、もう古くなるなんて性質のものじゃないんです。徹底したものがあるんです、そこには。僕はそう思ってます、近代の思想でいちばん重要な事件っていうのは、あの二つの本だと思ってます。で、あの二つの本を自分で読まなきゃいけないのです。フロイトという人は何をやったかというとですね、これも根本的に重要なことが忘れられているんです。まぁ、ベルグソンでもそうでしょ、心身のあいだには絶対にパラレルな平行な現象なんかない、ってことを証明したんです。証明して、あと諸君が何を考えようといいですよ。いいけれども、その証明は動かすことができないんです。これは何も、彼は勝手な感想を述べたんじゃないですからね。これは大変重大なことなんです。諸君は何も、君、物質を基として精神なんてものを考える、そんな間違った、科学的に間違ったことですよ、科学的に間違った考えをスッパリ捨てればいいんですよ。

で、フロイトは『夢判断』で何をしたか、フロイトは何も心身の平行という哲学的問題にはぶつからなかった。あの人のメソッドというのは、全然、物的なものはありません。あの人は質問するんです、それが無意識心理学の、あの人の発明した方法でしょ。あの人の発明した方法は、全然科学的なものではありません。患者にいろんな暗示を与える、言葉を与えるんです。いろんなこと、昔を思い出させてみるとですね、ある精神病の原因は観念だってことが分かったんですよ。精神的な、ある精神現象の、精神的な病気の原因は、決して肉体にはなかったんです。生理的原因なんてものは、いくら探したってないんです。精神には精神的な原因でもって起こる病気があると仮定して、あの人は仕事を進めたんです。ベルグソンはですね、今の新しい心理学に大きな道を開いた人なんです。あの人は無意識の心理学というものをやりませんでしたがね、あの人は非常に意識というものを大事にして、無意識よりも意識のほうが複雑だっていう立場に立ちましたから、そっちのほうには入っていきませんでしたけど、フロイトを、ベルグソンは、よく読んでいたし、これからの心理学は無意識心理学になるだろうってことは予言もしているんです。

だから、そういうふうにね、思想界には、何て言うんですかねぇ、里程標になるような、そういう意味が非常に重要な思想家が現れるんです。そういう思想家をつかまえなきゃいけないんです。そういう思想家を読まなきゃいけないんです……。

二冊の本が特別扱いされている。アンリ・ベルクソン（一八五九—一九四一年）の『物質と記憶』は一八九六年に、ジークムント・フロイト（一八五六—一九三九年）の『夢判断』（『夢解釈』）は一九〇〇年（正確には、一八九九年十一月四日）に刊行されている。

この二つの著書を小林秀雄のように濃密な結びつきにおいて語った人は、世界的に見ても、おそらくいないだろう。だが、この二冊の名著の関係、さらにはベルクソンとフロイトという二人の思想家の関係が、はたして鮮明になったであろうか。当の小林秀雄の場合でも、彼の直覚の鋭敏さと彼に直覚された関連自体のかなり漠とした雰囲気とが混在している、というのが実際の印象ではあるまいか。ここですぐに二人の大思想家の思想相互の微妙きわまる近接と離反の運動、和音と不協和音が響くさまを微細に語ることはできない。

だが、小林秀雄の直覚が何を感知したか、これはここに挙げた講演内容からも伝わってくる。その後に与えた影響力の大きさという点で重要な、ベルクソンとフロイトの二つの異なった仕事が単に二つ別々に指摘されているだけではない。ここでは確かに何かが激しく共振しているから一緒に語り出されたのだ。すなわち、物質性の彼岸において精神を見ること、身体性の彼方において心あるいは霊魂を見ること、さらには、宇宙の実在をその非物体性、非物質性において護持すること、物質性を徹底的に再考し抜くこと、できうれば「物質精神連続体としての実在」（小林秀雄）の上にしっかりと立つこと、これが、フロイトとベルクソンの双方から同時にほぼ同質の衝撃として発せられて、小林秀雄の魂を、そして、われわれの魂を強く打つのである。

〇二頁）。また、彼自身、被術者の示す無意識的詐病に関する驚くべき実験をいくつか行っている。ジャネは学位論文『心理自動症』（三年後の一八八九年に審査通過）を書いており、ベルクソンと酷似した問題に挑んでいた。

実際、ベルクソンの「生への注意」はジャネの「現実機能」に相通じるし、『物質と記憶』でベルクソンはジャネの人格分離に関する研究を参考にしており、「空想機能」という用語も借りていると言われる。若者同士の切磋琢磨は爽やかで実際に実り多いものだが、ジャネに見るように、老年になってつらい過去を回顧するのは、回顧内容の正誤真偽は別として、要注意なのだ。フロイトとの関係でジャネはひどく損をしているという気がする。

さて、パリの二人の俊才から少し離れよう。フロイトは一八八七年、ヴィルヘルム・フリース（一八五八―一九二八年）を知り、以後一九〇四年に至るまで親密な交際の中で（一八九四年から九九年にかけての六年間、二人の交流はフロイトのフリースへの父転移ないし父依存の反復と彼への同性愛的恋着によって特に濃密なものになったとされるが）、フロイトの自己分析的告白かつ精神分析的独創性に満ちた内容の膨大な数の文通がなされる。一八八九年、三十歳のベルクソンは第一の主著とも言われる『意識に直接与えられたものについての試論』をついに刊行する。先にも書いたが、ジャネの学位論文『心理自動症』の審査通過も同時的であって、ジャネは医学の勉強を開始する。ジャネは自説を自身にあてはめて「自分は運動型に属している」としているが、ここにもまた、以後の、そして二十一世紀の現在にまで至るジャネの研究評価の殺風景にすぎる薄命を先取りしている証言がある。

これはジャネ自身の文章を取り込んだエレンベルガーの文章だが、ジャネの再評価を意図的に行っていたエレンベルガーは、以下に見るようなジャネの感性と文章を本気で賞賛していたのであろうか。私には、次のような記述は、科学者としても思想家としても、「無意識の発見者」としてのジャネの個性の不適格性を如実に物語っていると思われる。つまり、ベルクソンとフロイトにジャネが遠く及ばなかった気質的な理由をジャネ自身が白状してしまっていると思われて仕方がないのである。

——目がさめているときの私は、口に出してしゃべり手を動かして書かなければものを考えることができない。私の思索はいつも身振りを中途ではたと止めたようなものだ。反対に夜中には、これまでもしばしば気づいていたとおり、私はこれ以上ないほど絶対に身じろぎもしなくなる。〔…〕夢の中と目醒めているときの思考との間にこのように大きな落差があるために、私には起きてから自分の夢を思い出すのがむずかしい——。（ジャネ『心理自動症』。エレンベルガー『無意識の発見』上、四五九頁より）

同じ本の別の個所で、ジャネは恋に陥ることについておかしな余談をしている。ジャネは恋に陥るなどは本当に健康で心のバランスのとれた人間には決して起らない一種の病気とみていた。この二個所を鍵としてジャネの一般的な思考傾向を説明できそうである。ジャネは明らかに活動的で非情緒的な型《タイプ》の人間に属していた。ジャネを知る者は誰もが、ジャネの驚嘆すべき活動性を、その平静さと共に力説している。ジャネが活動性という概念を中心にした心理学説をみがき上げるようになり、ジャネの説の中では感情は行動を妨げるいささか厄介なもの、せいぜい行動を制御するものとみなされているのも驚くにあたらない。ジャン・ドレ教授がジャネを「能率の心理学者」と呼んだのも不思議ではない。（エレンベルガー『無意識の発見』上、四六〇頁）

一緒にいて、これほどつまらない心理学者がいるだろうか。いや、実際たくさんいるのは知っているが、ジャネほど徹底している人は多くない。知的有能と人間的凡庸が見事に同居している例としても珍しかろう。若いドレ教授の辛辣な皮肉が老大家ジャネに伝わったかどうか、これは大いに疑問であるとしか言えない。

一見、一読するかぎり、ベルクソンと似た現実機能好み、現実原理への集中の絶対肯定、「生活（生）への注意」の賞賛、行動人の肯定、睡眠に代表される弛緩した生命様態（夢見、観照）の回避などが浮かび上がってくるが、快原理の渦巻きに身を委ねるようなダイナミックな「もう一つの生・記憶」から、「キリスト教神秘思想」に至り、ついには晩年になって「霊魂不滅」にまで言葉を進めるベルクソン固有の堂々たる通奏低音とは似て非なる人格中枢を、私はジャネに感じざるをえないのだ。エロースの陶酔と暗夜の悲嘆を知らぬ者に、ベルクソンが理解できようか。まして、フロイトが理解できようか。

ジャネに欠落しているもの、その典型はエロース的陶酔なのだが、ジャネから欠落してしまったエロース自体が、フロイトとベルクソンを、この水と油にも思われる二人の「無意識の発見者」を深く結びつけているに相違あるまい。

エレンベルガーは、なおもジャネの独創性を強調する。例えば以下のように。

　ジャネも自分から十分認めていたように、ジャネの仕事に対するベルグソンの影響は大きい。ベルグソンの「生への注目」(attention à la vie) という概念は、ジャネの「現実機能」(fonction du réel) に相通じている。またベルグソンが「前衛となって進化を推し進める生命の先鋒」と語ったものも、ジャネの「心理緊張」の概念に通じるところが大きい。ジャネは、心理的事実を行動の形で提示する研究に着手したときにベルグソンの初期の著作から多分に影響を受けたことを認めている。しかし、それにまさるとも劣らずジャネの方もベルグソンに大きな影響を与えた。『物質と記憶』(Matière et mémoire) において、ベルグソンはジャネの人格解離に関する研究を参考とした。また、ジャネから「空想機能」(fonction fabulatrice) という言葉も借りている。この言葉は、かつてフレデリック・マイヤーズが「無意識の神話産生機能」(the mythopoetic function of the unconscious) と呼んだものとおそらくそう違わない概念である。(同書、四一一―四一二頁)

また、次のような文章もエレンベルガーには見出せる。

ジャネはここで彼好みの思索をひとつ行って、次のようにぼかした言葉を使って表現している。「植物は空間の中で成長し、われわれは時間の中で成長する」。これは人間の進化が、生物学的な存在として見た場合でさえ、未来にむかって開かれたものだ、ということである。この言葉からみれば、ジャネはベルグソンが『創造的進化』(L'Evolution créatrice) で述べた思想に賛同しているような気がする。「進化はまだ終っていない。そして人間の行動は今までもそうであったようにこれからも奇跡的なものを生むであろう」というのが結論である。(同書、四五二頁)

ベルクソンと似ていると見えるかぎりにおいて評価されうる学者ジャネと、ベルクソンをほとんど無視せざるをえなかったがゆえに今ここで問題になっているフロイトとを、もう比較する必要はあるまい。だが、もしもジャネが、ベルクソンとフロイトのあいだに立って、双方に静かな警戒の念を引き起こし続けていたとするならば、そういうことが大いにありそうだった雰囲気が感知されるゆえ、残念である。

私はジャネの業績を知悉しているわけではないし、私情にとらわれてもいないのだから、また、会ったこともない人を否定的に決めつけるのもいいことではないので、これくらいにして、論を転進させたいと思う。

無意識・心の基体の発見

意識には秩序がある。視覚現場をモデルとして意識野が展開されているわれわれの習慣が、最も常識的な意識の秩序性を物語っているであろう。逆に、五感の秩序があるところ、意識が生まれる、と言ってもいい。いずれにしても、問題は秩序の有無なのである。

主体と客体、主観と客観、自己と他者、自極と他極、時間と空間、身体と事物、遠－近法、高低、光学的明暗、軽重、寒暖、美醜、愛憎、快不快などなど、いっさいが、意識的であるかぎりにおいて秩序的（二項対立的、二元構造的）であり、秩序的であるかぎりにおいて意識的（二項対立的、二元構造的）なのである。このような常識（二項対立的秩序意識）がひっくり返されるのは、これまた常識に素直であるならば即座に明らかであるように、夢の世界と狂気の世界においてである、と理解されよう。

背理、矛盾、撞着、解体、散乱、混沌から成る〈無秩序〉は、古来〈非理性〉と同視されてきた。問題なのは、目に見える「無秩序」や診断名がつけられた「非理性」（精神障害）ではなく、もっと深く、微妙で潜在的な、言うならば〈無意識〉的な〈無秩序〉、〈非理性〉なのである。

こうして常識は、自身がひっくり返されることで、〈無秩序〉、〈非理性〉、〈無意識〉というアモルフな連鎖をいつも一気にまとめて浮かび上がらせてくる。それゆえ、問うべきは「無意識」とは何かではなく、「非理性」とは何かでもなく、「無秩序」とは何かでもない。

一つの項目に問いを絞ってこの連鎖を分断した途端に、三つの断片と化してしまった問いは意味を失ってしまうからである。われわれはいつも〈無秩序〉、〈非理性〉、〈無意識〉とは何か、この言語連合は何であるか、と一気に問うことしかできないのである。面倒なことと思われるかもしれないが、健全で骨太な常識は、この面倒を重視する。そして、この面倒な問いを執拗愚直なまでに立て続けたのが、フロイトとベルクソンにほかならないのである。そして、絶品とも言うべき答えの二つの試みが『夢解釈』と『物質と記憶』なのである。

夢と記憶の探究は、「意識」という港から遠ざかりゆく果てしない大航海であることを、この二人の大探検者は身をもって示したのであって、本書の目的は、この夢と記憶の探究を反復すること以外ではない。この探究が実はわれわれの〈心の基体〉の発見への歩みであることを論じ尽くせるなら幸いである。フロイトとベルクソンは、少なくとも、この〈心の基体〉の巨大さを徹底的に示した点で、今、観客に大きな想像力を要請しつつ開幕しようとしている舞台上の思想劇においては、無二の盟友となるだろう。

意識は、こうなると、一種の欠如態、〈無秩序〉、〈非理性〉、〈無意識〉の欠如態のようにも感じられてくるではないか。〈無秩序〉、〈非理性〉、〈無意識〉という巨大な氷山があって、そのあまりにも小さすぎる一角が意識なのだ、とも直観される。われわれが無機物性や植物性や動物性に立脚するかぎりにおいて人間でありうるように、「秩序」、「理性」、「意識」は、〈無秩序〉、〈非理性〉、〈無意識〉に支えられているかぎりにおいて生かされうる、皮相の、狭隘なる一角にすぎない。

　さて、年代順の略述に戻るならば、一八九五年、フロイトは有名になった「イルマの注射の夢」が言わんと欲するいっさいを明らかにした。これは画期的発見であって、彼はその日付を七月二十三日から二十四日にかけての夜と銘記し、フリース相手に、夢の発見の記念碑を夢を見た場所に建てることなどを半分は本気で書いている（一九〇〇年六月十二日付書簡、『フリースへの手紙』四四五頁）。「イルマの注射の夢」は、その後まもなく『夢解釈』の中核となる。

　翌年の一八九六年、ついにベルクソンの第二の、おそらくは最大の主著たる『物質と記憶』が刊行される。また、この本の第二章「イマージュの再認について」の引用文献として、フロイトの『失語症の理解にむけて』（一八九一年）が挙げられているのも何かしらうれしくなるから不思議だ（『物質と記憶』一六六、一八六頁）。失語症研究における神経中枢概念の否定、神経連合の重視というフロイトの見識は、脳を「現実生活への注意の器官」あるいは「電話交換士のごときもの」にすぎないとみなすようになっていたベルクソンにとっては、うれしい援軍だったのだろう。

『物質と記憶』が世に出た頃、ジェイムズとベルクソンはすでに知り合っていた。ジェイムズは、十七歳年少の「ベルクソンの影響を受けた」と自分で明言している。ジェイムズは、ベルクソンの『物質と記憶』を読んだとき、自身が数年来考えてきたことと一致しているので、驚いている。順序は、両者の類似共通性について、ジェイムズがまず気づき、文通などの交流を始め、ベルクソンもジェイムズの人格と見識に信頼同意するようになった仲である。

ちなみに、晩年のパリのベルクソンの書斎にジェイムズの肖像写真が飾られていたのは有名な話で、厳寒のパリでのベルクソンの孤独な死を見ていたのもジェイムズの写真だったろう。これは私の感傷的空想などではなく、事実である。

図4　ウィリアム・ジェイムズ

フロイトが「イルマの注射の夢」の謎を完璧に解き明かして感激し、ベルクソンが『物質と記憶』の刊行を目前にしていた頃、二十歳になったユングははっきりと医学を志し、バーゼル大学に入学している。

また、同じ頃、一八九六年二月だが、宗教妄想をともなう恍惚状態に入り、聖痕を示し、ジャネがマドレーヌという仮名を与えた女性がサルペトリエールに入院している。以後、マドレーヌは数年間にわたってジャネの研究の中心的位置を占めることになる。マドレーヌとの出会いは、ジャネ三十七歳時の出来事だが、彼女の狂的な世界からジャネ最晩年の宗教的神秘的、また心霊的傾向には一筋の線が引かれていると思われる。ベルクソンが信仰の人として中世スペイン・カトリックのキリスト教神秘思想に達したとするならば、ジャネは精神科の一臨床家の経験から宗教的恍惚の境地の探究に至ったと考えていい。いろいろと難点を抱えてはいても、ジャネはやはり非凡な学者だったわけである。

話頭はフロイトに戻るが、一八九六年十月二十三日の夜、父ヤーコプ・フロイトが死去した。ヤーコプはその生年月日すら不明の人で、おそらくは一八一五年生まれと推測されるのみである。だとすれば、ヤーコプの享年は八十一歳、残されたジークムントは（こちらは正確に）四十歳であった。「父は最後まで立派な態度をとり続けました。父はそもそも非凡な人間だったのです。〔父の死因となる病気の進行の記述あり〕これらすべては僕の危機の時期に起こりました」（十月二十六日付フリース宛書簡、『フリースへの手紙』二〇六頁）。「老父の死は僕を深く感動させました。僕は父を非常に高く評価し、大変よく理解していました。〔…〕僕は今まったく根こぎにされたような感じがしています。〔…〕葬式がすんだ夜に見た一つの感じのよい夢について話さなければなりません。僕はある店にいて、そこで掲示板に　目を閉じるようお願いします　と書いてあるのを見ました」（十一月二日付フリース宛書簡、同書、二〇七頁）。これは亡父への畏敬ないし敬虔の念と自己叱責が縮合されているものである。

父の死後約一年が経過した時点で、つまり一八九七年九月二十一日付のフリース宛書簡で、フロイトはそれまでほとんど確信していた誘惑理論（両親や親族が幼児を実際に性的に誘惑するという考え）を自分から否定し、子供の作り話、特殊な内容のファンタジーだ、と改めた。父の死後一年という時期を考えると、心的外傷発生は何でもかんでも周囲の大人のせいだとする単調な傾向にフロイト自身が危惧を抱き、慎重になった一つの例と考えられないこともない。大きな意見と理論の修正であった。

フリースへの手紙はみな内容豊かで重要であるが、一八九九年二月十九日付の書簡には次のような発見が書かれている。

夢だけではなく、ヒステリー性の発作もまた欲望成就なのです。僕が以前すでに急性精神病に関連して認識したように、ヒステリー性の症状はおそらくすべての神経症性帰結に等しいのです。現実‐欲望成就、ほかならぬこの対立からこそ、われわれの心の生活が芽生えてくるのです。覚醒した生活そのものにまで侵入してくる症状から夢を区別しているのがいかなる条件なのか、僕はもう知っているのだと言っていいでしょう。夢の場合、その夢が抑圧された思想の欲望成就であれば、それで十分なのです。その夢はしっかりと現実から遠く離されています。しかし、症状は、生活のさなかで、これまた抑圧された思想の欲望成就なのですが、夢とはなお異質なものでなければなりません。ある一つの症状は、抑圧された思想と抑圧してくる思想が一つの欲望成就において衝突するその場所にこそ生まれ出てくるのです。(*Briefe an Wilhelm Fliess 1887-1904*, S. 377-378. この個所については、訳語の統一をはかるため原書から訳出した。邦訳は『フリースへの手紙』三六六頁)

もう四十二歳になっているのだから、フロイトの見識は磨き抜かれていて当然とも言えようが、こういう手紙がふと書かれること自体、驚くべきことだと改めて言わねばなるまい。

もちろん、『夢解釈』出版まで九ヵ月ということを考慮すると、原稿を書きつつ思考が猛スピードで結晶化しつつあった時期だった、とも言える。

フロイト自身が言うとおり、夢の研究は無意識への王道であるが、それは夢研究が比較を絶して唯一の重要な方法だという意味ではなく、夢研究はありとあらゆる道（体験世界）へ拡散的に四方八方に無限に分岐しつつ広がってゆく、まったく別格的な道なのだということを意味している。右の手紙の前半の文章は、このことを如実に物語っている。深読みは警戒すべきだが、フロイトはこの手紙で、夢を、転換、解離、多重人格、強迫、恐怖、夢幻様体験、幻覚、妄想といったあらゆる世界へ、つまり〈無秩序〉、〈非理性〉、〈無意識〉、〈狂気〉へとわれわれをつないでゆく、大都市の巨大電話交換施設のごとく見ていると思われるのだ。

この手紙の後半では、すでにして現実原理と快原理の相互的な力動が透視されている。そして、最後の文章などは、抑圧をめぐる背理、すなわち「自我」と「エス」のあいだのダブル・バインド的な恋情と闘争の実情をすら闡明してしまっているではないか。さらに先走って言うならば、フロイトのこのフリース宛書簡には、後段において大問題になってくるベルクソンの「記憶の倒立円錐体」、「弛緩」としての「夢」、「緊張」としての「症状」という差異化する動性が、これまた見事に透視され、記述されているではないか。

一八九九年十一月四日、フロイトはとうとう『夢解釈』を完成し、十一月五日付のフリース宛書簡で「本はついに昨日出版されました」（『フリースへの手紙』四〇七頁）と書き、別便で、フロイト自身用にと出版社が送ってきたうちの一冊をフリースに送っている。こうして、われわれは無意識という名の〈心の基体〉の発見に、つまり〈無秩序〉、〈非理性〉、〈無意識〉という潜在的連合の一気の浮上に遭遇するのである。この巨大な〈氷山〉の発見がたかだか百十年前のことだ、しかもほとんど熟読されていないのだと思うと、これから先どれくらい長く、おのれを知らない人間の愚行と凶行が反復されるのか、恐ろしくなる。『夢解釈』、この本は「汝自身を知れ」というデルポイのアポロン神殿の神託なのだ、とつくづく思う。

一九〇〇年になると、ジュネーヴ大学の心理学者テオドール・フルールノワが『インドから火星へ』という不思議な本を刊行する。この本はジュネーヴ在住の通称エレーヌ・スミスという女性が、習ったことのない「インド語」や「火星語」を話す超常現象ないし交霊現象のドキュメントだが、この一見すると実に奇妙な本に魅せられたのが、ほかならぬユングであった。ユングは二十四歳で、すぐあとでブルクヘルツリ精神病院（チューリヒ大学付属精神科診療所）に着任し、早々にフロイトの『夢解釈』を読んでみんなに紹介するよう、ブロイラーから依頼されることになる。

一九〇〇年はまた、ベルクソンが『笑い』という小さな本を出版した年でもある。ここでは内容に立ち入る余裕はないが、この本を翻訳して出版した林達夫がかなり興味深い文を残しているので、少し読んでみたい。文章内容よりも文章の書き方、文のスタイルがわが国の知識人特有の雰囲気あるいはポーズを発散していると感じられて興味深いのである。

林達夫が『笑い』の翻訳を出したのは一九三八年だが、一九七六年に書かれた「ベルクソン以後――改版へのあとがき」（岩波文庫）に林は以下のように書いている。

ひとりは名をアンリ・ベルクソンと呼び、もうひとりはシグムント・フロイトという名のいずれもユダヤ系に血をひく少壮学者であった。ベルクソンの『笑い――おかしみの意義についての試論』が世にあらわれたのは一九〇〇年、フロイトの『機智――その無意識との関係』が刊行されたのは一九〇五年、いずれも二〇〇頁そこそこの小冊子である。〔…〕

ところがこの小冊子はたちまちにして世に大いなるセンセーションをよび起こし、二十世紀の知的活動の一つの特色となった「笑い」の本格的研究の出発点となったのである。およそ過去の学者や芸術家ののこした「笑い」についての言説のしらみつぶしの「考古学的」発掘が行われ、本質の究明、原理の探索を使命とする哲学者はもちろんのこと、人間科学のあらゆる分野、芸術のあらゆる部門で仕事をする人々が競って「笑い」の問題に挑み、それと取組んだ。特に一九五〇年ごろから六〇年ごろにかけてあらわれた研究は、その理由はわからぬが、何十という大きな数に達し、ベルクソン、フロイト以後の多少とも見るべき成果をあげた研究もおおむねこの十年のあいだに集中されている。

しかしわたくしの見るところでは、その大部分は、この二人の学者の立てた「学派」

の流れのなかの教条主義であったり、修正主義であったり、ないしは両派の折衷主義であったりするだけである。〔…〕この「学派」——すなわち「生の哲学」とそして「精神分析学」の建設者であった二人の小冊子を大きく乗り超えて新しい展望をひらいてみせ、新機軸を打ち出して、我々を方向転換させたものは生憎とさっき言ったすぐれた研究のなかにさえないのだ。別な譬えで言うと、何十というこれらの書物は、おしなべてその理論活動の出発点となり、推進力となった、これらの二つの眇《びょう》たる書物の、結局は「脚註」になっているにすぎないのである。自らの研究の脚註に、ベルクソンとフロイトの名を鏤《ちりば》めた、そうした書物が、この小冊子を二つ合わせたよりも大きな図体をしているくせに、それでいてそのどちらかの小冊子の「脚註」にほかならない本もあるのは、全く摩訶不思議な眺めと言わなければならぬ。

わたくしがそれらの労作を刊行とともに次から次へと読みついできて、いちばん驚いたことは——フロイトのことは一緒に話をすると大変事がややこしくこんがらかってくるからいまはさしおくが——、これは言ってしまえば何でもない極めて単純なことだが、ベルクソン理論のもって立つ基盤のことをほとんどみんなが例外なく看過していることである。(林達夫「ベルクソン以後」二〇八—二一〇頁。強調は渡辺)

ついつい長く引いてしまったが、ここにベルクソンとフロイトを一気に語る困難と陥穽、そして問題を回避する気は毛頭ないが、二人を同時に語ることは不可能に近いから回避する、という奇妙な本音の告白が、おそらく林達夫の意図に反して書かれていて、それが意味内実に乏しいこの文面に透けて見えるから、面白くて引用を途中で止められなくなったのである。林達夫自身、フロイトについては結局何も書かなかったし、フロイト研究のための「脚註」になりうるものすらも書けなかったのだ⑵。

「ややこしくこんがらかってくるからいまはさしおく」という逃げ口上で、何と多くの碩学、博覧強記の学者が、思想史的にきわめて重要な問題が隠れているのを薄々感じながら、結局は永遠に沈黙したまま逃げ去ってしまったことであるか。林達夫ほどの人であっても、フロイトとベルクソンを（たとえテーマが「笑い」にのみ絞り込まれたとしても）同時に視野に置いて論じきることはできないのか、と思うと、私は慄然とするしかないが、ここで自分のわくわくするような任務を断念するわけにもいかないのである。

おそらく最奥の困難は、フロイトとベルクソンがいかなる共通問題にぶつかったか、ということにあるのではなく（二人とも〈無意識〉、〈心の基体〉にぶつかったのは、すでに明らかだ）、この二人にそもそも共通する問題意識があったのか、もしあったのなら、その共通する問題意識がいかなる事情のゆえに相互に没交渉的な雰囲気の中で分岐分裂しながら分散離反していってしまったのか、という根底的な疑問に存しているのである。

ともかく、林達夫は、小林秀雄ほど（考える人として）正直でも勇敢でもないと感じられる。「感想——ベルグソン論」というような破綻覚悟の仕事のさなかでフロイトにまで手を伸ばすのは、庶民的な職人たるを自覚する小林秀雄の率直と誠実の証明であって、粋で学究肌の林達夫にはその勇気はなかっただろう。

さて、フロイトの『夢解釈』が刊行されて約一年半ののち、一九〇一年三月二十六日、ベルクソンは「夢」と題して心理学協会にて講演を行っている。この講演の中でベルクソンはフロイトの名に一度触れているが、講演内容はフロイトの『夢解釈』の紹介や解説などではなく、これとはまったく異質な、ベルクソン独自の個性を如実に示す文章で終わっている。フロイトの名を挙げたとき、ベルクソンは注を記している。「ここで、フロイトが非常に多くの論文のテーマにした抑圧された傾向について語るべきであろう。この講演がなされたころ、夢についてのフロイトの著作はすでに刊行されてはいたが、《精神分析》はまだまだ今日のようには発達していなかった」(「夢」二四一頁)と。

この注の記入はいつなされたか明記されていない。この講演内容は一九一九年に刊行された『精神のエネルギー』という論文集に収録されており、本稿でも後段でかなり立ち入って考えてみたいと思っている。

一九〇二年一月十九日、意識下の領域でジャネが発見した事象が非常に重要なものであることをベルクソンが力説することによって、二月十七日、ジャネがアルフレッド・ビネを破ってコレージュ・ド・フランスの教授に選任されている(エレンベルガー『無意識の発見』[3]上、三九九頁)。これだけではベルクソンとジャネの思想的かつ人格的交流の微細なところは分からないが、相互に高く評価し合っていたと見るのが妥当だろう。

同年、ジェイムズの画期的労作『宗教的経験の諸相』が刊行された。これは、やはり独自の「意識の流れ」、「純粋経験」という深い感受性から、意識に特有の主観客観対立秩序よりも以前の〈無意識〉の発見に、〈心の基体〉の発見に、つまりは〈無秩序〉、〈非理性〉、〈無意識〉という連鎖的連合から成る基体の発見に寄与した偉大な作品であると言っていい。

一般的に言って、芸術や学問を理解する際、各自それぞれの作品に徹するのが肝要であって、芸術家同士や学者同士の交友関係の調査など、いつも二義的三義的な価値しかもちえない。それでも、交友関係という事実もまったく無意味とは言えないので、少しこの事実関係に触れておきたい。先にフロイトとベルクソンをめぐって、ユングとジャネの立ち位置を粗描したが、以下はその続きのようなものである。

アメリカを代表する哲学的心理学者であるジェイムズの影響は、ジュネーヴのフルールノワに及んでおり、フルールノワを介して、フルールノワを父のごとく敬愛していたユングにも達していた。ユングとフルールノワとジェイムズとのあいだには、人格分裂、憑依、トランス、超能力、さらには死者の霊との交信の科学的実験というテーマで、一九〇七年頃までには連帯感ができあがってきたのである。

一九〇七年は、ベルクソンの第三の主著『創造的進化』が刊行され、その名声が世界的になった年であり、ジェイムズもこの著書を「神的な出現」と評して絶賛している。それゆえ、この人々の連合は、知る人ぞ知る、超人たちの集団のごとき異様な輝きを放っていたであろうと容易に想像できるのである。

また、ジェイムズとユングのあいだに通路をつけた人物がいる。アメリカの哲学者ジェイムズ・ハーヴェイ・ハイスロップ（一八五四—一九二〇年）という人物は、ジェイムズ、フルールノワ、ユングを取り結ぶ役割を果たしている。ハイスロップは早い時期からユングの心霊現象研究に注目していた。ユングがフロイトとともにアメリカを訪問する二年前（一九〇七年）、すでにユングをアメリカ心霊研究会の名誉会員に推薦していたハイスロップは、ジェイムズとともにアメリカ心霊研究会の設立者でもあった。ユングはフロイトに手紙を出して、「私は、オカルト研究の功績が認められ、「アメリカ心霊研究会の名誉会員」になりました。この肩書を得た私は、このところ幽霊研究に取り組んでいます」とこの一件に関して喜びを素直に述べ、「あなたの諸発見は、この分野でもきわめて価値あることが明らかとなりました。こうした分野の研究について、あなたはどうお考えですか？」とフロイトにも誘いの言葉をかけている（一九〇七年十一月二日付、『フロイト＝ユンク往復書簡』上、一〇八頁）。ハイスロップはフルールノワの本の序文を書いたりもしていて、フルールノワとも親しかった。

ジェイムズはフロイトとユングがアメリカを訪問した翌年（一九一〇年）に享年六十八歳で亡くなったが、その後、アイルランドから一通の手紙がハイスロップのもとに届いた。ジェイムズの霊からの手紙であったという。こういうことも言下に否定していいものかどうか、そう思わせる魂の連合がここには感じられる（上山安敏『フロイトとユング』四八九頁以下）。

プラトニズムの立場をとって元型をはっきり認めたユングと、プラグマティストであったジェイムズのあいだには、共感が生じたとしても、なお隙間がある。ユングはプラグマティズムに好意を寄せながらも、元型渦巻くニーチェ的世界への歩みをやめなかった。そして、ツァラトゥストラという稲妻を全身に浴びたユングの感覚は、プラグマティズム的有効性追求とは相容れないのである。

一九〇二年、ユングは「いわゆるオカルト現象の心理と病理に向けて」（『心霊現象の心理と病理』）という論文を発表したが、これは敬愛するフルールノワの話題作『インドから火星へ』に便乗したところもある。この頃からすでにユングには、霊媒研究、無意識の保存機能、分離的機能、創造的機能、神話産生機能、夢遊病、催眠、憑依、霊媒のトランス状態、常習虚言症、夢の一部の妄想化現象などが親しい考えになっていた。ユングが心霊主義的雰囲気をまとって登場した当時、年まわりは、ジェイムズ六十歳、フルールノワ四十八歳、フロイト四十六歳、ブロイラー四十五歳、ベルクソンとジャネ四十三歳、ユング二十七歳である。

ちょうどこの頃、一九〇二年、ユングはブルクヘルツリ病院からパリに派遣されて、翌年冬学期にかけてジャネのもとで研究している。チューリヒ（オイゲン・ブロイラー）には、リボー[4]、ジャネの傘下に入ることをユングに許す雰囲気があったのだろう。フロイトには、シャルコー的な催眠術までがギリギリ許される範囲だったが、ユングは霊媒を使っての心霊現象実験すらブロイラーの協力のもとで行うことができた。フロイトとのこの差は大きいもので、後年、二人を訣別にまで導いてしまうのである。

フロイトにとっての貴公子ユングは、もちろん個人として強靭な精神力をもった人物であった。これは言うまでもない。だが、思想劇における人脈あるいは人的ネットワークもまた軽視できないのであり、ユングにとってのリボー、ジャネ、フルールノワの背後には、さらに間違いなく圧倒的に大きな二人、ジェイムズとベルクソンがいた。さらに決定的だが、ユングには、すでに二年前の一九〇〇年には死去していたが、あのフリードリヒ・ヴィルヘルム・ニーチェ(一八四四—一九〇〇年)という巨大な精神的支柱が屹立していたのである。

図5　カール・グスタフ・ユング

フロイトは周知のように多くの弟子たちと訣別し、彼らをいわば置き去りにしてきたわけだが、ユングという人物には、見捨てられた弟子という印象が最も稀薄である。これは、ユングが自身才能に恵まれていたゆえであるが、同時に、いかに豊かな思想的ネットワークの中にいたかをも物語っている。

以後約十年間、ここに挙げた学者たちは毎年のように画期的な業績を公にし続けるのであり、その光景は壮観と言っていい。しかし、特筆すべきはやはり、ベルクソンの『創造的進化』の輝くばかりの出現(一九〇七年)、ジェイムズの死去(一九一〇年)、そしてフロイトとユングの接近と訣別(一九〇七年、一九一三年)、この三つの出来事だろう。

ユングには奇妙というか、不思議な雰囲気と評価がつきまとう。ユングを覆っている神秘的ヴェールを思いつくままに眺めてみよう。

訣別後のフロイトからのユング批判など、上品で理知的なものである。ベルクソンは、ニーチェについて口を濁すのと似て、ユングについて語らない。オイゲン・ブロイラーとユングの関係は、あまりにも形式的にすぎて、不健全なほど冷却してしまった、との印象すら感じられる。師を蔑視ないし無視する弟子ユング、という非人間的なものが感じられる。また、ユングにとってアメリカ・インディアンやアフリカ原住民は何であったのか、これも十分には考えられていない。さらに、後年に問題化したナチスとの関係も、ユングならばありうる、と思わせるエピソードである。

ユングはカルトのグルなのかもしれない。また、わが国で特に目立つのだが、「ポストモダン」とか「ニューアカデミズム」と言われた構造主義的流行に際しては、いわゆるユンギアンは愚鈍凡庸な学問の徒の典型のように軽蔑され、無視された。

ユングが優れた弟子に恵まれなかったことは、世界的に見ても事実だろう。フロイトをめぐる眩暈を起こしそうな俊才の群れなど、ユングにはまったく無縁であった。湖畔の家で仙人のように生活し思索するユングの姿にも誇張はあるまい。エラノス会議の主人公という姿も、そのまま受け入れてよいだろう。こうして思いつくままに自由連想的にユングという精神を考えてゆくと、この奇妙な精神は、薄暗い闇の中に、謎めいたまま、散逸していってしまうのである。

ここはユングその人を論じる場所ではない。フロイトにとってユングは何者であったか、あるいは、こちらは不可能な目論見かもしれないが、ベルクソンにとってユングは何者でありえたのか、と問うべき場所なのである。

今、フロイトがユングをいかように体験したのか、改めて考え直してみたい。ユングに対するフロイトの態度に決定的に一貫したものがあるならば、その一貫したフロイトの態度にこそ、ユングの精神の中枢が顕現していると思われるのである。おそらくフロイトはユングをそこまで深く体験しただろう。また、さらにこのフロイトのユング体験は、間接的なことだが、フロイトにとってのベルクソン精神の立ち現れ方をも示唆してくる可能性を秘めている問題である。

ユングという体験

『夢解釈』を読んでから五年の歳月が経過したが、まだフロイトを個人的には知らなかった一九〇六年、三十一歳のユングは『早発性痴呆の心理学』を書き上げ、その序文で「フロイトの考えは素晴らしい」と高く評価している。だが、この時点ですでにユングは「フロイトのように、もっぱら幼児期の性的外傷だけを重視することはできない」とも語っていた。直接の出会いはもう少し先のことになるが、ユングは同年に完成した『診断学的連想研究』をフロイトに贈っている。フロイトは、この言語連想に関する研究にすでに注目していて自分で購入していたが、ユングから送られてきたので感謝の手紙を書いている。こうして、往復書簡上の交際は一九〇六年四月十一日付のフロイトのユング宛のお礼の手紙で始まっている。

『ユング自伝』によれば、ユングは一九〇七年二月に初めてウィーンにフロイトを訪問し、二人はいきなり十三時間にわたって休みなく話し合った、となっている。正確さを誇るエレンベルガーは「一九〇七年三月、C・G・ユングとルートヴィッヒ・ビンスヴァンガー〔一八八一－一九六六年〕がフロイトに会いにやってきて」（『無意識の発見』下、四四頁）と記しており、また、ピーター・ゲイは「二人とも治療者として多忙をきわめていたので、初めて顔を合わせたのは、文通が始まってから一年近く経った一九〇七年三月の初めのことだった。ユングは妻エンマと若い同僚ルートヴィヒ・ビンスヴァンガーを伴ってベルクガッセ十九番地を訪ねた」（『フロイト1』二三八頁）とより詳しく記している。大きな問題ではないが、「二月」というのはユングか『ユング自伝』の編者アニエラ・ヤッフェの勘違いで、正しくは「三月」だったと推測される。ともかく衝撃的な出会いであったようだ。

フロイトとユングの気質的な違い、感受性のずれ、思考法の異質性は、しかし、二人が非常に親密になったまさにその時期にすでにはっきりと現れていた。特にいわゆる「超常現象」をめぐって、二人の相違は明白になっていた。以下、その蜜月時にすでに二人が激しく闘争していた場面を記録している『ユング自伝』の文章を引用する。

この個所は小林秀雄が絶筆「正宗白鳥の作について」を書く筆が永遠に止まる瞬間において、まさしく問題になって引用もされていた文章なので、私の個人的感想も入るが、興味深いのである。

予知および超心理学一般についてのフロイトの見解を聞くのは私には興味深かった。一九〇九年に私がウィーンに彼を訪ねたとき、私はこうした事柄について彼の考えをただした。唯物的偏見のゆえに、彼は質問を無意味だとして拒んだし、しかもたいへん皮相な独断によってそうしたので、私は鋭い反論が危うく口から出かかるのを抑えるのに苦労した。これは彼が超心理学の重要性を認識し、「オカルト主義的」現象の事実性を認める数年前のことであった。

フロイトがこんなふうにして喋っている間に、私は奇妙な感じを経験した。それはまるで私の横隔膜が鉄でできていて、赤熱状態――照り輝く丸天井――になって来つつあるかのようであった。その瞬間、我々のすぐ右隣りの本箱の中でとても大きな爆音がしたので、二人とものが我々の上に転がってきはしないかと恐れながら驚いてあわてて立ち上った。私はフロイトに言った。「まさに、これがいわゆる、媒体による外在化現象の一例です。」「おお」と彼は叫んだ。「あれは全くの戯言《たわごと》だ。」「いや、ちがいます」と私は答えた。「先生、あなたはまちがっていらっしゃる。そして私の言うのが正しいことを証明するために、しばらくするともう一度あんな大きな音がすると予言しておきます。」果して、私がそう言うが早いか、全く同じ爆音が本箱の中で起こった。

今日に至るまで、私は何が私にこの確信を与えてくれたのか知らないでいる。しかし私は爆音がもう一度するだろうということを疑う余地もなく知っていたのである。フロイトはただ呆気にとられて私をみつめるばかりだった。私は彼が何を考えていたのか、あるいは彼の視線が何を意味していたのかは知らない。とにかくこの出来事が彼の私への不信を引き起こし、私は私で彼に逆らって何かをしてしまったという感情を抱いたのである。私はその後一度も彼とこの出来事について話しはしなかった。

一九〇九年という年は私たちの関係にとって決定的であることがわかった。(『ユング自伝1』二二三―二二四頁)

私が何か言えるような出来事ではない。読んで沈黙する以外にない、そういうことが書かれている。確かに言えるのは、ベルクソンを特異な媒介項としてフロイトとユングのあいだに置けば、ベルクソンは比較にならないほどユングに近い、ということだろう。だが、だからといってフロイトとベルクソンの異質性を指摘することなら、こんな容易なことはあるまい。ユングとはまったく別の意味で、フロイトはベルクソンに密着している、いや、二人はほとんど融合している。ただ、それをうまく表現するのがひどく難しいので、私はこうして文章を練っているのである。

この神秘的かつ霊的な出来事について真剣に考えたフロイディアンもユンギアンもいないようだ。真剣に考えるよう求めること自体が間違っているのだろう。

では、小林秀雄は、この場面の引用のあと、何をどう書いているか。死病が彼の手から筆を永遠に奪い去る瞬間の文章を引いておく（小林秀雄「正宗白鳥の作について」七、二七八頁）。

——自ら強調し追求して来た内的経験の純粋性というものに、苦しむ事になる、追い詰められる事になるのが、だんだんと明らかになって来る、そんな書簡を読まされる始末となっては、ヤッフェも亦《また》追い詰められて、ユングの「自伝」の解説を、「心の現実に常にまつわる説明し難い要素は謎や神秘のままにとどめ置くのが賢明

これで文章は途切れている。

では、このような異常な闘争を直接に経験した他方の当事者たるフロイトはどうであったのか。一九〇九年四月十六日付のフロイトからユングへの手紙が残されている。『ユング自伝』の「付録I」として訳されているのを引いておこう。

あなたの言ったことや実験が私に強い印象を与えたことを否定するものではありません。あなたが帰った後で、私はあちこち観察をしようと決心し、次のような結果を得ました。私の第一の部屋からは、きしむ音が連続して聞こえてきましたが、そこには二つの重いエジプトの石碑が樫の木の本箱の板の上にのせてありました。だから事態は明らかです。第二の部屋、そこでわれわれはあの音を聞いたのですが、そこではあのような

音はめったに聞こえません。私は最初、あなたがここにいたときにあれほど度々聞こえた音が、あなたが去ってから一度も聞こえなくなったなら、それに何らかの意味を見出そうとしていました。しかし、それはその後何度も起こり、しかも、私の考えとは何ら関係なく、私があなたのことや、あなたの特別な問題を考えているときに決して生じないのです。（今も起こらないと、挑戦のためにつけ加えておきます。）あの現象の私にとってのすべての意味は何ものかによって取り去られてしまいました。私の軽信、あるいは少なくとも私の信じやすさは、あなたがいたことによる呪《まじな》いとともに消え失せて、いろいろな内的な理由によって、再びそのようなことが生じることは全くありそうもないと思われます。家具は私の前に精神をもたず、生気のないものとして立っており、それは自然がギリシアの神々の過ぎ去った後では、詩人の前に沈黙し神を失って存在するのと同じようです。

従って、私はここで再び角ぶちの父親の眼鏡をかけて、親愛なる息子に警告を発します、頭を冷やしなさい、何かを理解するためにそのような大きい犠牲を払うよりは、理解しない方がましですよと。（『ユング自伝2』二二一―二二二頁）

この手紙をユングに宛てて書いた頃のフロイトは、目の前にいる人間に対しては、確かにユングが言うとおり「唯物的偏見」をもって「皮相な独断」を下す科学者だったろう。だが、科学者という鎧の中にどのような感受性が隠されていたか、誰にも分かるまい。フロイトは、ユングほど豊かな超常的体験をしておらず、またベルクソンのように心霊現象を論じ、霊魂独立の可能性を思索し、カトリック神秘思想を肯定するには、あまりにも慎重であった。頑迷ではなく、慎重であった。

こののち、一九一三年にユングと訣別してから、フロイトは少なくとも四個所で心霊現象について考えを述べている。最初に書かれたのは「精神分析とテレパシー」（表題は全集編者がつけたもので、無題の原稿であった）で、「一九二一年八月二日」と日付けされているが、公表はフロイト死後の一九四一年である。次に書かれたのは「夢とテレパシー」という論文で、一九二一年頃に書かれ、生前最初に公表された（一九二二年）ものである。また、『続・精神分析入門講義』の第三〇講「夢とオカルティズム」が一九三二年に書かれている。最後に注目されるべきは「神秘主義とは、自我の外側の領域たるエスの漠たる自己知覚である」（「成果、着想、問題」二八五頁。強調は渡辺）というロンドンで書かれたメモであり、これは「一九三八年八月二十二日」と日付が記されている（「成果、着想、問題」との表題を全集編者から与えられて、死後の一九四一年に公表された）。

一九二一年頃、フロイトの周囲が師のオカルト的事象への対応をどのように見て感じていたか、偶然とはいえ、ほかならぬベルクソンの名前まで出てくるので、少し引いておく。フロイトのロンドン支部長格の弟子アーネスト・ジョーンズ（一八七九―一九五八年）がフロイトのオカルト主義（とはいえ、テレパシー問題だけの話なのだが）への傾斜を糾弾する見解が、上山安敏氏によって要約されている。

ジョーンズの見る所がもっとも面白い。フロイトの改宗は神秘家を喜ばせているが、この神秘家たちはフロイトの性衝動とベルクソンのエラン・ヴィタールの区別さえできない連中だ。こうなると精神分析をオカルト主義の一支部にしようとする敵を喜ばすことになる、というのだ〔…〕。〔…〕ジョーンズの目からすると、ベルクソンはユングやフランス神秘家と同列におかれ、フロイトの精神分析とは厳密に境界を設定されなければならない存在だったのだ。（『フロイトとユング』三五二頁）

フロイトがジョーンズのような短慮の人とは思われないが、こういう弟子たちの騒ぎや饒舌が師に何の影響も与えないと考えることも難しい。『創造的進化』の世界的大成功ののち、すでに十年以上が経過しているが、ヨーロッパではベルクソンを一神秘家とみなしてひどく警戒する風潮もあったわけである。フロイト自身が沈黙しているので憶測するしかないが、ユングに対する態度から考えると、フロイトは、オカルティズムに対する、つまりはベルクソンに対するアンビヴァレントな心境を生涯にわたってもっていたようだ。ただし、ジャネという不愉快な人物に近い存在とみなされていたのだから、フロイトはベルクソンにはさほどの関心も好感ももたなかった可能性がある。

憶測はこれくらいにとどめておく。「精神分析とテレパシー」、「夢とテレパシー」、この二論文は、ひどく慎重に書かれていて、趣旨が曖昧との印象を受ける。透視、予知現象などが強烈な無意識的欲望との関連で論じられている。すでに、読み方によっては神秘的とも言える『快原理の彼岸』を公表した時期であり、フロイトのこの慎重さは理解に苦しむ。そして、ユングとの闘争で自身が直接に体験した劇的なポルターガイスト現象などの物的な（感覚を直接に巻き込む）現象には触れていない。超常現象を直接に体験した人（実はフロイト自身、ユングによって「直接に体験した人」になってしまったのだが）にとっては、まだ「唯物的偏見」がフロイトを支配していると思えたであろう。

しかし、『続・精神分析入門講義』第三〇講になると、まず書き方がのびのびとして自由になってきていることが気づかれる。テレパシーと「転移」の関連がかなり積極的に論じられ、「巨大な昆虫国家」の「全体の意志」が連想されて、「意思疎通」の「太古からの道筋」の回帰が語られるだけでなく、「心的なもの」と「物理的なもの」の相互変換にまで可能性が示されている。霊的事象に関して、フロイトは十年間でずいぶんと柔軟になっている。この変化の原因は解明しようもないが、ユングの影響を論の外に置くのは、かえって不自然な操作になるだろう。

余命約一年となってからロンドンで書かれたきわめて短いメモは、おそらく最も重要な意味をもつものだろう。

「エスの漠たる自己知覚」との表現から、ベルクソンの記憶の円錐体の「自己知覚」（より厳密に言えば、自身の収縮と弛緩の反復運動の自己知覚）という出来事が、プラトン的なイデアないし魂としての記憶の自立性、「自己」性ということと一緒に連想されるのは、私においてだけなのであろうか。これは、エスと記憶の円錐体が、ともども「神秘」の本体として微妙に関連し合い、重なり合っていることを示唆しており、後段で立ち入って論じられるべき大問題だと思われる。

さて、一九〇九年という「私たちの関係にとって決定的」（ユング）な年には、フロイトとユングがアメリカに旅行する、というこれまた大きな出来事があった。ポルターガイストの件を二度と話題にしないまま約四ヵ月が過ぎて、八月二十一日、フロイトとユングは、ユングより二歳年上のシャーンドル・フェレンツィ（一八七三―一九三三年）も同行する形でブレーメンを出港し、アメリカへ旅立った。船旅八日間で、その間、三人はお互いの夢を分析し合ったというから、あまり楽しくはない船旅だったろう。ともかく三人とも心に深手を負うことはなかったようだ。一行は九月五日にウースターに着き、フロイトは五日間、原稿なしで講義したという。

これを聴きに来たジェイムズとフロイトが一緒に散歩した時のことを、ピーター・ゲイは詳しく調べた上で書いている。

フロイトはその散歩のことを生涯忘れなかった。ジェイムズは当時すでに心臓病を患っていて、一年後にはそれが原因で死ぬことになる。フロイトはその自伝的エッセーの中でこう回想している――ジェイムズはふいに立ち止まり、私に鞄をわたし、「先に行ってくれ、狭心症の発作が起きそうな感じがするんだ。発作が治まったらすぐに追いつくから」と言った。フロイトはこう書きそえている。「そのとき以来、人生の終わりが近づいたときには、あのときの彼と同じような恐れを知らぬ態度を取りたいとつねづね思っている」。フロイト自身、何年も前から死についてあれこれ気に病んでいたので、ジェイムズの毅然とした態度に感動し、羨ましいとさえ思ったのである。(『フロイト1』二四九頁)

フロイトの「感動」はそのとおりだろうが、このあとのいろいろの裏話をもゲイは調べ上げている。ゲイの記述内容を以下に要約する(同書、二五〇頁)。

アーネスト・ジョーンズに別れを告げるとき、ジェイムズはジョーンズの肩を抱き「心理学の未来は君たちの仕事にかかっている」と言った。ジェイムズはフロイトのことを「その夢理論から察するに、年じゅう幻覚をみているのではないか」と強く疑っていたが、他方、「フロイトは真の心理学である『機能的』心理学に大きく貢献するだろう」と予想もしていた。また、フロイトの講演を聴いた直後、スイスの親友で心理学者のテオドール・フルールノワに宛てて、フロイトの「固着観念」に対する懸念を表明し、フロイトの夢理論はまったく使い道がない、象徴に関する精神分析の考え方は危険だと述べているが、同時に次のような希望をも吐露している。「フロイトとその弟子たちが自分たちの考えを極限まで突き詰めてくれればいいと思います。そうすれば私たちもそこから多くを学ぶことができるでしょう。彼らの考えはかならずや人間の本質に新たな光をあてるはずです」と。フロイトに対してはひどく曖昧な、いや、ほとんど混乱しているジェイムズの身ぶりふるまいである。しかし、宗教をめぐるユングの見識はジェイムズの確固たる高い評価を得た。

どうもジェイムズのひどくアンビヴァレントな混乱だけが目立っていて、奇妙な印象を受けざるをえないが、調べたのがゲイだから間違いはないのだろう。ジェイムズとはいえ、欠点も長所ももった人間だ、フロイトもユングも同様だ、という平凡な結論しか出てこない逸話ではある。もっとも、ジェイムズは、フルールノワと同じくらい親しかったパリのベルクソンには、フロイトとユングとの出会いに関する手紙は書いていないようだ。

フロイトのユング体験はまだまだ終わらない。訣別まで、まだ四年近い歳月が残されているのである。

一九一〇年のある日、フロイトとユングはウィーンで深刻な対話をしている。この会話の要点をユングが自伝の中に残している。

　今でも私は、フロイトが「親愛なるユング、決して性理論を棄てないと私に約束してください。それは一番本質的なことなのです。私たちはそれについての教義を、ゆるぎない砦を作らなければならないのです。ね、そうでしょう」と言ったあの時の有様を生き生きと思い出すことができる。このことを彼は感情をこめて、まるで父親が「私の愛する息子、日曜日には必ず教会へ行くと、ひとつ私に約束してください」というような調子で言ったのである。いささか驚いて、私は彼に聞き返した。「砦って、いったい何に対しての？」それに対して彼は答えた。「世間のつまらぬ風潮に対して」——ここで彼はしばらくためらい、そしてつけ加えた。——「オカルト主義のです。」（『ユング自伝1』二一七頁）

ユングは、この凄まじいフロイトの言葉を開陳した直後に、フロイトが「オカルト主義」によって意味していると思われることは、実質的には、超心理学的傾向の学問や宗教が心について学んできたあらゆる事柄であって、自分には性理論こそがまさに神秘的、すなわち多くの他の純理論的見解と同じく、証明されざる仮説なのである、との説明を付け加えている。

フロイトにとってのユング体験ということが言えるとすれば、それはオカルト現象全般に精神分析がいかに対応すべきか、という問題の噴出そのものなのである。これがすべてとは言わないが、フロイトにユングが突きつけてきた最重要問題、ユングによって鋭利な刃物のようにフロイトに突きつけられた深刻な問題はオカルト問題だったと言っていいだろう。さらに言うならば、フロイトにはベルクソン体験と呼ぶべきものがなかったわけだが、もしあったと仮定するならば、それもやはりオカルティズム問題ないしは広義神秘思想問題において最も危機的なものになっていたに違いあるまい。

明くる年、一九一一年、フロイトは「自伝的に記述されたパラノイアの一症例に関する精神分析的考察」という表題で、ダニエル・パウル・シュレーバー（一八四二—一九一一年）

を分析する論文（正確には、シュレーバーの『ある神経病者の回想録』（一九〇三年）の精神分析的解読）を発表する。[5] これは著作解読を媒介にしているとはいえ、投射メカニズムと宗教的オカルティズムと妄想形成の問題、抑圧と固着（退行）の病因性の問題、言語連合の変容（シュレーバーはこの変容した語法を「オイフェミスムス」と名づけた）という難題、パラノイアと同性愛の内的関連の問題、精神分析という学問自体が妄想でありうる可能性の問題など、まことに途轍もなく重大かつ困難な諸問題を提示している重要論文である。

シュレーバー自身、宗教的、神秘的、超常的、魔術的事象の渦動そのものであって、この人物のこの世界の探究が、ユング体験から流入してきた膨大量のエネルギーと反応し合ったのだ、この夢幻界のフロイトの彷徨から、ユング体験抜きには考えにくいフロイトの思索のストレートな表現が生まれたのだ、と考えざるをえない。

ユングと異なり精神病院内臨床ができなかったフロイトが、ユングとの濃密な対峙の中で、狭義重篤な幻覚妄想性狂気に初めて正面から挑んだ事実の意味は大きいと言わなければならない。

また、この年、フロイトはロンドンの心霊研究協会の通信会員になっている。ほかならぬベルクソンがこの協会の会長に就任するのは少しあとのことだが、会長として一九一三年五月二十八日にロンドンに招かれ、「《生者の幻》と《心霊研究》」と題する興味深い講演を行うことになる（後述）。不思議な因縁がありそうだが、フロイトがベルクソン会長について何か言ったという記録はない。ともかくロンドンは心霊研究が盛んなところで、ユングも一九一九年に招かれて、霊の存在の確信について講演している。

ロンドン心霊研究協会でベルクソン会長が講演をしてから約二ヵ月後の一九一三年八月、今度はロンドンで国際医学会総会が開催され、その精神医学分科会では、フロイトの精神分析を討議する会合が準備された。この会合に関するエレンベルガーの調査は『無意識の発見』の複数個所に分かれて記されているが、それらの記述に従ってこの会の様子を以下に要約しておくことにする。

ジャネは精神分析に対する批判を、ユングは弁護論を発表することになった。ジャネのフロイト批判は、第一、神経症が心的外傷に起因し、神経症はそれゆえカタルシス的に治癒させうるが、この発見はフロイトよりも自分が先になしたこと、第二、フロイトの夢の象徴的解釈法と神経症の性的起源説はともに誤謬であること、結局、精神分析は一種の形而上学的体系だということ、であった。ジャネはいつもの穏健さを失ってしまったようで、また批判内容も凡庸にすぎたと言えなくもない。ジャネは後悔したが、死ぬまで、フロイトは自分に不当な仕打ちをした、という確信を捨てなかったようだ。

他方、ジャネのフロイト批判に反批判を返したユングは、有能な心理学者ジャネと真に形而上学的なベルクソンの意義を明白に区別していたようだ。ジャネに向かってユングは英語で「不幸にも、ドイツ語すら読めないのに、精神分析の当否を判定する資格があると思い込んでいる人が少くない」(『無意識の発見』下、四七一頁)と辛辣すぎるほどの反批判を加えている。それでも、ユングは、フロイトの「リビード」はベルクソンの「エラン・ヴィタール」と同じものである、とした。ユングのフロイト擁護はこの時点でもフロイトへの深い共感をともなうもので、ユングはフロイトに味方しつつも（味方したがゆえに、と言うべきか）、ジャネを切り捨てて、ベルクソンに接近せざるをえなかったかのようだ。

ユングは、太古的・神話的遺産を、ベルクソンに倣って「創造に先だって永遠のもの」と呼ぶ。フロイトにとって野蛮な人であった原始の人が、文明人より優れた知覚能力、超能力をもち、動物も本能の神秘性をそなえていると見る文明観がユングにはある。これは『物質と記憶』の円錐体図式では底面ＡＢへの弛緩傾向としてユングに現れうるだろうし、『創造的進化』では「本能」への差異化への愛着としてユングに現れうるだろう。

生まれつきの資質として夢幻世界への弛緩を好むユングにとって、現実への収縮ないし現実への直面化自体が、治療法として自身と患者たちに向けて要請された根本原則であった。つまり、ユングの治療の原点には自己治療があると言ってもいいだろう。

そして、この年、一九一三年、フロイトとユングは訣別した。フロイトは『トーテムとタブー』を書いてリビード論と原父殺害論を先史時代へと遡及させ、ユングは『リビードの変容と象徴』を書いてグノーシス的神霊智への道を歩み始めていた。

フロイトとの訣別のあと、私の友人や知人は皆、いつのまにか立ち去っていった。私の著作は無用の物だと宣言された。つまり、私は神秘論者であるとして、それでことが

落着したのである。(『ユング自伝1』二四〇頁)

ミンコフスキーの精神病理学

一九一四年、第一次世界大戦が勃発した。ウジェーヌ・ミンコフスキー(一八八五—一九七二年)は、妻とともにミュンヘンで精神医学の研究と臨床に従事していたが、ミュンヘンからチューリヒに難を逃れ、オイゲン・ブロイラーの助手となった。結果的に、ミンコフスキーが深く学んでいたベルクソンの思想が、ブロイラーの生まれたばかりの分裂病概念と出会うことになった。

多少余談を入れることになるが、私が医師になって精神医学を実践し始めた昭和四十八(一九七三)年頃は、当時まだ「精神分裂病」と呼ばれていた精神障害の精神病理学的研究が言うならば黄金時代にあるかのようで、絢爛たる哲学的研究が次々と現れてきた時代であった。とりわけビンスヴァンガーとミンコフスキーの研究は別格的に高く評価されていて、分裂病理解のためにはなくてはならないものになっていた。第一次世界大戦後、ヨーロッパの学会でこの二人が一緒になると、ついにフッサールの弟子とベルクソンの弟子が並び立った、と賞賛されたという。弟子と弟子が双方とも精神科医で、その師が二人とも哲学者であることは精神医学にとってはあまり自慢できることでもなかろうに、私なども、まだ若かったせいか、こういう逸話に触れると、うれしい興奮に見舞われたものである。精神病理学が哲学に全面的に依存していた時代のことだから、こういう現実をおかしいと思う人は少なかったようだ。

そういう時代に研修医となった私にとって、理由は不明瞭だったが、ミンコフスキーは特別に重要で尊敬すべき学者であった。病者を洞察する力も、哲学的に鋭利な思索も、私にとってはビンスヴァンガー以上の存在であった。ミンコフスキーを敬愛した理由として、一つ推測できるのは、私もやはりベルクソンが好きだったことが挙げられるかもしれない。田島節夫訳の『物質と記憶』(『ベルグソン全集』第二巻、白水社、一九六五年)をよくは分からないながらも医学部学生の頃から読み込んで、本は手垢にまみれてしまったが、もう四十年も経つのか、とひどく懐かしくなる。

余談があまり長くなるのはいけないので要点に移っていくが、ベルクソンを邦訳で読んでどうしようもなく理解に苦しんでいたとき、一度ならず、何度もミンコフスキーの本を読むことで、逆照射的にベルクソン理解が進んだという不思議な経験が忘れられない。ミンコフスキーがベルクソンの単なるエピゴーネンではないことは当時すでに直観されていたが、村上仁訳『精神分裂病』と中江育生・清水誠・大橋博司訳『生きられる時間』にはずいぶんとお世話になったのである。

図6　ウジェーヌ・ミンコフスキー

新しい精神医学教育に慣れた人々には想像もで

きないことだろうが、当時は、病者を全人的に直観する哲学のまなざしは不可欠、と先輩から教えられて臨床を始めたのである。

今現在になって、フロイトとベルクソンを同時に考える仕事を行いつつ、ミンコフスキーを少しだけ読み直してみたいと思う。

ミンコフスキーが『精神分裂病』を刊行したのは一九二七年である。邦訳は昭和二十九(一九五四)年に初版が出されている。

この序論を終るにあたって、私は深い感謝の念をもって二人の名をあげたい。ブロイラーとベルグソンがそれである。この書の精神をなすものはなかんずくこの二人の中にその起源をもっている。私はブロイラーから精神病学を教えられた。また私はベルグソンから、その著作を通じて生命の本質的現象をいかに研究すべきかを学んだのであった。実にブロイラーとベルグソンから汲み取った思想と示唆を綜合することによって、私は本書において述べんとする分裂病の概念に到達したのである。(『精神分裂病』一七―一八頁)

ベルグソンの著作が私の思想に影響をあたえたことは上に述べた通りである。現実との生ける接触なる概念はいわばチューリッヒ学派(ブロイラー)の臨床的努力とベルグソンの思想との接合点である。したがって進むべき方向はすでに明示せられている。私はこの道を進んだにすぎない。真の哲学は常に人間心理についての知識の無尽の源泉であるから、心理学や精神病理学が哲学と接触して得るところあることを私は確信する。

いまここにベルグソンの思想を縷述する必要はほとんどないだろう。ただこの偉大なる哲学者が打ち建てた知能と本能との根本的対立を想起するにとどめよう。

ベルグソンはいう。「本能は生命そのものの形式に型どって作られているが、知能はこれとちがって、元来生命を理解することができぬことをその特徴とする。

自然の手から離れたままの知能は無機物の個体をその主要対象とする。知能が明瞭に表象するのは、不連続なものと不動なものに限られている。知能は常に無機物を観照して、これを固定しようとする。知能は死せるものにおいてのみ安易であり得るのであって、一度生けるものに向かい、有機的組織に直面するときは、なすところを知らない。

知能は常にすでにあたえられたものをもって再構成しようと努めるがゆえに、歴史の各瞬間に現われる新しきものを逸し去る。知能は予見できぬものを許容しない。それはあらゆる創造を拒否する。このように、繰り返されるもののみに着目し、同じものを同じものに接ぎ合わすことのみに専心する結果、知能は時間から眼をそらすのである。知能は流動するものを嫌悪し、彼の触れるものすべてを固定してしまう。われわれは実在の時間を思惟するのではなくて、それを生きるのである」。

在来の心理学をもってしては解くことのできなかったある種の精神病理学的問題に対して、ベルグソンの思想が新しい光を投ずるのではなかろうか。また、この偉大な哲学者が天才的直観をもって把握した思想が、逆に精神病理学的事実によって裏書せられることがないだろうか。かかる問題を提出することはきわめて自然といわねばならぬ。(同書、七七—七八頁。強調はミンコフスキー)

ミンコフスキーは正直な人である。気取りや誇張がない。『創造的進化』(一九〇七年)以降のベルクソンにやや傾きすぎていて、『物質と記憶』(一八九六年)という決定的に重要な書物の影響が相対的に弱いのがやや残念である。もう一つ残念なのは、ミンコフスキーがオイゲン・ブロイラーの連合弛緩概念と自閉概念に深くコミットして「現実との生ける接触の喪失」、「病的合理主義」、「病的幾何学主義」、「空間的思考」といった重要概念を制作しながら、本格的なフロイト理解のためにはついに力を尽くさなかったことであるが、ベルクソン的生命(本能)のネガとしての分裂病、エラン・ヴィタール衰退の代償としての無機的知能肥大という見方は、やはり二十一世紀になった今もなお、人類的生命様態の広汎かつ異様な偏奇という事態を見るにつけて、特殊疾病問題を超えて、興味深い。

ミンコフスキーの『精神分裂病』が刊行されたのは、すでに述べたように一九二七年だが、これはフロイトの『快原理の彼岸』の七年後、また『自我とエス』の四年後の刊行ということになる。そして、フロイトが、生命的興奮量を解消し無機物に戻ろうとする有機体の衝迫を「死の欲動」と名づけて、無機物性格と反復強迫の内的関連について考察を深めていたその頃に、ミンコフスキーがベルクソニスムから発想して、「知能と本能との根本的対立」、「知能は無機物の個体をその主要対象とする」、知能は「繰り返されるもののみに着目し」と論じている事実は興味深い。ここでは期せずして、フロイトの反復強迫および死の欲動の論が、ベルクソンの「無機物」にのみ親和的な「知能」という理解と、共振を起こしているのである。

精神分裂病が二十世紀的狂気という限定されたものである可能性が大きいにもせよ、ミンコフスキーの精神病理学からはベルクソン哲学のずいぶんとストレートな影響の帰結が読み取れる。『物質と記憶』に至るまでの意識即記憶という（過去に重点を置く）実感から、『創造的進化』以降の意識即生命という（未来に重点を移す）感覚への転身、この転身以後の影響が明瞭である。

だが、フロイトにほとんど関心を示さないミンコフスキーの態度を見ながら思うのだが、意識即記憶（抑圧・反復・退行論から死の欲動論に至るまで）という感じ方がいかにフロイトとベルクソンの双方に等しく親和的であるか、意識即生命（未来に向けて進化する生命）という感じ方になるとフロイトとベルクソンが相互にいかに離反してしまうか、理解されて、面白い。

ベルクソンも実のところはそうなのだが、フロイトは、意識即記憶即生命とでも言うしかない奇怪な無時間的世界に降りていったのだ。ベルクソン哲学には時間重視という通念がつきまとうが、（やはり無時間的と考えうる）記憶の円錐体に極まると言っていいようだ。それに、ベルクソンの最重要、最難解主著と目される『物質と記憶』に踏みとどまることが、ミンコフスキーにとっての死角に位置する〈無秩序〉、〈非理性〉、〈無意識〉という深い次元に潜む連鎖を見出すにあたって肝要だということも理解されてくる。

では、ミンコフスキーはフロイトを黙殺しているか。そうではない。一九三三年に刊行された『生きられる時間』にては、精神分析批判が独自のベルクソニスム的観点からなされている。ベルクソン本人がフロイトについて言葉少ないゆえ、われわれはベルクソンを代理するにふさわしい人物のフロイト評価に興味を抱くのだが、それはジェイムズやジャネ、さらにはユングに匹敵する程度に、あるいは彼ら以上の重要性をもって、ミンコフスキーでもありうるのだ。

われわれはいまやわれわれのうちに一つの表面と一つの底を発見する。前者は制限され、またいわば凝固しており、後者は、反対に、常に動きかつ汲み尽し難い。そしてわれわれがわれわれの精神生活の所謂要素といわれるもの、すなわち、孤立せるわれわれの知覚、われわれの感情、われわれの表象、われわれの意欲を、一つ一つつないで表象するならば、われわれは、このような仕方では、決してわれわれのうちにある本質的なものを汲尽しえないだろう、ということを了解する。実際、「背後には」常に生命の源泉そのものがあるのであるから。またこれらの要素について語りながら、ある種の事情の下で、われわれがそれらを意識的事実と呼ぶならば、それらよりも深いところで動いている底を、われわれはよろこんで無意識と呼ぶであろう。(『生きられる時間I』六七

頁。強調はミンコフスキー）

　ここでミンコフスキーの思索を支えているのは、『創造的進化』というよりもむしろ『物質と記憶』のほうであろう。やがて大問題になってくるベルクソンの記憶の倒立円錐体の図式を彷彿させる文章である。だが、記憶の倒立円錐体の先端部Sは「表面」とされ、底面ABは、同じく「底」と言われつつも、無限に遠い過去という意味を稀釈されて、言うならば「エラン・ヴィタール」（ここでは「生命の源泉そのもの」と書かれている）の場所、あるいはフロイトの言う「エス」の場所に近づけられてきている。ミンコフスキーにとっては、エラン・ヴィタールと「無意識」がほとんど同義なのであり、これは、かつてユングがエラン・ヴィタールをリビードとみなそうとしたことと軌を一にする考え方を示している。

　ベルクソンが沈黙したその地点で、ミンコフスキーは語り始めている。つまり、「記憶」であり、かつまた同時に「生命（の躍動）」自体でもあるような「無意識」概念を、ミンコフスキーは語り始めているのである。これは、「抑圧されたもの」であり、かつまた同時に言語的秩序以前の「エス」でもあるような〈無秩序〉、〈非理性〉、〈無意識〉を考えていたフロイトの感覚を連想させる。ミンコフスキーはさらに言う、「無意識」の「無」とは意識拒否、意識不能を示さず、「無意識」はむしろ直観的に「意識」されうるのだ、と。このときの「意識」は、「知能」よりもむしろ「本能」に近いような、「直観」と解されるべき出来事であろう。

この経緯について、ミンコフスキーの続きの文章を引用して確認しておきたい。

> しかしながら、ここで理解しておかねばならぬ。「無意識」という言葉は、ここでは、意識的事実に類似するが、あれこれの理由のために識閾下に留まっているだけの、したがって意識に接近できる事実を、言い表わそうとしているのではない。否、われわれの言う無意識は、結局、ひとが通常意識の名の下に記述するすべてのものよりも、意識に一層現前するとまでは言わないが、それらと同様に現前するものであって、「無意識」という言葉のうちにある否定的要素は、単に無意識の底が、まさしくそれの有つ本質的に力動的で生ける性格の故に、静力学的本性の意識的な諸要素と同じように、繰展げられることも、分解されることも、言葉の合理的な意味に於て、明確な仕方で表現されることもありえないということだけを意味している。この意味に於て、われわれは、この表現が含んでいるとみえる矛盾によって妨げられることなく、無意識的なものの意識について語ることを、いささかも躊躇しないであろう。(同書、六七―六八頁。強調はミンコフスキー)

ミンコフスキーは、「無意識的なものの意識」ということで臨床的直観、治療者の本能的とも言いうる洞察の実現を言いたいのだが、ベルクソンならばここで即座に「直観」と言っただろうし、フロイトならば広義の「転移」現象を考えるはずである。こうして読んでくると、ミンコフスキーが、フロイトの「無意識」概念に対するベルクソンの代理人であるかのように思われてくる。ミンコフスキーにとって、エラン・ヴィタールという「無意識」に接触することは「汝自身を知れ」という神託に服するに等しいのである。ミンコフスキーの「無意識」論は、ベルクソンの道徳・宗教論と似てきて、かなり倫理的になってくる。

　フロイトという人物に問いかけつつ、彼を照射するような興味深い文章があるので読んでみたい。

> 人生の特に重大な状況に於て、決断を下すのが自分であることをよく知りながら、私は、自分を越えるひとつの力によっていわば導かれるような感情を、内心に有ったことがないであろうか。それは私自身の姿に基づいて作られ、私の後に従う影のようなものであるが、しかし、上述せるごとく、自ら光であると称えるものよりも、はるかに明るい影である。フロイトからひとつの表現を借りて、しかしそれにまったく別の意味を与えて、私はここで超‐自我（sur-moi）という言葉をよろこんで使いたい。そして自我に積み重なるなにものかではなくして、言いうべくんば、私に於て、私以上に「私なるもの」をそのうちに見るのである。特に人格的であると私に思われるひとつの作品を私が実現したとき、すなわち、私の「人格的」躍動がその最も純粋な形に於て顕現したとき、私は自分が神性のまったく近くにあると感ずることがないであろうか。そしてそれも、このようにして傲慢にも、自分を一箇の神として肯定したいのではなく、もっぱら

謙遜に、私の霊感と私の作品のすべての生き生きした力を、私が、私の外部から、私を越えたひとつの力から汲むと感ずるのではないであろうか。(同書、六三―六四頁。強調はミンコフスキー)

話題が道徳的かつ宗教的であるから、ミンコフスキーはフロイトがちょうど十年前に初めて使った「超‐自我」という概念を借用したのだろうが、もしも話題が人間的生命の激しい燃焼ないし欲望成就であったなら、やはり十年前から主題化された「エス」が借用されてもまったく妥当な文意である。「まったく別の意味を与え」る、と承知されているのだから、なおさらである。ともかく、「エスの代弁者」とも言われる「超自我」と「エス」は、相互に不即不離であり、時には識別不可能なまでに溶融し合ってしまう、ミンコフスキーは、意図せずして、期せずして、こういう結論に至ってしまっている。

フロイトにおいては、エディプスコンプレクスの相続審級としての、あるいは伝承されている掟としての「超自我」というニュアンスが最も妥当なものなのだろうが、「自我」と対峙し、しばしばこれを圧倒し去る「力」は「エス」の「力」だと考えられても、おかしくはないだろう。

最近、互盛央氏の『エスの系譜』という好著を読んだが、ミンコフスキーがここで言わんとしている事態は、ゲオルク・クリストフ・リヒテンベルク(一七四二―九九年)が「私が考える〔ich denke〕と言ってはならず、稲妻が走る〔es blitzt〕と言うのと同じように、それが考える〔es denkt〕と言わなければならない」と書いている、まさしく目が覚めるような出来事に等しいだろう（『エスの系譜』八一頁以下）。ミンコフスキーは「稲妻が走る」時のように、「はるかに明るい影」、「「人格的」躍動」、「私を越えたひとつの力」を直観したのであろう。

ミンコフスキーは、ベルクソンとともに「無意識」を発見したのである。それは、「知能」的「意識」を超越した「力」、「本能」的あるいは「直観」的にのみ感受される「力」であり、「エラン・ヴィタール」という名の、おのずから差異化しつつ進化してやまない無意識にほかならない。

ミンコフスキーにおいては「記憶」という名の無意識に十分な配慮が加えられていないと思われるが、この問題は後段で考察されるだろう。

晩　年

学問的、思想的、信仰問題的に限定を加えてもなお、人間には、人生には、晩年という不思議な時代がある。精神的円熟を嘲笑うかのように、身体的には老いることと病むことが、止めようもなく進行していく。老いて病んで死んでゆくことにふさわしい思想が宿っているなら、その人は立派な晩年を過ごしたと言えることになる。こういう意味で、フロイトとベルクソン、この二人の晩年は見事である。

一九二三年、六十七歳のフロイトは最初の上顎癌手術を受ける。だが、『自我とエス』出版も同時的であり、思想的巨大化はさらに勢いを増しているかのようであって、こういう人は稀有であろう。一九二五年の冬、六十六歳のベルクソンを重いリューマチ発作が襲い、以後ベルクソンは行動の自由を次第に失うことになる。彼は、硬直してゆく手の指に力を込めて、少しずつ最後の、第四の主著『道徳と宗教の二源泉』を書き続ける。第三の主著『創造的進化』刊行から十八年を経過して重く病んだベルクソンであるが、病苦に関する発言はほとんどないから、不思議である。比較すること自体おかしいのだが、上顎癌にまつわる苦痛をかなり訴えるフロイトのほうが、何か、より自然な感じがするのである。

ところで、一九二五年のエピソードとして、ピーター・ゲイは次のように記述している。「エルサレム大学の創立記念式典で、イギリスの老政治家バルフォア卿は現代の思想に最も大きな影響を与えた三人として、ベルクソン、アインシュタインと並べて、フロイトの名を挙げた（三人ともユダヤ人だ）。フロイトが心から賞讃していた人びとの一人から賞讃されたのである」（『フロイト2』五二八頁）と。このゲイによる文章内容にも、この時のフロイトの喜ばしい気持ちにも、決して不可解なところはない。

だが、私がこの個所で気づいて啞然としたことが一つある。それは、ここに登場する「ベルクソン」の名前が、ゲイの『フロイト』（一九八八年）という大著に登場するたった一回の「ベルクソン」であることだ。これほどまでにフロイトとベルクソンは疎遠であったのか。それとも、これほどまでにフロイトとベルクソンという連合は伝記作家ないし歴史家にとって成り立ちにくい性質のものであり続けるのか。今回、初めて気づいて確認して、この二人の縁のなさのようなものを改めて痛感した。

事の不思議に納得できない私は、ゲイの個人的好みの問題かもしれないと思い、今度は四十年間も私の書架を飾って役立っているアーネスト・ジョーンズの『フロイトの生涯』（一九五七年刊。ここで参照できたのは短縮されたものの邦訳版）を調べたのだが、「ベルクソン」という名前は、ここでも、たった一回、やはりバルフォア卿のエルサレムでの演説内容に関連して登場しているのみであった。ジョーンズの文章は以下のごときものである。「〔一九二五年〕五月に私は次のようなニュースをフロイトに送った。「バルフォア卿がエルサレムでの演説で、彼が現代思想にもっとも深い影響を与えたと考える三人の人物、全てユダヤ人ですが――ベルグソン、アインシュタイン、フロイト――に、個人的な親しい形で言及したことはご存知と思います。私が出席したこの間のイギリス・オーストリア協会の夕食会では、主客であったホールディン卿が、歴史上、ウィーンがなした文化への貢献を演説の中でとりあげました。彼が選んだ四人の名は、モーツァルト、ベートーベン、マッハ、フロイトです」（『フロイトの生涯』四四六頁）。ジョーンズの記述の後半部はともかく、ゲイにはジョーンズの記述しか資料がなかったのだとしか思えない。欧米の代表的伝記作家にして、この結果なのである。

フロイトとベルクソン、二人ともに最大級の「無意識の発見者」であるにもかかわらず、二人の関係を探究する歴史家、伝記作家の想像を絶する思想的貧しさを思うと、それが欧米を舞台にした研究的貧寒であるゆえに、不可解としか言えなくなる。翻って考えると、小林秀雄という思想家の感覚、とりわけ「感想──ベルグソン論」の「二十七」以降の、フロイトとベルクソンの内奥の共鳴、和音と不協和音を鋭く追求する文章の明るさと深さが、世界的に見ても、特殊にすぎた、高級にすぎたのであると、改めて納得するしかない。公平なエレンベルガーの大著『無意識の発見』になると、さすがに事情は大きく異なり、「ベルクソン」の登場回数は数十回になるが、フロイトとの相互的かつ内奥的な関係という主題で読める記述はないに等しい。エレンベルガーのような公平無私の研究者に、小林秀雄のような独創的見識の噴出を求めることはできないのである。

一九二八年、ベルクソンはジャック・シュヴァリエに語っている。「十字架の聖ヨハネと聖女テレサは、すべての神秘思想家の上位に置かれるべきだ。かれらの書いたものを読んで大いに啓蒙された。そしてこのまことに異なった、しかし、神の把握においては同一な二つの精神が一点に収斂し、相互に補い合っていることは、わたしにとっては、真理であることの証明だ。わたしは二人とも等しく愛するが、十字架の聖ヨハネをすべての最高峯に置く」(シュヴァリエ『ベルクソンとの対話』一一三─一一四頁)と。この二人の神秘思想家に対する別格的な評価、ベルクソンの祈りにも似た思いは、シュヴァリエが繰り返して伝えるところであり、老いてゆくベルクソンの精神の進化ないし深化のありさまが鮮明に伝わってくる。

さて、一九三二年の二月末日に、ベルクソンの手許にとうとう『道徳と宗教の二源泉』の校正刷りが届けられ、これは迅速に校正されて、ただちに刊行された。

一九三六年四月十八日には、「『二源泉』の英語訳の著者が、先生のご著書に私はたいへん苦労しましたが、特に、カトリック教徒の気にいるでしょう、とわたしに言った。たしかに、大神秘主義、人間の魂を神と直接に交渉させる神秘主義は、カトリック教においてのみ開花した。考えてみれば理解できる。プロテスタントは、聖書の文字の奴隷だが、カトリック教徒においては、聖書の解釈は至上なる法王の人格において具現されている。したがって、生きたものだ。カトリック教はもっとも動的な宗教だ」（同書、二七三頁）という、かなり凄みのあるベルクソンの言葉がシュヴァリエによって書き残された。ベルクソンの信仰が揺るぎなく定まっていたことは明白であり、彼の信仰は、一九三七年に書かれたベルクソンの遺言書「もしパリの大司教の許可がえられたら、私の葬儀にカトリックの司祭がきてお祈りしてほしい。もしその許可がなければ、ユダヤ教の牧師に申し出ることが必要であろう。しかしそのおりにも、カトリシズムに対する私の精神的結合と私はまずカトリックの司祭による祈りを望んだということを、その牧師にもまた他の誰にも秘めてはならない」（澤瀉久敬「ベルクソン哲学の素描」四五頁より）へと一気に流れてゆくのだが、ベルクソンには信仰に安らぐゆとりは与えられなかった。ヒトラーのドイツ第三帝国成立からほぼ五年が経過して、ユダヤ人同胞の迫害が不可避であることが明らかになってきた一九三八年の四月四日、「わたしは、自分がその中で育てられ、まことに尊敬に値いする両親が信じていたユダヤ教を離れることができるかどうかを疑問に思うのだ。ユダヤ教に残る方がより深く、よりほんとうに宗教精神に叶っているのではないだろうか。特に、おそろしいユダヤ人迫害の波がおしよせ、わたしと宗教を同じくしている人々を襲おうとしているのが感ぜられる時に、だ。わたしの公けの改宗——わたしは秘密にしておきたくはない——が、護教の目的で利用されうるということ、これはどうでもよい。しかし、それがわたしと同じ人種を迫害する者たちに論拠を与えることになったら、まことに堪えられない」(『ベルクソンとの対話』三一五頁)という悲痛なベルクソンの言葉をシュヴァリエは記録している。

ちょうど同じ頃、すなわち一九三八年六月四日、フロイトはロンドンに亡命し、そこで『モーセという男と一神教』を完成し、ユダヤ教徒とキリスト教徒のすべてを敵にまわすことを承知の上で刊行する。フロイトには、カトリックか、プロテスタントか、という問題は生じようがなかった。ただ、またしても迫害され大量に殺害されてゆくユダヤ人同胞への救われない共感が、フロイトとベルクソンに共有された唯一の宗教的受難感であったろう。一九三九年九月一日、ドイツ軍はポーランドに侵攻し、これに対処する形で、九月三日、イギリス、フランスがドイツに宣戦布告して、ここに第二次世界大戦が始まる。フロイトはロンドンで、ベルクソンはパリ郊外の疎開先で、その知らせを受けた。

約三週間後の九月二十三日、フロイトはロンドンにて死去した。フロイトと主治医マックス・シュール、そしてアンナ・フロイトの三人が納得した形での、麻酔薬注射による事実上の安楽死であった。享年八十三歳四ヵ月の堂々たる生涯であった、と言っていいだろう。

だが、フロイトの死後も、ベルクソンの孤独と悲惨と苦痛はもうしばらく続くことになる。

フロイトがロンドンで客死してから約一年ののち、一九四〇年の十一月にベルクソンは疎開先の田舎から家族とともに占領下のパリに戻ったのだが、厳寒にて暖房なく、アパートの廊下に出て歩行運動をし、全身の筋肉の硬直を阻止せんと努力する日々となった。そして、二ヵ月後、一九四一年の一月四日、ベルクソンは、風邪をひいて肺充血を起こし、三日間病床に伏したのちに死去した。享年八十一歳二ヵ月、希望していたとおり、カトリック司祭の祈りの中での死であった。フロイトと同様、ベルクソンの生涯もまた比類なく見事なものであった、と言いうる。葬式も告別の辞もないままに、一月六日、ベルクソンの遺体はパリ近郊の墓地に移されたが、参列者は三十余人であった。アカデミー・フランセーズからは、この年に七十歳になろうとしていたポール・ヴァレリー一人が参列し、未亡人の求めにより参会者に謝辞を述べた（澤瀉久敬「ベルクソン哲学の素描」四六頁）。

再び、直覚された二人の関係に焦点を合わせる

等質的時間が生み出す単調さに、われながら驚いてしまう。こうして伝記的事項を調査して記述すること自体に何か意味があるのだろうか。この歴史年表的知識群によって隠蔽されてしまっている事柄にこそ、思索の意味が、すなわち生きる喜びが潜んでいる、そう考えないと、もう一歩も先に進めまい。ここで改めて等質的時間年表の背後に潜んでいる事柄を浮かび上がらせる必要があるだろう。

ここで、問いはフロイトの学問に向けられているのではない。また、ベルクソン哲学に向

けられているのでもない。双方が相互に牽引し合い、反撥し合う、その関係こそが問われているのだ。フロイトの学問を透視して、その背後にベルクソンの学問を見ること、あるいは、ベルクソン哲学を透視する眼光をもって精神分析という臨床実践を見ること、この途方もない難事に向かう時にこそ、われわれは問う喜びを予感するのである。こういう問いに焦点を絞りこんでゆくために、もう少し、小林秀雄の講話を録音記録から起こしてみよう。以下は先に引いた講話内容を継承する形で、学生の質問に答えつつ話されたものである。

さっきお話ししたようにね、生理的なものと精神的なものは絶対に密接な関係があるんです。それは分かるでしょ。だから、むろん生理的な原因から説明することのできる精神現象はたくさんあるわけです。

だけど、フロイトはね、あれは、そのぉ、気違いを扱った心理学者なんです。だから、ふつうの心理じゃないわけでしょう。異常な心理です、みんな。そういう異常な心理を調べてみますとね、まぁ、肉体的な、生理学的な原因からね、とても説明のできそうもないような原因、患者が出てくるわけですよ。全然健康なんですからね、身体は。例えば、全然健康な男が、どうしても癌だと言うでしょ、どうしても俺は癌だと信じて、そういう妄想に苦しめられるでしょ。だから、そういうふうな妄想がどっから起こってくるか。そういうふうな患者にあたった場合にですね、生理的な原因っていうものにどうしても医者がこだわっていた時に、彼はそれをまったく精神的な原因にあるに違いないという仮説のもとにね、やってみたら、はたして、そういう妄想には生理的な原因じゃなくって、まったく精神的な原因があったんです。そして、その原因を取り除いたら治っちゃったんです。そういうことをあの人は初めてやったわけだね。

だから、心理学があそこで大きな転回をしたってことは、まぁ、心理学というものを今までのように、あくまでも生理学的な基礎から分析していくのをやめてだね、そういう精神には隠れた精神的な、観念的な原因がある、というふうに新しいメソッドを立てたわけですな。というのは、そこから必然的に、人間の心は意識とは違う、ということが分かったんです。無意識という大きな世界を背負っていて、僕らの意識というものは、そのあいだのホンの一部が現実化しているにすぎない。それで、魂はある、ということが分かったんですね。

それで、ベルグソンなんかの研究によれば、その魂っていうものはですね、脳の組織の中には存在してないんです。もしも脳組織の中に存在していれば、脳組織を調べれば、魂は分かるわけでしょう。だけど、記憶というもの、いわゆる魂です、「魂」という言葉はベルグソンも使っているけれども、記憶現象っていうものはな、脳組織の中には存在していないんです。だけども、存在しているんです、っていうのは、僕らの古い習慣的な考え方ですよ、存在するっていうと、いつも空間を考えるんです、空間的なものを考えるんです。これは僕らの悟性というものの機能の習慣にすぎないんです。習慣的にそう考えてるんです。存在するものは、空間を占めなくたって、ちっともかまわないです。存在するものは、そうでしょ。空間的には規定できない存在ってものも考えられうるんです、ということを証明したわけですね。

だから、空間的に存在するものはだね、そういう潜在的な存在の顕現するのを制限している機構だっていうことを証明したにすぎないんですよ。だから、それがどこに存在しているかっていうことは、意味がない、だけど、存在する。だけど、それがどこに存在するかっていうことは無意味だってことを証明したんです。それが今の無意識心理学です。じゃ、無意識はどこに存在するんですか、アタマの中ですか、じゃ、そりゃあ生理学じゃないか。そうじゃないんです。無意識心理学っていうのは心理学なんです。心理を、心を心で尋ねる学問なんです。だから、心は脳の中には存在してません。だけど、心は実在してるんです。どこにですか。どこに、と問うことは意味はないんです。

これが今の新しい心理学の根拠です。こういう道をフロイトとベルグソンが開いたんです。非常に難しいでしょ、このことは。だから、こういうことは放っぱらかされちまったんです、そういう根本的な問題は放っぱらかしにされちゃったんです。それで、ベルグソンの哲学だとか、一派としての哲学、ベルグソニスムというもの、それから、フロイトは、フロイディスムというもの、そういうものが流行している、知識として。だけど、彼らが開いた戸口というものは、そのくらい重要なものなんです。

諸君が、魂はどこに存在するなんて、そういうのは無意味なんです。だけども、魂の実在っていうものは、決して、空間的にどこに存在するのか、つまり物的存在に還元しえないものなんです……。(小林秀雄「現代思想について」)

同時代人フロイトとベルクソン、この二人がもしも親しく交流していたなら、もしも豊富な往復書簡が残されていたなら、という思いは、ふと生じてしまう。二人の事実上の没交渉は、確かに残念なことである。しかし、二人の大思想家のあいだに濃密な交流があったなら、それによって肝要事のすべてが微細に究明されえたとも限るまい。没交渉的であったからこそ、われわれの目に浮かんでくる不可思議な光景が印象的なのだ、感銘が深いのだ、ということはありそうである。

だが、この思想劇的光景の不思議に心底から魅せられた者は奇妙に少ない。博覧強記と比類なく鋭敏な感性をもつ林達夫ですらも、先に示したように、問題の潜在を確実に感知しつつ、これを敬して遠ざけてしまう、そういう言うに言われぬ難事がフロイトとベルクソンのあいだにはある、そう言ってよかろう。西田幾多郎以下の京都学派の人々も、とりわけフロイト回避において徹底している。最近の思想界にあっては、妙なことだが、ベルクソンへの関心が薄れ、あるいは貧困化し、代わってフロイト的思考への純朴な回帰ならばまだしも、空間的思考を謳歌する構造主義的無意識論が盛んであって、関心の重点は構造論者フロイトの重視へと逆転しているようだ。もっとも、フロイトとベルクソンが交代して流行的に出没するのを繰り返すようなら、近現代思想史上の劇的な展開は期待できまい。フロイトを語る人はベルクソンについて沈黙を守りがちになり、ベルクソンを論じる人はフロイトを敬遠しがちになる、この一般的傾向は事実として承認せざるをえないのである。

フロイトとベルクソンとの関係如何という問題圏を茫漠と思うとき、小林秀雄の身ぶりは気になる例外だと言っていい。もちろん、フロイトとベルクソンという二人の主人公が立っている舞台の幕が、約半世紀遅れてきたこの哲学的俊才（小林秀雄は一九〇二年生まれ）によって全面的に完全に切って落とされたわけではない。

こうして、この一世紀の思想史的波乱をぼんやりと思うとき、ふと、小林秀雄とはいったい何者であったのか、という問いが蘇るのである。問題圏を「フロイトとベルクソン」というものに限定してもなお、このわが国特有の雰囲気をまとった思索者は、鋭い眼光を鋭利な刃物のごとくこの問題圏に突き刺しているだろう。少なくとも私は、この問題圏の途轍もない圧力に抗して、小林秀雄のように根本的な次元で耐え抜いた思索者を知らないのだ。

この学生相手の講演の録音記録が公表され、誰にでも聴かれうるようになって、もう二十年以上の歳月が流れているのを思うと、小林秀雄がこれほどはっきりと問題の所在を指摘してもなお、この指摘の意味すら感じない、気づかないのが現代の知識人なのか、とすら疑われてくる。そうでなければ、端的に、フロイトとベルクソンの内奥の関係如何という問題は難しすぎて手がつけられないのか、とても考えざるをえないのである。

「こういう道をフロイトとベルグソンが開いたんです」、あるいは「彼らが開いた戸口というものは、そのくらい重要なものなんです」という小林秀雄の声を聴いていると、西欧思想史においてまるで水と油のごとく疎遠に扱われている二人が盟友同士のように感じられてくるから、不思議だ。「こういう道」、さらには「彼らが開いた戸口」は、もちろん単数名詞である。これは、これまで「無意識心理学」とか「精神分析」とか言われているものだが、そう言い換えても何も得られまい。「こういう道」の具体性、「彼らが開いた戸口」の事実性をはっきりと見るためには、目がくらむような二つの光源が相互に照射し合っている途方もない事態を想像しなければならない。二つの光源がまぶしすぎて、こちらの目が見えなくなっても仕方がない、それくらいの覚悟が必要なのである。

注

（1）ジョン・ヒューリングス・ジャクソン（一八三五―一九一一年）は、イングランドの著名な神経学者。主としてロンドンで活躍したが、その精神医学的思想は、一八八一年頃から打ち出されてきた「進化」と「解体」の理論である。神経系は、よく組織化されて自動的な下位中枢から、組織化されず随意的な上位中枢へと進化に応じた層構造をなしていて、病気による解体は進化の過程を逆行して上位から下位へ進み、侵襲による上位機能の喪失を示す陰性症状と、残った下位機能の解放を示す陽性症状が区別されるとした。これは「ジャクソニズム」と呼ばれる。ここにもダーウィニズム的思考を読み取ることができるが、この当時は、生命や社会の「進化」をキーワードとして全事象を見る風潮が支配的となっていたのであって、すべてがダーウィンの進化論の直接的影響だったとはみなさないほうが無難である。

フロイト自身、『失語症の理解にむけて』（一八九一年）の中で「連合の上に連合を重ねて構成されたものは、病巣の部位にかかわらず、最初に連合された一次的なものよりも先に障害を被るように見受けられる」と書いたのち、自説が全面的にジャクソンに依存していることを明記している（七六、一〇六頁。強調はフロイト）。その後、精神分析固有の言説になると、フロイトのジャクソンへの言及は消えてゆく。

(2) フロイト自身は『機知――その無意識との関係』(一九〇五年)において、「笑い」を「緊張が緩む現象」とするリュドヴィク・デュガ(一八五七―一九四三年)らの見識に注目し、『笑い』を「精彩を放つベルクソンの好著」と呼んで、ベルクソン自身は推測しつつも放棄してしまった(とフロイトがみなす)「滑稽なものの幼児的根源」の論を追求することの重要性を説いている。つまり、フロイトは『物質と記憶』(生命の緊張と弛緩)と精神分析的思考(幼児的根源)を相互に近接せしめるところまでほぼ達しているのである。これは驚いていい事実だ(『機知』一七四、二六七頁以下)。

(3) アルフレッド・ビネ(一八五七―一九一一年)は、フランスの心理学者。リボー(次注参照)の影響を受けて、実験的・経験的な方法による研究を進めた。一八八六年には催眠術を導入した連想過程の実験を行い、一九〇三年には知能の実験的研究に至った。

(4) テオデュル・アルマン・リボー(一八三九―一九一六年)は、フランスの心理学者、精神病理学者、哲学者。一八八八年から一九〇一年までコレージュ・ド・フランスの教授を務め、この地位は次にジャネのものとなった。病的状態での記憶解体は高度獲得記憶より順に失われてゆき、最も新しく形成された構造から変質してゆく、と考えた。最も古くから獲得されていたものは最も単純な構造と最も高い安定性をもつと考えた。ジャネの考えとよく似ている。

(5) この論文では、ユングの名前と彼の研究論文が、非常に高い評価を与えられつつ、言及されている。

第Ⅱ章　夢

記憶の円錐体について

今ここでなすべきは、ベルクソン哲学を論ずることではない。もしベルクソン哲学そのものが問題であるならば、多くのベルクソン論者がそうしたように、四大主著と言われるものを順次に紹介し、そこにベルクソンの意識論、記憶論、生命論、宗教論というような流れを、その反復と進行のさまを、多少とも不自然な類型化を試みつつも丹念に追うべきである。だが、そうした仕事はこれまで多々なされてきているし、ベルクソンの思索の全貌を探究するという膨大なエネルギーを要する作業に没頭してしまうと、フロイトが見えなくなってしまう。フロイトを連想する余力を失ってしまう。ましてや、ベルクソンとフロイトの関係、この歴史年表上にはほとんど存在しない同盟、しかし十九世紀から二十世紀へという曲がり角で相互に激しく共振しつつ人類の精神の歩みの宿命を根底から決定づけてしまった関係そのものに焦点を絞り続ける私の緊張力は失われてしまうだろう。

同じことは、フロイトから考え始めると仮定しても言える。フロイトの思想あるいは精神分析にのみ注意を集中してしまうと、多種多様の欲望の群れが演じる劇の心理学的特性は明らかになるのかもしれないが、フロイトの学問における生命論的、時間論的あるいは存在論的枠組み、さらに言うなら、その根本的な論理の枠組みは、視野の外に去ってしまうだろう。

フロイトとベルクソン、この連合を考えることは、彼らが相互に近接し類似しすぎているがゆえに、そしてまた彼らが相互にあまりにも疎遠かつ異質であるがゆえに、かなりのバランス感覚を必要とするように思われる。喩えて言うならば、昼の思想で夜を語り、光の思想で闇を語る、というような不安定性に耐え抜くバランス感覚、あるいは綱渡りの際に求められる一定の速度のごときものが求められていると思われるのである。

事情がこういうものであるゆえ、つまり一定程度以上の速度を獲得して均衡を維持する必要があるゆえ、いきなりベルクソン哲学の核心部に入ることにしたい。『物質と記憶』の第三章「イマージュの残存について」の中に「過去と現在の関係」という節があり、ここに非常に有名になった倒立円錐体の図が現れてくる。

以下、ベルクソンの文章を引用しつつ、これをじっくりと解読していくことにしたい。

私が、円錐SABによって、私の記憶のなかに蓄積された想起の全体を表すとすれば、過去のなかに据えられた底面ABは不動のままであるのに対して、あらゆる瞬間に私の現在を描く頂点Sは絶えず前進しており、同様に宇宙についての私の現在の表象の動的平面Pに絶えず触れている。身体のイマージュはSに凝縮される。そして、平面Pの一部をなしているこのイマージュは、平面を構成しているすべてのイマージュから発する諸作用を受け取ると共に返しているだけなのだ[1]。（『物質と記憶』二一七―二一八頁）

われわれ一人一人が心身の総体として倒立円錐体でもって表されている。円錐体の先端Sと現実平面Pは常に密着しているが、ここに発生している摩擦熱がわれわれの生命活動力と現在性の証だと言っていい。この摩擦点はSPと表記されてもいい場所、境界の定かならぬ一種の圏域・領域だが、ここは身体の場所、知覚と運動の二元的場所、現在形の意識の場所、現実の場所、自我の場所、自己保存と種の保存の欲動が入り乱れる場所だ、とさしあたり言いうる。

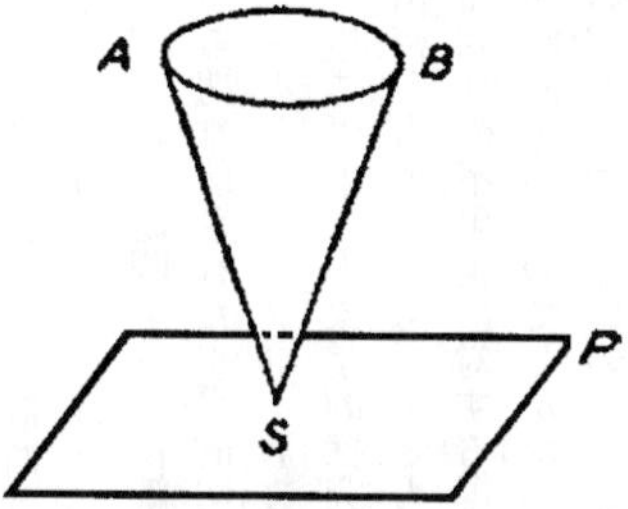

図7　『物質と記憶』第3章より

　円錐体先端Sが平面Pの上にその移動痕跡を刻んでいく。この痕跡が日常生活の軌跡、すなわち等質的時間と等質的空間がそこから発生し続けている痕跡ないし軌跡である。SによってP面に刻まれてゆく時間的軌跡は、記憶とはまったく違う時間である。これはSによってP面に刻まれる等質的時間の軌跡が底面ABから垂直にSP圏域に至る〈時間＝記憶〉と完璧に直角に交差していることからも直感される。円錐体先端Sが面Pに突き刺さりつつ進行してゆく方向は未来を指しているが、これは未来に向けて等質的時間を踏破中であるということしか意味しない。この図式には「未来」という観念は書き込めないのだ。面Pがさらに極端に限定された狭いSP圏域の特性は、そこが時間論的な持続と深度を欠きやすい事実に、また〈時間＝記憶〉という垂直運動から切り離された水平的切断面になりやすい事実に存する。

ベルクソン、フロイトのほぼ完璧な同時代人エトムント・フッサール（一八五九―一九三八年）以来、現象学的探究は常にこのSP圏域においてなされてきた。現象学という方法の緻密さも狭隘さも、もともとはこのSP圏域限定という方法論的自己規定に由来する。特に時間性の不思議に対する現象学の無能力は印象的である。実際、SP圏域は現在という時の切断面そのものでしかないのだ。現象学にはこの狭い圏域から脱出する力が与えられていない、と言ってもいい。そして、このSP圏域から自由自在に脱出してゆき、またここに帰還してくる力がベルクソンとフロイトの思索と感性に与えられている点、看過されるべきではない。

私はすでにしてSP圏域を自我の場所とみなしている。明らかなように、ベルクソンの円錐体は、それが過去＝記憶＝無意識が渦を巻きつつ前意識へ、意識へ、知覚‐自我系へ、外界へと持続的に緊張し、収縮し、先端Sへと凝集し続けるさまを直観させるがゆえに、また逆方向を向いて円錐の底面AB＝エス（エロースと死の欲動の闘争の舞台。本書第Ⅲ章「円錐体の時間とエスの時間」の引用文も参照）へと弛緩・拡散するのをやめないがゆえに、フロイトの心的装置の図式（特に『続・精神分析入門講義』第三一講（一九三三年）に示された図式（一〇三頁）が印象深い）を連想させるのである。

私のこの提言はいかにも唐突の印象を免れないゆえ、許されないなら今はすぐ撤回してもいいが、この方向に則した試み、すなわちベルクソンの図式によってフロイトの図式を透視し、また逆にフロイトの図式によってベルクソンの図式を透視する試みは、それが非常な難題ではあっても、すでにして予感されざるをえない。

もう少し慎重にベルクソンの文章をたどってみよう。先に挙げた文章に以下の文章が直接に続いている。

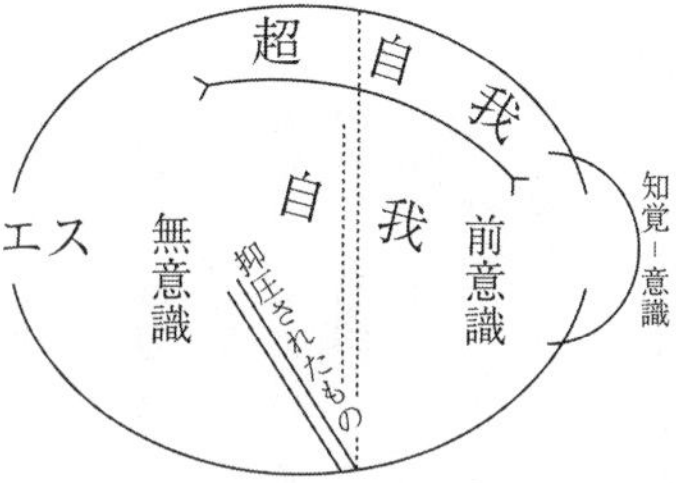

図8　『続・精神分析入門講義』第31講より

習慣が組織した感覚‐運動系の全体によって構成される身体の記憶は、それゆえ、ほとんど瞬間的な記憶であり、過去の真の記憶は、身体のほとんど瞬間的な記憶の土台として役立っている。それらの記憶は二つの切り離された事物を構成しているのではないのだから、第一の記憶は、動く平面のなかに第二の記憶によって差し込まれた動的先端でしかないのだから、これら二つの機能が相互に支え合っているのは当然である。一方では実際、過去の記憶は感覚‐運動的諸機構に対して、それらの機構を導いて任務を果たさせ、経験の教訓によって示唆された方向へと運動性反応を差し向けうるすべての想起を現前させる。そこにまさに隣接と相似による連合が存するのだ。しかし他方、感覚‐運動的諸装置は、無力な、すなわち無意識的な想起に、身体を手に入れ、物質化するための、要するに現在的なものとなるための手段を与える。実際、ある想起が、意識に対して再び現れるためには、その想起は、純粋な記憶の高みから、行動が成し遂げられるまさにその点にまで降りてこなければならない。言葉を換えれば、想起を応答とするところの呼びかけが出てくるのは現在からであり、生命を与える熱気、それを想起が借りるのは現在の行動の感覚‐運動的諸要素からなのである。(『物質と記憶』二一八―二一九頁。強調はベルクソン)

SP圏域からベルクソンの巨大な時間が放射され始める。逆に言うなら、SP領域をそのつどすでに支えていた巨大な記憶が、その本性を現し始める。ベルクソンによれば、「記憶」には二種類ある。「第一の記憶」と言われる「身体の記憶」、「瞬間的な記憶」は、実は「習慣」のことである。箸の上げ下ろしから自転車乗りに至るまで、われわれの行動の実に多くが日常無意識的に、つまり「身体の記憶」に支配されて「習慣的・機構的」になされる。「習慣」は、ABにまで弛緩して「過去の真の記憶」(＝「第二の記憶」)に至るまで伸長しうる巨大な記憶の原基であり、ある程度の機械化を受容した「身体の記憶」(＝「第一の記憶」)にほかならない。こうして濃密な「物質」性を帯びたSP圏域から「身体」性を帯びた「習慣」へ、さらには広大無辺の「純粋記憶」へとわれわれは導かれる。倒立円錐体の図に即して言えば、われわれはこうして「物質」から「記憶」へと連続的に（瞬時に、と言ってもよい）「上昇」しうるのである。逆に、われわれ人間がいつでも「記憶」から「物質」へと「下降」して身体化され、有力なる生きる力、生活する力に満ちた「行動」体に転身しうることは言うまでもない。

円錐体そのものの運動を見るならば、SP圏域への緊張・収縮は生命性ないし生活性を濃密に帯びるものであるが、底面ABへの弛緩・拡散は何かしら反‐生命的ないし反‐生活的、そして非‐現実的な動性であることが理解される。もちろん、ベルクソンは弛緩における この反‐生命性をあまり強く前景に打ち出すことをしないが、拡散・弛緩が徹底した場合、この円錐体の底面ABが何を示唆し始めるか、今から漠然とでも想定されていてよいのである。もちろん、私の念頭にあるのはフロイトの『快原理の彼岸』（一九二〇年）という小さな本であり、そこで論じられている「反復強迫」ないしは「死の欲動」の威力であり、「涅槃原理」の本性なのであるが、ベルクソンは一気にそこまでは論じない。

続く文章を読んでみよう。

　この一致の揺るぎなさ、これら二つの相補的な記憶が互いに挿入される際の精確さに、われわれは「見事に調和のとれた」精神、つまり、結局は完璧に生に適応した人間たちを認めるのではないだろうか。行動の人を特徴づけているのは、与えられた状況を救援するために、その状況に係わるすべての想起を呼び寄せる時の迅速さである。しかし、行動の人を特徴づけているのはまた、役に立たないか重要でない想起が識閾に現れながら、行動の人のうちで突き当たる乗り越えがたい障壁でもある。まったく純粋な現在のなかで生きること、刺激に対してそれを引き継ぐ直接的な反応によって応じることは、下等動物の特性である。そのように振る舞う人間は衝動的な人である。しかし、過去のなかで生きることの楽しさのために過去のなかに生きる人は、行動にほとんど適応しておらず、その人において、想起は現在の状況の利益となることなく意識の光に照らされて浮かび上がる。それはもはや衝動的な人ではなく、夢見る人である。これら二つの極端な状態のあいだには、現在の状況の輪郭を正確に辿るのに十分な従順さと、他のすべての呼びかけに抵抗するのに十分な力強さとを兼備した、記憶の幸運な配置〔構え〕が存している。良識あるいは実践感覚はおそらくこれ以外の何ものでもない。（『物質と記憶』二一九―二二〇頁。強調はベルクソン）

「身体の記憶」（＝「習慣」）と「過去の真の記憶」の連結と均衡がいかに大切であるか、ベルクソンはその大切さを一種の人格極性論として確認しようとしている。われわれ人間は、倒立円錐体的に表現されうるならば、SP圏域へと緊張・収縮しがちな「行動の人」、「衝動的な人」と、円錐体底面ABへと弛緩・拡散しがちな「夢見る人」とに分極しやすいのである。だが、われわれはベルクソンに性格類型学など求めるべきではあるまい。彼がここで言わんと欲しているのは、人間的生命は刻一刻と「緊張・収縮」と「弛緩・拡散」の運動を反復してやむことを知らない、という根本的な事態、人間的生命に普遍的な事態そのものであろう。われわれは、例えば睡眠と覚醒のリズムにおいて、これを直接に経験している。また、さらに観照と行動の交代において、過去と現在の対立において、理知性と動物（本能）性の葛藤において、要するに生きることのありとあらゆる場面で、われわれはこの緊張・収縮と弛緩・拡散の運動の無限変容の支配下にあるのだ。

ベルクソンが「良識（bon sens）」と言い「実践感覚（sens pratique）」と言うとき、彼の倫理的価値観が現れている、あるいは吐露されている、とは言えるだろう。だが、極端な緊張・収縮も極端な弛緩・拡散も、ともども絶望的なまでに自己破壊的になりうるとの切迫した暗い危機意識がベルクソン哲学の独特の明るさの背景に潜んでいるとしたら、どうであろうか。ベルクソンは「行動の人」で済むところで、なぜ「衝動的な人」と、さらには「下等動物の特性」とまで言うのか。ベルクソンは人間的生命の宿命的暗黒面を熟知していた、こう考えるほうが自然ではあるまいか。それとも、われわれ二十一世紀人はベルクソンよりもはるかに深く人間の心の闇とやらを知っている、心理学が進化してわれわれの心も進化したのだ、とでも言うべきなのだろうか。滑稽にも程があろう。

人間の無意識に潜む破壊衝動と獣性の苛烈さについてフロイトが語り始めたまさにその地点で、ベルクソンは沈黙した、そう思われてならないのである。記憶の円錐体を発見し提示した明敏すぎるベルクソン当人が、弛緩・拡散の果てにちらつく永遠の安息への郷愁を、またさらに死の欲動の影を、そして緊張・収縮の果てに必然的に現れてしまう攻撃性と破壊衝動を見逃すはずもあるまい。この問題には改めて立ち戻ってくるつもりである。私はベルクソンの円錐体の豊かな発見性に驚くほかないのだが、この一節をもう少し読んでみて、この発見性の奥深さを確かめておきたい。

しかし、われわれの過去は、現在の行動の必要性によって抑制されているため、ほとんどその全体が隠されたままであるのだとすれば、いわば夢の生活のなかに戻るためにわれわれが有効な行動に関心を持たないすべての場合に、われわれの過去は意識の識閾を飛び越える力を取り戻すだろう。自然のものであれ人工的なものであれ、睡眠はちょうどこの種の無関心を引き起こす。睡眠中に感覚神経要素と運動神経要素のあいだの連絡が中断されること、このことが最近われわれに示された。この独創的な仮説にこだわらないとしても、覚醒中は受け取られた刺激を適切な反応へと引き継ぐ準備がつねにできている神経系の緊張が、睡眠中には少なくとも機能的に弛緩するのを見ないでいるのは不可能である。ところで、いくつかの夢や夢遊症状態における記憶の「高揚」は、決して珍しくもない観察事実である。消滅させられたと思われていた数々の想起がそのとき驚くほど正確に再び現れる。われわれは、完全に忘れられていた幼年期の光景のあらゆる細部を再び体験し、学んだことさえもはや覚えていない言葉を話すのである。しかし、この点で、溺れた人や首を吊った人における突然の窒息において時に生じること以上に有益なものは何もない。自分の歴史の忘れられていたすべての出来事が、それらのこのうえもなく微細な事情を伴い、しかも、それらが起こったまさにその順序で、わずかな時間に自分の前に次々と現れるのを見た、と蘇生した患者は明言している。(同書、二二〇―二二二頁)

「過去」、(「行動の必要性」ゆえの)「抑制」、「夢の生活」、「意識の識閾」、「睡眠」、「弛緩」、「記憶」、「想起」、「幼年期の光景」、「歴史」……ベルクソンの文章から読み取れる、このような連合の強靱さとその豊かな発見性には驚かされるが、さらに、この連合のフロイト的特質にも十二分の注意が払われてよい。ここには、「生への注意」の喪失ゆえにいかに巨大な「抑制(抑圧)されたもの」の「回帰」が起こるかを熟知した思想家の文章がある。精神分析とはまったく別の経験に基づいてここまで到達した第一級の純粋常識人の文章がある。また、最後の死につつある者を襲うイマージュの途方もない性格については、小林秀雄も学生たちに熱い言葉で語っているのであるが、小林秀雄にとって死にゆく者のパノラマ体験は、霊魂の独立、さらには霊魂の不滅という連想にまで彼を導く力をもっていた(この「パノラマ」については、「《生者の幻》と《心霊研究》」という講演記録をも参照のこと(九三―九四頁))。

言うまでもなく、ベルクソンの哲学は非常に難解である。その中でも『物質と記憶』という大きくない本の難解さは飛び抜けているように感じられる。難解であるだけでなく、ベルクソンという比類のない人物の生涯の骨格を形成していたのが、この『物質と記憶』という本なのである。一九三八年三月二日に弟子のジャック・シュヴァリエから「神に到達する前に魂の死後存続に到達していたのではないか」との質問を受けてなされたベルクソンの答えは見事と言うしかない。

そうだ。一八九六年来、『物質と記憶』の結論として、魂の死後存続の信念に達していた。この著作には、『意識に直接与えられるものに関する試論』脱稿のあと、『試論』の発表以前にすでに着手していた。ただ、初め、魂の死後存続は、あらゆる宗教から独立したものとわたしには見えた。宗教がわたしが指摘する事実を援用することもできるということはよく理解していたが、魂の死後存続は、ただ宗教的なものとしてわたしに現われたのではない。(シュヴァリエ『ベルクソンとの対話』三二〇頁)

『物質と記憶』の思索ないし構想は三十歳になる前からすでに渦を巻いていた、とベルクソン自身が証言している。そして、記憶の円錐体の正体は、すでにして「魂」の本体として把握されていた。ここまでの引用からでも、「魂の死後存続」についての非常に理性的な理解が硬質の文章で書かれていることが分かるが、さらにはっきりと「あらゆる宗教から独立したもの」とされていて、少なくとも私は感動を禁じえないのである。

この証言から三年も経たないうちにベルクソンは死ぬのであるが、ベルクソンの哲学がその明晰さを維持しつつもカトリックに帰依していった事実は重い。

ともかく、ここに引用した倒立円錐体の論は、『物質と記憶』の難解さの中枢に位置しているだけでなく、最高度の理性と最高度の宗教はどのように出会うのかという最重要問題に対する回答の論でもあるのだ。

しかし、先に少し触れたように、この図式の背後にはフロイトの図式が、ぼんやりとではあるが見えている、そう感じられてならない。底面ＡＢが、そのままフロイトの晩年におけるエスの不気味な蠢きのさまを、さらにはエスを舞台として荒れ狂う死の欲動を、否応なく連想させてくる。先端のＳＰ領域は、自我と外界の、あるいは意識と知覚の相即を否応なく連想させてくる。

『物質と記憶』に三年遅れて『夢解釈』が刊行されたのだが、フロイトはこの書の題辞としてウェルギリウスの一句を刻印した。「天の神々を動かす能わずば、冥界を動かさん」と。ベルクソンにとっての「夢の生活」は、フロイトにとって「冥界」とされた。夢を見るということ、いや、眠るということ自体の明暗が二人によって活写されているかのようであるが、ここでは「冥界」に踏み込む前に、ベルクソンにとっての「夢」を、少しではあっても考えておくほうが賢明だろう。

ベルクソンの「夢」の講演

先に触れたように、一九〇一年三月二十六日に心理学協会でベルクソンによる「夢」という演題の講演が行われた。この講演内容が文章化されて『精神のエネルギー』と題された論文集に収録され、公刊されたのが、一九一九年である。フロイトの『夢解釈』が刊行されて一年以上が経過しての講演であり、文章化ははるか後年になされた可能性もあるが、ベルクソンは『夢解釈』を読んだ上で、基本的にはフロイトとは別個固有の「夢」論を展開している。ベルクソン自身、『精神のエネルギー』のための注に「抑圧」論に触れなかった旨を書いているように（「夢」二四一頁）、心理学的メカニズムの詳細へと論を拡大することなく、おそらくは十八年前の講演時と同じ内容のまま、「夢」の時間論的特質に重点が置かれたものである。ここでも、看過しえないベルクソンの文章を、ごく一部にとどまらざるをえないが引用しつつ、「夢」に関する彼の思索の固有性をたどってみたい。

或る与えられた瞬間において、われわれの記憶内容はひとつのまとまった全体を作っているのです。これはいわばひとつのピラミッドであって、たえず動いているその頂がわれわれの現在と一致し、その現在とともに未来へと進んで行くのです。しかし、このようにして現在のわれわれの関心の上にのしかかり、それを用いて自らを示そうとする記憶内容の背後には、下の方に、つまり意識によって照らされている場面の下のところに、ほかの記憶内容が数多く存在しています。そうです。私は過ぎ去ったわれわれの生がそこにあると思います。それは最も小さな細部までも保存され、それらのうちどれもわれわれが忘れることのないものなのです。また私は、われわれの意識が最初に眼覚めて以来、われわれが知覚し、考え、望んだすべてが、いつまでも続いているのだと思います。しかし、このように記憶作用がそのもっとも暗い深みに保存している記憶内容は、目には見えない幻の状態でそこに存在しています。それらの記憶内容はおそらく光を求めているのでしょう。しかし、光のあるところまで昇ってこようとは試みません。それができないことがわかっているからです。そして、生きて行動している私には、それらの記憶内容にかかずりあうよりもほかにすることがあることも、記憶内容にはわかっています。しかし、或る与えられた瞬間において、私が現在の状況、さしせまった行動、要するに記憶作用のすべての活動を一点に集中させるものについて、関心がなくなっていると想定しましょう。ことばを換えて言いますと、私が眠ったと想定しましょう。そうすると、いままで動かなかったこれらの記憶内容は、私が障害を避け、意識の地下室にそれらの記憶内容を閉じ込めていた揚げ戸を上げたのを感じ取って、動き始めます。それらの記憶内容は起き上がり、騒ぎ、無意識の夜のなかに、大きな死の舞踏を舞うのです。(同書、一一四―一一五頁。強調はベルクソン)

「ピラミッド」という形象は、ただちにこの講演の五年ほど前に刊行された『物質と記憶』に登場していた例の倒立円錐体を連想させるだろう。もちろん、ここでピラミッドは円錐体のようには倒立しておらず、両者では上下が逆になっている。空間的思考はこのように誤解や錯覚にわれわれを導きやすい傾向を特徴とするが、重要なのは、むろん上下関係や前後左右関係などではなく、記憶と夢見、この双方における緊張・収縮と弛緩・拡散の運動という共通性である。記憶内容の無限連合はピラミッドの頂点から四方の裾野へと、狭い明るさから広い暗さへと（ピラミッドの内界を）拡散してゆくが、頂上付近では「生への注意」の強度と覚醒意識の明晰度のゆえに、夢が見られない。SP領域では夢が見られないのと同じである。強いて空間的思考にこだわる必要もないが、円錐体の底面ABこそがピラミッドの裾野であり、夢の舞台、「無意識の夜」の「大きな死の舞踏」の舞台に対応する、ということになる。

ここに一点、留意すべきことが書かれている。それは、ピラミッドの頂点が「生への注意」で明るく輝いているならば、ピラミッドの底辺付近あるいは倒立円錐体の底面ABは否応なく死の影で覆われる、というベルクソンのごく自然な直観、それにふさわしい言いまわし、あるいは指摘である。経験に徹し抜いたこの哲学者ほど文学的なレトリックや文章上の誇張から遠い存在はいないと言ってよく、それゆえ夢の生活が「死の舞踏」に近いという表現は文飾抜きの経験記述だ、ベルクソンという人物の純度の高い実感の表現だ、と考えるべきだろう。ピラミッドの裾野では「生への注意」という明るい光が失われ、生命が弛緩しているのだから、睡眠中の夢見体験が「大きな死の舞踏」とされるのは論理的必然でもあろう。

夢の世界を「冥界」としたフロイト、さらにその二十年後、エスを舞台にした闘争の相手であるエロースを圧倒し去る死の欲動の異常な勢いを論じるフロイト、このような不気味な夜の思想がベルクソンにおいても強く感知され、双方のあいだに言葉になりにくい、「死」にまつわる連合が浮かび上がってくるのは、意外なことと思われるかもしれぬが、事実だから仕方がない。

「いままで動かなかったこれらの記憶内容は、〔…〕無意識の夜のなかに、大きな死の舞踏を舞うのです」と語り、文章化しているベルクソンは、「夢」をめぐって、フロイトのごく近くに立っている。このことは、「揚げ戸」を下げたり上げたりするのが「私」だ、「記憶内容」を「意識の地下室」に「閉じ込めて」いるのは「生への注意」へと緊張・収縮している「私」だ、との文意からも理解されよう。抑圧メカニズムを行使する「自我審級」という発想は、それが大変素朴なものであるにもせよ、ベルクソンからもやはり伝わってくるのである。

だが、次の歩みで、ベルクソンはフロイトとまったく異なったリズムの歩調をとり始める、いや、ベルクソンは、歩みを止めて、飛翔してしまう、と言えないこともないのだ。まず「魂」としての「無意識」においてはいっさいが保存されているということ、これが「記憶」の根本特質の表現だ、ということが自明のごとく言われる。人間的記憶の全体と神的記憶の全体が互いに照らし合うさまを、ベルクソンは「夢」において認めている。この霊魂不滅にまで至りうる感性において、ベルクソンは、フロイトには不可能な、歩みならぬ飛翔を行うのである。このベルクソン特有の傾向は、「夢」の誕生に関する神話的理解のための文章によく現れている。

少し引用して読んでみよう。

プラトンの解釈者・後継者であった哲学者プロティノスは、その『エンネアデス』の詩的な一ページにおいて、どのようにして人間が誕生したかをわれわれに説明していま す。プロティノスによりますと、自然は生きた身体の素描をしますが、素描しかしません。自然は自らの力だけにまかされると、完成までは行けないのです。他方、魂はイデアの世界に住んでいます。魂は行動することができず、またそうする考えもないので、時間を超え、空間の外側を浮遊しています。しかし、身体のなかには、そのかたちによって、特定の魂の渇望に対応するものがあります。また、魂のなかにも特定の身体のなかに自分を確認するものがあります。自然の手を離れたときに充分な生命力のない身体は、完全な生命を与えてくれる魂に向かって上昇します。そして魂は、身体を見てそこに自分自身が映っていると思い、鏡を見つめているときのように魅了されて、身体に引き寄せられ、傾き、落ちるのです。魂の落下が生の始まりです。私は、このように離脱した魂を、無意識の底で待っている記憶内容になぞらえたいのです。そうすると、われわれの夜の感覚は素描されたばかりのあの身体に似てきます。(同書、一一五―一一六頁)

これがベルクソンにとっての夢の誕生であり、無意識の根本的な光景であると言っていいだろう。書かれていること全体が夢＝記憶＝生命の誕生である、と言ってもよかろう。これは比喩であろうか。そうではあるまい。プロティノスに対する絶対の愛情と信頼ゆえにベルクソンはこの生命誕生過程を事実とみなし、プロティノスへの帰依ゆえに、「魂の落下が生の始まり」という思想を生かすために、円錐体を倒立せしめたと思われて仕方がないのである。確かにフロイトも比喩としてならばプラトンの神話を別格的に好んで引用する。しかし、ベルクソンにおけるように、事態と事態の表現との一致があまりにも的確明瞭な場合、われわれは安易に比喩とは言わなくなるだろう。

実際、われわれは、すでに、倒立円錐体の先端である身体へと緊張・収縮（「落下」）してやむことを知らない「魂」の運動をわが心身の出来事として経験しつつあるのである。そして、また、われわれは、ベルクソンがやがて『創造的進化』を、さらに『道徳と宗教の二源泉』を書くのを知っている、聖女テレサに、十字架の聖ヨハネに祈るのを知っているのである。それゆえ、ベルクソンにとって、生命の誕生＝夢の誕生＝記憶の誕生は、「魂の落下」そのものなのだ、生きられる知覚＝物質界に向けての凝集を反復する、記憶の円錐体そのものの収縮という出来事なのだ、と理解されねばならない。

ここにはフロイトを困惑させる神秘家が確かにいる。そして、ベルクソンという徹底した経験論者が同時にまた純然たる神秘家でもあることを受け入れるかぎりにおいて、この講演の以下のような結語が、すなわち心霊研究が同時に精神分析でもあることを望むようなベルクソンの期待の念が、われわれの腑に落ちるのである。

夢について私がお話ししたかった考察は以上の通りです。それはまったく不完全なものです。この考察は、今日われわれが知っている夢、われわれが想起することができ、どちらかといえば浅い眠りのときに見る夢についてしか妥当しません。深く眠っているときにはおそらく別の性質の夢を見るでしょうが、眼が覚めたときたいしたものは残っていません。私は、そのときの視覚像は過去にもっと拡がり、もっと細かい過去を示すものだと考えたいのです。しかし特に理論的な、したがって仮説的な理由によってそう考えたいのです。このような深い眠りについて、心理学はその努力を傾けなくてはなりません。それは単に無意識的な記憶の構造と機能を、深い眠りに関して研究するためだけではなく、《心霊研究》にかかわるもっと神秘的な現象を深く調べるためでもあります。私はこの領域にあえて入って行こうとは思いません。しかし、心霊研究協会が疲れを知らぬ熱意をもって集めた研究に、私は何らかの重要性を認めないわけにはいきません。無意識を探求し、特に適切な方法で精神の地下のなかで仕事をすることが、始まったばかりの今世紀の心理学の主な課題になるでしょう。過去の数世紀において物理学・自然科学の発見がそうであったのとおそらくは同じように重要な、すばらしい発見が待っていることを私は疑いません。少なくともそれが心理学に対する私の願いであり、最後に私は心理学にこの希望を捧げたいと思います。(同書、一二九頁)

このような講演記録をフロイトがもしも読んだとするならば、フロイトはベルクソンに対し、表向きは断固拒否の態度をとり、やがてユングに対して示したような、絶縁にまで至りうる警戒の念を抱いたことだろう。実際のところ、フロイトが「夢」講演の原稿を、あるいは『精神のエネルギー』を読んだか否かは不明である。読まなかった、知らなかった可能性が大きいのだが、もし読んだとしても、生涯にわたって心霊研究と神秘主義に対してアンビヴァレントであり続けたフロイトの本音は分からないと言うしかない。

『夢解釈』の裏側の世界

「夢」が人間にとって、人間的生命にとって、つまりは人類各自の人生にとって、いかに比類なく重要であるか。これは、分かりやすい真実だとも、また極端な夢想的発言だとも感じられよう。だが、『物質と記憶』を読んだあとになると、「夢」の重みがまるで変化してしまうから不思議だ。「夢」が「記憶」の独立と飛翔と解され、そこから「魂」の不死性が明晰な理性によって明らかにされてゆくのだから。

「感想——ベルグソン論」連載中の小林秀雄が、その「二十七」でフロイトの『夢解釈』に触れ、「もし彼が、「物質と記憶」を読んでいたならというような徒《いたず》らな空想は置こうと思うのだが、一方、あながち徒らな空想とも思えぬところもあり、惑う」（『感想』(上)二四六頁）と書き残しているのは実に印象的である。フロイトが『物質と記憶』を読んだ形跡はまったくないのだから、この「惑い」は、読んだか読まなかったか、という空想的愚問や詮索から生じるのではなく、『物質と記憶』を読むフロイト、というほとんど芸術的なまでの光景が生む凄まじい発見性ないし創造性によるのであろう。「夢」が「生命」と区別できないこと、これについて小林秀雄の「感想」から少し引いておこう。

私達は、皆、いつでも現在の知覚という覚醒の尖端を持った夢という過去の円錐体のうちに、いるのだ。精神が生きるとは、夢から覚めようとする不断の努力であり、深い夢も浅い夢も、この為に、私達が通過しなければならなかった意識の、緊張度を異にする面である。私達は、或る夢から覚める事は出来るが、夢という円錐体から覚める事は出来ない。夢から覚めるとは、夢を棄てる事ではない。拡大した夢を収縮させ、ゆるんだ夢を、引きしめる事が出来るだけだ。(『感想』二十九、(上)二六七頁)

これは人生を夢まぼろしと観ずる諸行無常の感傷などではない。夢の原理を、生命の原理として、すなわち過去の、記憶の、時間の原理とみなすしかないという論理的必然を告げてくる命題だと受け取るべきである。すなわち、「夢という円錐体から覚める事」は、生命的存在をやめることに等しい。夢が人間精神にとって、人間的生命にとって、かくも根本的であるならば、フロイトの『夢解釈』がいかに重大な自覚のもとで、いかに深い問題意識のもとで書かれたか、分かるだろう。この重大さの発見がほかならぬ『物質と記憶』からの照射によってなされているのを確認すること、これは断じて「徒らな空想」の産物ではないのである。

ベルクソンは「夢」講演で、夢を「大きな死の舞踏」と言っていた。死にゆく者にあっては「生への注意」が失われて全人生の全事象が、全記憶が、一気に「パノラマ」として噴出することを書いていた。これは、収縮をやめて全的に弛緩してゆく円錐体のありさま、「生命」の全的「夢」化が徹底される瞬間の出来事にほかならない。そして、フロイトは『夢解釈』の題辞として「天の神々を動かす能わずば、冥界を動かさん」という一句を採った。さらに『夢解釈』が終わるにあたって、この一句を、今度は本文の中にもう一度、反復回帰せしめている。

《天の神々を動かす能わずば、冥界を動かさん》。

夢解釈はしかし、心の生活の無意識を知るための王道である。

夢を分析することによって、われわれはこの驚嘆すべき、また秘密に満ちた心の仕組みの構成についていささかの洞察の進展を手にすることになる。（『夢解釈』第七章E、（II）四一二―四一三頁。強調はフロイト）

「夢」の死生観とでも言うべきこと、特に「夢」に濃密な死相を読み込んでしまうこと、「夢」に「冥界」を感知することにおいて、ベルクソンとフロイトは強く響き合う。夢は死に近い、夢見る者は死者に近い、というこの感受性は、二人の大思想家に共通する特殊性なのだろうか。それとも、事実に基づく必然なのであろうか。言うまでもなく、事実的必然、当然自明のことなのだが、誰かの死を夢に見るという夢テーマの次元ではなく、生命的出来事そのものとして、「夢見ること」と「死ぬこと」が溶け合っている、という二人の直観から、われわれは何を知るべきであるか。

睡眠は小さな死とも短かな死とも思われ、死ぬことは「永眠」とも言われる。深い眠りは、死んだように眠ること、である。これらは世俗的叡知と言っていい。だが、世俗的・常識的叡知の由来を解明することはいつも難しい。実際、「夢≒死」という近似式に関して、フロイトは『夢解釈』では、表向きは（夢という生のフォルムとしては）何も言っていない。フロイトがこの近似式に具体的に肉薄するのは、約二十年後に書かれ、公表された『快原理の彼岸』という小さな本においてである。

では、ベルクソンはどうであるか。明らかなように、フロイトが『夢解釈』を刊行した時点で、ベルクソンは「夢≒死」という近似式をほぼ直観的に把握してしまっていた。『物質と記憶』の倒立円錐体は、すでにしてこの奇怪な近似式を理解してしまっているのだ。「この驚嘆すべき、また秘密に満ちた心の仕組みの構成」の全貌を、つまりは『夢解釈』の裏側の世界の相貌を、『物質と記憶』の著者は直覚してしまっている。

これはどういうことだろうか。

明らかなように、『夢解釈』という本は、「夢＝生」という等式を表面とし、「夢≒死」という近似式を裏面として書かれている、ということである。事情は、あたかも『夢解釈』という本自体が顕在夢的な表面と潜在的夢思想という裏面から形成されているかのようなのだ。言い換えれば、『夢解釈』は、書かれている文章内容だけではなく、その背後、その向こう側、その彼岸までも熟慮されて受容されなければならない。『夢解釈』という本を一つの顕在夢と見るならば、われわれはこの顕在夢を透視し、解体することによって、フロイトの潜在的夢思想を、たまさか「フロイト」という名を与えられた特異な人間＝特異な企ての深部を解読しなければならない。

「夢」を主題とする以上、こうした奇怪な錯綜は避けられぬ、顕在夢のメタ・レベルを求め続けなければならぬと、フロイトはすでにして承知していただろう。これを小林秀雄は「私達は、或る夢から覚める事は出来るが、夢という円錐体から覚める事は出来ない」と喝破したのである。では、フロイト自身は夢をめぐるこの錯綜した罠について、どう言っているか。

> しかし、複合化した思考活動はすべて想起像から始まり、外界による知覚同一性の制作に至るまで進んで行く以上、それが呈示しているのは、やはり単に、経験によって必要となった、欲望成就への迂回路であるに過ぎない。考えるということは、どのみち、幻覚的欲望の代替物に他ならない。（『夢解釈』(II)三六三頁。強調はフロイト）

倒立円錐体に則して言うならば、「複合化した思考活動」は底面ABから円錐体先端Sへと、選択的に想起しつつ、現実生活上無用な記憶を排斥しながら降下してゆく生命的緊張・収縮の運動にほかならない。だが、「思考活動」というこの降下は、最短距離をとる直線的な緊張・収縮ではなく、「欲望成就への迂回路」の軌跡を示しているのみである。この「迂回路」をたどって先端SP領域に到達する収縮運動は、フロイト的に言うならば「現実原理」に従っているのであり、「幻覚的欲望」成就はストレートに最短距離をとる「快原理」に従うと言えるのだが、この「幻覚的欲望」成就は、はたして通常の、つまりその極限が純粋知覚であるような緊張・収縮なのであろうか。そうではあるまい。

SP領域への降下を起こさず、「外界による知覚同一性の制作」に失敗したからこそ、「幻覚的欲望成就＝外界によらない幻覚同一性の制作」の不気味な感覚性、実体性、直接性が造形されて、露呈する。ここには、「思考活動」と似たような「迂回路」をたどる「快原理」という、パラドクスに満ちた例外が認められる。これはどういうことであるか。

円錐体の中では弛緩と収縮が同時に起こりうる、快原理に服する記憶の散逸と現実原理に服する記憶の結晶化が同時に起こりうる、ということなのである。同時に起こるとき、原理的には、弛緩も収縮もともに失敗に終わるしかないのだが、夢遊病状態や二重人格（多重人格）のような場合、まさしく「夢見る人」と「行動の人」が出現するわけであり、双方の不徹底な作動、双方の中途半端な成功という事態は考えうるだろう。

「生への注意」が「現実原理」に則した動性である以上、「欲望」の「幻覚的成就」は、まさに失敗頓挫した緊張・収縮運動、あるいは太古の生命様態（究極的には無機物様態をも含む）への弛緩・拡散運動の帰結である、と言うしかない。底面ＡＢへの上昇という生命の弛緩・拡散（快原理優位のリズム）こそが、「夢」を生む、「幻覚」を生む、「無意識の夜のなかに、大きな死の舞踏」を生む、「冥界」を生む、「死の欲動」を生む、そして「エロース」と「死の欲動」の闘争の舞台である「エス」を露呈させるのである。

『夢解釈』という本は、それゆえ表面的には、ぎらつくような「生」と「性」の欲望の象徴の輝きに満ち満ちているのであるが、その背面は常にすでに濃密な死相を帯びている、死の静寂を秘めている、そのような本なのである。われわれは「夢という円錐体から覚める事は出来ない」のと同様に、『夢解釈』の外部に出ることはできない、〈無意識〉、〈心の基体〉の外部に出ることはできない。さらに言うならば、「夢という円錐体」と『夢解釈』には、ともども、外部が欠けている代わりに、それ自体の内奥には無限の深みが、知覚空間的外部よりもはるかに外的、はるかに異質的な深みが、「ＡＢ」と記されて、秘められている。

夢幻界への終わりなき弛緩のみが生命を円錐体の外部（内奥部）へと誘い出す、生命を冥界という外部（内奥部）へと誘い出す。夢は生のフォルムである、そして、かつまた同時に、夢は死のフォルムである、というパラドクスが避けようもないように、ベルクソンの円錐体は仕組まれつつ描かれている。

冥界への歩み、果てしなく

「夢‖死」という近似式こそが『夢解釈』の語りえなかった真意である、と私は思う。なぜ語りえなかったのか。答えは簡単明瞭だ。フロイトには顕在夢と潜在的夢思想の内的関連を分析する以上の余裕がこの時点では、まだなかったのである。実際、一書をもって、これ以上のことをなせ、必要事いっさいをなせ、というのは不毛な、ないものねだりだろう。しかし、ベルクソンの倒立円錐体はすでに世に現れていたし、われわれは『物質と記憶』と『夢解釈』のはるか後年を生きている。つまり、この円錐体においてフロイトを理解する、という課題を立て、その権利を行使しうる歴史的条件のもとにわれわれは生きているのである。

そして、フロイト自身も、実際、この課題を自身に課したかのように、その後の歩みを進めている。これまで数回触れてきたように、『夢解釈』という驚嘆すべき本の裏側世界、背後世界、あるいは夢工作以前の、夢工作の向こう側の世界についてフロイトが正面から論じ始めるのは、『夢解釈』の刊行から二十年後に書かれ、刊行された『快原理の彼岸』という大変小さな本においてである。

少し余談めくが、フロイトの著作群という巨大な山脈を眺めると、その連山の容姿に圧倒されるが、それでもなおあえてこの山脈の際立った絶頂をいくつか挙げるとするならば、私は、さほどためらわずに『夢解釈』（一九〇〇年）、『快原理の彼岸』（一九二〇年）（および『自我とエス』（一九二三年）という二連作）、そして『モーセという男と一神教』（一九三九年）の三冊を挙げる。

『夢解釈』は『物質と記憶』とともに人間的生命と生涯における無意識の実在を人類に徹底的に知らしめた、思想史上の比類のない里程標であり、『モーセという男と一神教』は『夢解釈』とともに始まった精神分析の歩みが必然的に行きつかざるをえない、精神性における進歩に固有の歴史への、とりわけ世界史の根幹を決定した信仰の源泉への最大規模の試論的回答である。「原父殺害」という主題はここまで論じきられることをフロイトに要求していた、それほど凄絶な観念であった、という最後の告白である。

だが、『快原理の彼岸』（および『自我とエス』）という極端に小さな本を、この絶頂群の一つとして挙げざるをえないのはなぜであるか。もっと魅惑的で堂々たる山容が多々あるではないか。確かにそのとおりと言わざるをえないが、それでもやはりこの小さな本は特別なのだ。

私の判断理由をここで即答するのは難しいが、あえてここで回答めいたものを示唆しておくならば、こうである。フロイトにとって見事な世界観を提示してみせる大哲学など何ものでもなかった。哲学的世界観など、ある種の人間の欲望の産物にすぎず、その欲望そのものが精神分析によって正体暴露される程度の事柄にすぎない。したがって、フロイトにとって、哲学とそれが提出する世界観のさまざまなど、顕在夢形成や神経症症状形成と同じ次元の現象にすぎない。

ところが、『夢解釈』からの精神分析の歩みが明らかにしえなかったのは、言うならば、夢から覚めないことを欲する欲望の途方もない強度が現に存する、という謎であった。ベルクソンを引き受けた小林秀雄に則して言うならば、「夢という円錐体から覚める事は出来ない」人間が、この円錐体の最奥部へと弛緩し浮遊し上昇してゆく、底面ABへと際限なく弛緩・拡散してゆく衝動に支配されうること、要するに拡大拡散した夢を収縮させるのを放棄したままに、「生への注意」を（ということは外界を）放擲したままに、〈非理性〉に、さらには〈狂気〉に漂い続けたがっていると見えること、これがフロイトをして、空疎な世界観構築へと向かいたがる哲学的問いと絶縁せしめたのであり、〈非理性〉ないし〈狂気〉が精神分析固有の問題として残されたのである。

人間はなぜ際限もなく「夢」を見続けるのか、なぜ際限もなく「冥界」へと誘惑され続けるのか、人間的生命の「快原理」が持続的に究極至高であるような人間的原理になりえないのはどうしてなのか、人間はエロースの造形術だけではついに満足しない、常にすでに自身と宇宙の解体を欲していると思われてならない、これはいったいなぜなのか。

「夢」（幻覚）という「快」の向こう側に、さらに何かが隠されているのではあるまいか、こうフロイトが問いを発し続けていたとしても、もう不思議ではあるまい。こうして書かれたのが『快原理の彼岸』という大変小さな本なのである。夢は抑圧された欲望の歪曲された成就である、という有名になりすぎた感のある命題の向こう側へ、フロイトは孤独な歩みを開始した。一九二〇年十二月にこの小さな本は国際精神分析出版社から刊行されたが、このときフロイトはもう六十四歳になっていた。彼はすでに世界的著名人であり、精神分析の世界のみならず、精神医学界、さらには人文科学界、文学界、思想界において大家とみなされていたのだが、それにもかかわらずここで提出された問いと試論的回答に込められた挑戦的かつ攻撃的な苛烈さには驚かされる。

エロースの造形的威力を精緻に分析し、解明し、人類史の目標を精神分析によって打ち立てようとしていた周囲の賛同者や弟子たちは、当初、何が書かれているのかよく分からなかっただろう。そして、師の死滅趣味とでも言うべき、おぞましい偏執を感知し始めると、今度は困惑を隠せなかった。ユング批判のついでにベルクソンまで呼び出してこれを批判した弟子たちも、エロース的創造とエロース的進化を暗黙のうちに信じきっていたわけだ。だから、弟子たちの多くにとっては、『快原理の彼岸』について、これを無視するか、沈黙を決め込むか、そのほうが賢明だと思われた。

この小さな本は、短いにもかかわらず、大変読みにくい論の流れを示していて、あまり熟読されていないと思われるので、ここでは少し丹念に、「『夢解釈』の彼岸へ」という題を与えられてもいい、フロイトの紆余曲折する思考過程の不思議を追ってみることにする。

快原理のもろさ

『快原理の彼岸』の冒頭において、フロイトは「心の出来事は快原理によってその経過が自動的に制御される」（五五頁）と考えることに、また、そう考えるのを自明事とみなしがちな周囲の精神分析の仲間たちや弟子たちに、疑惑を投げかける。心的活動は不快を避け、快を得ることを目的としている、という単純明快な心理学的見解に、フロイトは明らかに不服なのである。彼はこの頃から欲望成就＝快という単純に心的な原理から離れつつあり、経済原理としての快原理に、すなわち有機的生命体における興奮量の増大と減少にのみ基づく不快・快原理という考えに近づいてゆく。

『夢解釈』第七章「夢過程の心理学にむけて」のE「一次過程と二次過程、抑圧」の項ですでに「興奮量の自由な放散」をめぐる論がかなり詳細に展開されているから、フロイトは経済原理としての快原理という考えに、正確に言えば、近づいてゆくのではなく、戻ってゆくとするべきだろう。

ともかく、「快と不快は〔…〕興奮の量と関連づけられるべきであり、しかも、不快はこの量の上昇に対応し、快はそれの減少に対応する」（『快原理の彼岸』五六頁）とされる。これはエロースと「快・不快」の関係を混乱させる考えだろう。エロースないし生の欲動に支配されて生きている人間にとって、その活動全領域における造形、創造、成長発展、拡大展開、構成、分岐、進化などは、快原理に則したものであるべきだろう。少なくともエロースに支配されることは不快ではないと言われよう。だが、エロースの支配下にあることは、それが絶えざる「興奮量」の増大過程をもたらすがゆえに、経済原理的に不快なのである。人間が社会的生物であることは定義以前の経験的事実であるゆえ、エロースの支配は、結局のところ、文化的生活と社会的繁栄を唯一の目標とする以外にないのである。人類という名の興奮量の際限のない増大が人類と地球を襲うのだが、実際、エロースにはこれしかできない。そのとき、快が不快に反転する。不快回避のために快を回避する、という逆説が人間を支配することになる。

自己保存欲動も種の保存欲動も総体としての興奮量の増大しかもたらさないのであるから、生きること、生き延びることの原理的不快は避けようがない。つまり、快原理は、それがエロースの支配下に生きるのを意味するとき、必ず不快のみをもたらす、というパラドクス。

この快原理の不快、快原理の危険、快原理の不安、快原理の脆弱、快原理の虚偽、快原理の虚構性は、決して現実原理によって生み出されるのではない。現実原理は、改良修正された快原理にすぎず、基本的には快原理から派生した原理であるにすぎない。待機、迂回、断念の必要がなくなれば、快原理はいつも必ず現実原理を出し抜いて本性を現し、欲望を成就する。現実原理は、これに異を唱えるわけではない。双方の原理は、いわばカメレオン的に状況に応じて交代するのみであって、同じ次元に存する。このエロースの次元にあっては、興奮量はひたすら増大するのみであるがゆえに、同じ次元に、と言わざるをえない。

現実原理とは次元を異にした、そして現実原理以上に激しい力でもって快原理の存在理由と基本性格を揺るがし続ける力の実在をフロイトは感知し、これを求め始める。

フロイトは、かなり昔から、快原理とエロースの連携を切断する覚悟をしていた、と言ってもよかろう。それほどにフロイトにとってグスタフ・テオドール・フェヒナー（一八〇一―一八七年）の思想は重大であったと言ってよい。フロイトはフェヒナーに倣って「快原理は恒常性原理〔「安定性への性向の原理」とも言われる〕から導出される」(同書、五七頁)と書く。ここから一気に「興奮量減少」論としての「快原理」論がフロイトによって展開されるだろう、というわれわれの期待は、しかし外れる。フロイトはまたたくまにフェヒナーから離反してしまう。そのありさまは、フロイトが「快原理の彼岸」を向こう側にはっきりと感知しつつ、なおも躊躇している気配でもある。

敬愛するフェヒナー翁の理論をいったん宙吊りにしたフロイトは、今度は臨床経験に戻って「外傷性神経症」に目を転じる。不快きわまる驚愕とともに覚醒を反復する患者の夢見は、不快の反復こそが欲望されていることをフロイトに示唆する。これは当のフロイトにとっても不快な思索であったようだ。夢の「欲望成就的性向」を否定しかねない「わかりにくくて気のめいるテーマ」(同書、六二頁)はたちまちのうちに中断され、フロイトは今度は後年有名になった糸巻き遊び、子どもの「Fort-Da」の遊びへと論を進めてゆく。

だが、ここでも、母親の消滅と不在において発せられる「オーオーオーオ(Fort)」という叫び声が「単独で、倦むことなく遊びとして反復された」(同書、六四頁)不気味な事実に、フロイトは意外の感に打たれつつも、魅せられてしまうのである。「快原理の現存と支配を前提」とするかぎり、謎は深まるばかりである。エロース的な創造と繁栄に快原理が奉仕することを自明の前提とみなすかぎり、フロイトは臨床経験のみならず日常経験からも絶対の反証を突きつけられるのだ。

こうして「わかりにくくて気のめいるテーマ」に短く触れつつ、フロイトの焦点は徐々に定まってゆくように思われる。「快原理の彼岸にある性向、すなわち、快原理より根源的で快原理から独立しているような性向の実効性」（同書、六八頁）を証明すべく、フロイトは「反復強迫」という暗く静かな謎に向かってゆく。言うまでもないが、「反復強迫」は「現実原理」ではない。

このまさしく言うまでもないことをあえて言いたいのは、「快原理」を考え、これを超えて「快原理の彼岸」に至ろうとするにあたって、もしも彼岸に「現実原理」を呼び出すならば、これはジャネの「現実機能」を「快原理の彼岸」に見出そうとすることに近づく愚挙にほかならず、「快原理の彼岸」には「現実機能」の領野がある、という陳腐なだけでなく間違った結論に至るしかないことをしっかりと確認するためである。

刺激保護膜の無機物的性質

「いまやわれわれが記述すべき、新たなそして奇妙な事実とは、反復強迫が快のいかなる可能性も含まない過去の体験をも再びもちきたらすということ、すなわち、それが生じた当時でも満足のゆくものではありえなかったし、それ以来抑圧されている欲動の蠢きにとってすら満足のゆくものではありえなかった、そういう体験をも再びもちきたらすということである」（『快原理の彼岸』七〇―七一頁）としたのち、魔物に取り憑かれているとしか言いようのない破滅的運命を反復する者たちなどに言及しつつ、フロイトは「快原理を超え出てゆく反復強迫」（同書、七四頁）の異様な強度を前面に打ち出し始める。

『快原理の彼岸』という小さな本をここまで書いてきて、フロイトは奇妙な転調を演じる。ひどく錯綜した理路を選択し、これを多少とも苦しそうに歩み始める。まず、論は「反復強迫」からいったん離れるかのように、「刺激保護」という事態に向かう。

以下は単一細胞でできている生命体をモデルとした説明個所であるが、これが複雑な多細胞生命体にも十分に妥当することは言うまでもない。

> 刺激受容的な皮質層をもつ生きた小胞に関連して、もう少し別のことも論究しておかねばならない。この一片の生きた基質は、最強のエネルギーが充塡された外界のただなかを漂っており、もし、刺激保護が授与されていなかったなら、外界の刺激作用によって打ち負かされてしまうだろう。それが刺激保護を手に入れるのは、そのもっとも外部の表面が生命体としての構造を放棄して、ある程度無機的となり、特殊な皮膜ないし薄膜という形で刺激阻止的に働くことによってである。（同書、七九頁。強調はフロイト）

一読しても、再読しても、ここから「反復強迫」への理路は見えにくい。だが、ここは決して読み飛ばせない個所である。この小さな本のさらに後段に至って明らかになることだが、フロイトは「自我（死の）欲動と性（生の）欲動との対立関係」（同書、九九頁）という、これまた読む人がびっくりするような表現を出してくる。後年になって一人歩きするようになってしまう「死の欲動」なる言葉が印刷物に登場するのは、これが最初である。「性欲動」がすなわち「生欲動」であるのは理解しやすいが、「自我欲動」がすなわち「死の欲動」だとの考えは実際のところ読者を困惑させるだろう。だが、「死の欲動」が「無機的なものへと帰ってゆく」欲動だというフロイトの考えを知ると（同書、九二頁）、ここに引用した文章の意義が深く理解されてくる。

慎重に解読していこう。「刺激保護」に際して重要なのは、生命体の外部表面がみずからの有機的生命性を断念して「ある程度無機的」になることである。この個所に気づくなら、「自我欲動」と記されている自己保存欲動が必然的に「死の欲動」を道連れにする事情は分かりやすくなる。昆虫は典型的だが、植物の樹皮から動物の表皮、皮膚に至るまで、そしてわれわれ人間の皮膚の角質化に至るまで、「ある程度無機的」になることと自己の生存を保護することは不可分の関係にあり、これは生存上の経験に属する事実である。それゆえ、「刺激保護」は「自我欲動」の必須要件であり、外界と接触する生命体表面が「ある程度無機的」になって「死の欲動」に服することは、実は自己保存欲動の成就と一体になっているのである。

事情がこうであるならば、「自我（死の）欲動と性（生の）欲動との対立関係」と言われる「対立関係」は実のところ単純には想定できない。個別的生命体において、「死の欲動」と「生の欲動」は刺激保護膜を媒介にして相互に深く浸透し合っている、と考えなければならない。「ある程度無機的」になった刺激保護膜の任務は生命体内の興奮量を一定に維持するか、できるかぎり低下させるかであるゆえ、われわれはフロイトの「刺激保護」の論においてもフェヒナーの「恒常性原理」への郷愁のごときものを聴いてしまう。さらに、「皮質層」、「皮膜ないし薄膜」とのフロイトの表現がただちに大脳皮質、感覚器官、知覚‐意識系、等質的時空間、自我、言語という連合をわれわれに引き起こすのは自然であり、これらがことごとく「ある程度無機的」な、すなわち、ある程度死相を帯びたものに変質してしまっている事実は看過できない。

ここまで考えてくると、「反復強迫」のフロイト的真意がかすかに見えてくるだろう。すなわち、フロイトにとって、「反復強迫」とは「有機体」が「無機物」へと戻ってゆくこと、「無機物」に退行してゆくこと、「無機物」へと解体してゆくこと、「無機物」の無機的同一不変性へと帰郷してゆくこと、あるいは生命体自身の興奮量を極小に至るまで低下させることを目標として際限もなくなされる強迫なのである。

明らかなように、「反復強迫」は、これをベルクソンの用語を使って言うならば、有機的生命体が「物質」化すること、生命体の緊張度を低下せしめ、これを弛緩したままにしておこうという欲動、さらにはっきりと言えば、物質が、物質として、物質であることを反復し続けることにほかならない。『物質と記憶』第四章の最後に、ということはこの本の本文の末尾を飾る形で以下のような文章が記されていることは、印象が深い。

ところで、われわれがすでに示したように、精神の最も低い段階——記憶のない精神——であるような純粋知覚は、われわれが解している意味での物質の一部をまさになしているだろう。もっと先へ進もう。記憶は、物質がそれについていかなる予感も有していないような機能、物質がすでに自分なりに模倣していないような機能として介入するのではない。物質が過去を想起しないのだとすれば、それは、物質が過去を絶えず反復しているからであり、また、必然性に従いながら物質が一連の瞬間を展開しているからであって、その各々の瞬間はそれに先行するものと等価で、そこから演繹されることができる。そういうわけで、物質の過去はまさにその現在のなかで与えられているのだ。
（『物質と記憶』三一六―三一七頁）

「過去」を絶えず「反復」している「物質」は、まさにそれゆえに「物質」であるのだが、その「反復強迫」ゆえに永遠の安らぎを得ている。死の欲動は、生命体を殺害することによって、それ自身が最高度に純粋な「反復強迫」となる。ベルクソンにとっての「物質」とフロイトにとっての「無機物」は、ともに「想起」をやめて「反復」に徹している点で、有機体内の興奮量を極小にせんとする生命の目標を実現してしまった点において、完璧な存在に到達しているのだ、とも言えよう。

刺激保護メカニズムも、外界からの過剰なエネルギーの侵入を遮断するものであるゆえ、生命体内の興奮量を一定程度以下に保つ役目に従事しているのだから、「反復強迫」に歩調を合わせて働きうる。しかし、外界からの過剰刺激から生命体を保護するメカニズムは「反復強迫」の表面的なごく一部分に寄与するのみである。なぜなら、「反復強迫」本体は、生命体の内奥ただなかにおいてこそ、絶えざる無機化の反復として、外来刺激と無関係に独立して進行するのであり、この、有機体内奥に発する無機物への郷愁、退行と解体の享受は、外界に接する刺激保護メカニズムといちおうは無縁のままになされうるからである。

メタサイコロジー的思弁はこれくらいにとどめるのが賢明だろう。

ともかく、破壊的刺激の由来が外的であれ内的であれ、刺激保護メカニズム破綻が起きてしまうと夢が異様に変質してしまうのは臨床的事実である。「外傷性神経症」の夢で明らかなように、刺激保護膜が破られると、夢は快原理にふさわしい欲望成就ではなく「反復強迫」に従うようになる。「ある程度無機的」になった「表面」が破られると、今度は生命体そのものが、内奥から「ある程度無機的」になってゆく道、有機的生命が無機的物質になってゆく道、生命的緊張が際限なく弛緩してゆく道を歩み始める。「反復強迫」は何かしら「無機的」とも言いうる静寂なる質、弛緩することのみを欲する奇怪な生命の質を帯びている。

快原理の／夢の「彼岸・前史」

『快原理の彼岸』の解読に入ってから、論が一気にフロイト的になり、ベルクソン的経験からどんどん離れてゆくような印象が生じる。だが、もう少し我慢してフロイトに従ってゆこう。フロイトとベルクソンが交錯し溶融し合う地点、そしてまた両者の経験が大きく乖離し、さらに分岐してしまう地点まで、われわれは何とかして進みたいと思うし、それは不可能ではないという、かすかな予感もあるのだから、ここで中断するのは賢明ではない。

さて、フロイトは書いている、「「快原理の彼岸」なるものが存在するというなら、夢の欲望成就的性向にも前史〔Vorzeit.「先史状態、有史以前の時」の意〕を認めてやるのが、筋というものである」（『快原理の彼岸』八五—八六頁）と。有機的生命体の無意識の企ての産物である夢には「彼岸・前史」がある、これは重大な断案である。これは、人間という有機的生命体には「彼岸・前史」がある、あるいは、快原理には「反復強迫」という「彼岸・前史」がある、と言っているに等しい。この「彼岸・前史」に似た言葉をフロイトは『快原理の彼岸』に至る前に用いていただろうか。今、一つの言葉が浮かぶ。明らかなように、それは「冥界」という言葉、二十年前に『夢解釈』の題辞に刻印された言葉である。

だが、よく考えてみよう。ここで語り出された「彼岸・前史」は、そのまま「冥界」なのであろうか。微妙だが異なる、と考えるべきであろう。つまり、「夢の世界」、顕在夢と潜在的夢思想が相互に絡まり合う有意味の世界が「判断・解釈」されうる有意味の「冥界」であったわけだが、これは先に触れたように、「冥界」が、無意識的とはいえ、企てられ、作られた（夢工作によって歴史化された）象徴意味の世界にほかならないことの証左である。しかし、ここに至ってフロイトは、あろうことか「夢の欲望成就的性向」の「彼岸・前史」に、すなわち「冥界」の「彼岸・前史・向こう側」にまで思いを馳せているのである。

「冥界」は文字どおり暗い世界だろう。だが、フロイトは、ここに来て、「夢の世界」はまだまだ明るいほうだと感じざるをえないほどに、なおいっそう暗い夜を語り始めているのだ。

ジョルジュ・バタイユ（一八九七―一九六二年）固有のものとして「企て（projet）」なる言葉を使うならば（和田康『歴史と瞬間』三一頁以下）、フロイトはここで「企て以後の冥界」から一気に「企て以前の彼岸」、「企て以前の前史」へと、深淵を、歴史以後と歴史以前を切断する深淵を、歴史以前のほうに向かって飛び越えたのである。そして、夢の世界という「冥界」の「彼岸・前史」について、さらに言えば「冥界」の先史時代、地下世界・直下世界について、フロイトは有名な文を書き残すことになる。「つまり、欲動とは、より以前の状態を再興しようとする、生命ある有機体に内属する衝迫である」（『快原理の彼岸』九〇頁。強調はフロイト）、また、「生命あるものはすべて内的根拠に従って死に、無機的なものへと帰ってゆくということを、例外なき経験として仮定することが許されるなら、われわれは次のようにしか言いようがない。すなわち、あらゆる生命の目標は死であり、翻って言うなら、無生命が生命あるものより先に存在していたのだ、と」（同書、九二頁。強調はフロイト）。

「快原理の彼岸」あるいは「夢の前史」がいかに凄絶な、恐怖すべき深みまで沈降してゆかんとしているか、ほとんど驚嘆に値するだろう。「夢・冥界」の床板を踏み抜くと、そこには、奇怪な物質界、無機的なものの不気味な沈黙世界が開口しているのだ、とフロイトは考えている。

以後、堰を切ったように、欲動の、生命の「保守的・守旧的な本性」をフロイトは断固として論じ始める。

有機体のあらゆる欲動は守旧的であり、歴史的に獲得されたものであって、退行を、つまり、以前のものの再興を目指すのだとすれば、有機体が進化してきた結果とは、妨害し逸脱させる外的影響のおかげだとしなければならない。初歩的生命体はその始めより変化を望まず、もし事情が同じなら、ただ同じ生の経歴を繰り返したことだろう。（同書、九一頁）

無機物への退行こそが、欲動の、生命の唯一無二の目標だ、と考えるフロイト。ここには、進化論的思想はもちろんのこと、いくぶんか神秘思想的な生命の躍動（エラン）の信念もない。全体的な雰囲気はベルクソンとは共鳴しにくい、いや、ベルクソンとはまったく逆だと考えてよかろう。退行、退化、反復、先史的静寂への衝迫、そして解体、無機化、これらがエロースという仮面を剝奪された生命・欲動の素顔あるいは本性なのだ、フロイトはこう考える。

有機的生命体の興奮量を可能なかぎり低く保つこと、この生命の経済原理は、ベルクソンの円錐体を媒介にするならば、どう考えられるのか。言うまでもなく、これは生命の弛緩の方向をとっている。底面ＡＢへの弛緩と拡散を否応なく連想させる。さらに言うならば、記憶の反‐生命化、夢の反‐生命化、そして生命の特異な物象化、これらの不思議な連合をすら、われわれに喚起してやまないのである。ベルクソンも、底面ABへと弛緩・拡散する人間を確かに「夢見る人」と呼んで、円錐体先端のSP圏域へと緊張・収縮しがちな人間である「行動の人」と区別していた。「夢見る人」は「過去のなかで生きることの楽しさ」(『物質と記憶』二一九頁)に漂う。「夢見る人」は静寂を生きるのであって、知覚と運動の激しい絡み合いや「生への注意」あるいは「現実原理」とは無縁である。だが、さしあたって、こうは言えるにしても、ベルクソンに無機物への退行を語るフロイトのような暗さを感知することはできない。「夢見る人」の見ている夢が非常に鮮明な顕在夢であるとしても、この顕在夢の生々しさ、その幻覚的実体性をもって、「夢見る人」は無機物への退行を呈している、などと安易に言えようか。言えないこともない、と思いつつ、困惑を禁じえない。

これは非常な難問である。「夢=死=物質」という近似式は本当に成り立つのか。これは本書を通じて繰り返し問われるべきことだが、フロイトには読み飛ばせない奇妙な文章がある。

かつて生命なき物質の中に、いまのところまったく想像不可能な力の作用によって、生命体の特質が目覚めさせられた。もしかしたらこれは一大事件、それも、生命ある物質の特定の層にのち意識を発生させたもう一つの事件にも比すべき模範的事件だったのかもしれない。そのときには、これまで生命なきものであった材質の中に緊張が発生したが、その緊張は解消されようと努めた。最初の欲動が、無生命へ回帰しようとする欲動として、こうしてもたらされた。その当時、生命ある基質にとっては、死ぬことはいまだ簡単なことであった。(『快原理の彼岸』九二頁)

「生命」発生、そして「意識」発生、これがフロイトの考える二大事件であるが、ここに「緊張が発生した」という言葉がごく自然な連合として現れているのは興味深い。フロイトという人物には、この緊張発生を後悔しているような、生き物として悔いているような、緊張発生以前の故郷に激しい郷愁を抱いているような傾向がしばしば感じられるのである。ベルクソンがフロイトと親しく対話したなら、ベルクソンは相手を「夢見る人」、死に取り憑かれた人、さらには「緊張(生命)」恐怖症の人、と見たであろう。先に述べたが、一九〇九年にアメリカでフロイトと会ったウィリアム・ジェイムズ(ベルクソンの無二の親友であった)がフロイトは夢を見すぎる幻覚者ではないか、と本気で心配したように。

ともかく、右に引用した文章には、「夢≒死≒物質」という近似式が見えないインクで書かれているように私には思われてならないのである。

さて、論を少しずらして、生命体の興奮量の減少が快に通じる、というフロイトの思索に戻り、「夢見る人」における興奮量の大小、高低、増減を考えてみてもよいのではあるまいか。ベルクソンが「夢見る人」に独特の愉悦をはっきりと感じ、「夢見る人」を「過去のなかで生きることの楽しさのために過去のなかに生きる人」(『物質と記憶』二一九頁)と言い換えていることに留意するならば、絶対に相容れないと思われたフロイトとベルクソンがここで互いに共感し合うかもしれないのである。なぜなら、ベルクソンの霊魂不滅の思考は、記憶の円錐体の徹底した弛緩（緊張の完璧なる終了）を大前提にしているのだから。
決定的に重要な問題に近づいているような予感がする。弛緩、霊魂不滅、死の欲動、こういった連合にこそ本書の約束の地があるような予感がする。だが、急がずにフロイトの『快原理の彼岸』に戻って、もう少し考え直してもよかろう。

涅槃原理のほうへ

『快原理の彼岸』の第六章で初めて、後年そして現在に至るまで有名になった「死の欲動」という言葉が「自我（死の）欲動」との表記で活字化される。「死の欲動」については、「ヴァイスマンによるソーマと胚形質の分離が、われわれによる死の欲動と生の欲動の分断と目だって類似していることは、依然として成り立っている」（『快原理の彼岸』一〇五頁）と言われ、さらに「実際われわれはむしろ、自我欲動＝死の欲動と性欲動＝生の欲動との鋭い分断から出発した。それどころかわれわれは、自我のいわゆる自己保存欲動をも死の欲動に数え入れようとしていた」（同書、一一〇頁）と展開され、また、本来が死の欲動であるサディズムが性機能に奉仕する、との見解が示される（同書、一一二頁）。つまり、性行為の快は、生の欲動に死の欲動が深く浸透することによっている。このひどくややこしい経緯は、以下のような断案に至ることで、いちおうの決着を見ると思われる。

それはすなわち、個体の生命のプロセスは、内的理由によって化学的緊張を解除することへと、つまり、死ぬことへと向かってゆくのに、別個体の生命ある基質との合一はそうした緊張を増大し、いわば新たな生命活力の差異を搬入するのであり、この差異が今度は生き尽くされて均されねばならないことになる、という仮定である。この差異がどのくらいのものであればよいのかということについては、むろん一つないしいくつかの最適のものが存在するに違いない。快原理のうちに現れているような、刺激の内的緊張を低下させ、恒常に保ち、除去しようと追求する努力（バーバラ・ロウの表現によれば、涅槃原理）を、われわれが心の生活の、いやひょっとしたら神経的生命活動一般の支配的性向として認めたということが実際、死の欲動の存在を信じる最強の動機の一つとなっている。（同書、一一四頁。強調はフロイト）

以上が『快原理の彼岸』という小さな本におけるフロイトの結論だと言ってよかろう。死の欲動、攻撃・破壊欲動、サディズムは、個的生命体内の化学的緊張を解消し、さらには個的生命体の存在自体を抹殺消去せんとする欲動であって、これは一見すると生の欲動と二元論的に均衡を保って対峙しているかのようであるが、実際は常に必ず生の欲動を圧倒し去る勢いをもっているのである。生命に関するいっさいの出来事は、つらい緊張状態から逃げ出したい生命体が一刻も早く死の静寂の中で永遠に休息しうるためにこそ起こっているのだ。

フロイトは、確かに死の静寂を「夢見る人」（ベルクソン）なのかもしれない。生命の緊張を避けて弛緩した状態で安らぎたい、こう感じ、考えるのは、しかしフロイトだけではあるまい。誰しもそう感じ、考えながら生きているのである。フロイトにおいて特別に陰鬱な男を見ることには慎重であるべきだろう。「涅槃」あるいは「寂光土」という表現は、われわれ東洋人にこそ慕わしいものなのかもしれない。

あるいは、暗夜が暗夜でありながら光であるという経験を「神秘神学」と名づけた十字架の聖ヨハネ(2)を崇拝してやまないベルクソンの心境を思うと、ベルクソンにも独自の暗夜経験があったと考えられるが、これをフロイトの冥界経験と考え合わせるのは門外漢でしかない私には無謀にすぎることゆえ、ここではやめておく。だが、「死の欲動」の多元宇宙的とも言うべき潜在と顕現の反復を感じていると、人間はついにはこういう謎にまで歩んでいかねばならないのかもしれない、との思いを制御することは私には難しい。

さて、余談的になるかもしれないが、ベルクソンが「涅槃」をどう考えていたか、少し『道徳と宗教の二源泉』を読んでみよう。

仏教が魂に志向させる状態は、幸福と苦悩のかなたに、意識のかなたにある。仏教が、生の間は欲望の滅却であり、死後は業（karma）の滅却である涅槃（nirvana）に到達するのは、一連の段階を経た後でであり、神秘的訓練の全体を通してである。〔…〕我々はなぜ仏教が完全な神秘主義でないかを理解するだろう。完全な神秘主義は、行動であり、創造であり、愛であろう。

もちろん、仏教は慈悲を知らなかったわけではない。それどころか、仏教は極めて荘厳な言葉で慈悲を勧めた。仏教は戒律だけでなく、模範も示した、だが熱情を欠いていた。ある宗教史家が全く正当に言ったように、仏教は「全的にして神秘的な献身」を知らなかったのである。我々はそれに付言して、――恐らく、結局は同じことになるが――仏教は人間行動の効験性を信じなかったと言おう。仏教は人間行動を信頼しなかった。(『道徳と宗教の二源泉』二七四―二七五頁)

『物質と記憶』以来の、いや、おそらくはベルクソンがまだ三十歳になるかならぬかの頃の直観、記憶の円錐体という直観が、およそ四十年を経た晩年に至って、なおも大きな威力を発揮していることが理解される。円錐体に則して言うならば、フロイトは「涅槃原理」と言うとき、底面ABへの際限のない弛緩のみを考えている。フロイトにとって、先端Sへの緊張に満ちた収縮など、現実原理への服従と意識‐自我の専横を意味するだけの、取るに足らないことなのである。

しかし、ベルクソンにとっては、「行動」、「創造」、「愛」、「人間行動」と繰り返されているように、「神秘的な献身」なき「涅槃」など何ものでもない。言い換えるなら、フロイトは、快原理の魅力と威力、その快原理の奉仕を受ける死の欲動の底知れない力を熟知していた、知りすぎていたのであり、エロースの力を信じたくても信じきれなかったわけだが、ベルクソンは、神秘主義に至ってもなお、現実原理（生への注意）とエロースの共鳴を信じることができたのである。現実原理に則しているか、逸脱しているか、これが真の神秘思想と狂人の妄想を分けるのだとベルクソンは考える。

円錐体で言うなら、ベルクソンにとっては、いつも先端Sへの緊張・収縮と底面ABへの弛緩・拡散の均衡こそが比類なく重要なのであって、「行動」、「創造」、「愛」が至高の体験である。つまり、それ自体としての「涅槃」は語るに値せず、ただ「魂の死後存続」の問題に関連して何かを示唆しうるにすぎない。だが、フロイトにとっては、それ自体としての「涅槃」が生命の目標になりうるのだ。

ベルクソンは、フロイトの悲観と絶望性、過去に楽しむ愉悦の消極性を嘆くだろう、しかし、フロイトは、ベルクソンの楽観と救済性、未来への過度の幻想に眉を顰めるだろう。これは答えのない私的感想である。だが、答えがないからこの感想は間違っているとは言えまい。答えがないからこそこの感想は正しい方向を向いている、と言えないこともないのだ。

ともかく本論に戻ろう。

『快原理の彼岸』の最終章には、以下のような総括が書かれている。

快原理は、心の装置をおよそ興奮なき状態にするか、そうでなければ、装置内の興奮の値を恒常に保つか、できるだけ低く保つ、という機能に仕える一つの性向であることになる。「興奮なき」とか「恒常」とか「できるだけ低い」といった言い方のうちどちらがよいのか、いまだはっきりとは決めかねるが、そのように確定された機能が、無機的世界の休息に帰還しようとする、あらゆる生命体のもっとも一般的な追求に参与していることは述べておこう。だれもが経験していることだが、人間に到達可能な最大の快である、性行為の快というものは、高く上昇した興奮が瞬時のうちに消失することによっている。だとするとしかし、欲動の蠢きの拘束とは、放散の快によって興奮を最終的に解消すべき準備的機能だということになろう。

〔…〕

〔…〕快原理はまさしく死の欲動に仕えているように思われる。(『快原理の彼岸』一二二―一二四頁)

たいへん漠然とした私的印象告白を繰り返すことになるが、フロイトは夢見を欲していて暗く、ベルクソンは覚醒を欲していて明るい、と感じられる。フロイトは暗闇の中で夜の思想を語り、ベルクソンは陽光のもとで昼の思想を語る、とも言えようか。フロイトは無機的な過去世界への退行と解体を、ベルクソンは生命的な未来世界への進化と創造を、それぞれ重視している、とも言えるかもしれない。あるいは、言いすぎかもしれないが、フロイトは死の欲動に魅せられ、ベルクソンはエロースに魅せられている、とも感じられるのである。

これはきわめて乱暴な区分であり、私はこれに拘泥するつもりはない。

だが、ここで問題になるのは二人の巨大な「無意識の発見者」の性格の違いなどではなく、「無意識の発見」という出来事それ自体に否応なくまとわりついてくる、奇妙に相互矛盾する光と影なのだ、と考えるならば、われわれには新たな視界が与えられるかもしれない。つまり、「夢・冥界」から「死の欲動」、「涅槃原理」にまで踏破せざるをえなかったフロイトの「発見」の歩みの意義そのものを照射するベルクソンの思想的個性を（ということは、フロイトの思想的個性を、ということなのだが）、なおいっそう深く、繰り返して問題にしてもよいと思われるのである。

無意識から、無意識へ

フロイトはベルクソニスムの根幹に関して何も言っていないし、ベルクソンはフロイトの「発見」に対して肯定的ではあったが、立ち入った批判的検討などは示していない。しかし、私見として、右に挙げた諸々の対立が事実に則しているとするならば、この対立は深刻かつ険悪な様相を帯びると言わざるをえない。この対立の深刻を射抜くまなざしは、小林秀雄から発せられている。

本書は、私に聴こえてきた、ほかならぬ小林秀雄の声の回想で始められた。フロイトとベルクソンの関係の紆余曲折を考えつつ、小林秀雄の声がそのつどに方向を示してくれてここまで来た、と言っても言いすぎとは思われない。この二人の巨大な「無意識の発見者」を自身の視野に一気に収め、多くの豊かな思索を展開した小林秀雄という思想家は、世界的に見ても、確かに比類のない眼力をもっている。破綻して打ち捨てられた「感想――ベルグソン論」全文が二〇〇五年に『小林秀雄全作品』の別巻として容易に読めるようになったのは、われわれにとって実にありがたいことである。破棄した本人は怒るかもしれないが、死後の文章の扱われ方というのは、どうにも仕方のない成り行きをたどるものだ。ベルクソンがあれほど明快に厳格に遺言を公表し、公開厳禁を文章でもって厳命した原稿群ですら、結局は公開されてしまうのだ。

ともかく、「感想」が読みやすい形で刊行されたのは、私には大変に喜ばしいことである。解決不可能としか思われぬ難問に鋭い刃物のような小林秀雄の言葉が切り込んでゆくのを読むのは痛快である。

恥ずかしいことながら、最近になって知ったのだが、本書の問題意識においてきわめて重要な「感想」の個所は、一九九七年までに前田英樹氏によって的確に論じられているのであった（『小林秀雄』特に一五六頁以下）。本稿の問題に直結するのは特に「二十七」から「二十九」に至る連載分であるが、以下、前田英樹氏の論の反復になる個所が出てくることをある程度は覚悟して、特に「二十八」に重点を置いて、小林秀雄の文章を少し引用しつつ、読んでみたい。

夢は、あらゆる点で狂気を摸《も》した現象だ。眼が覚めても、夢を見ている者は狂人に他なるまい。フロイトが「夢判断」を書いた動機は、夢見る人を患者並みに扱ってみるという着想にあった事は言うまでもない。例えば、恐怖症の病的観念を、その記憶をさかのぼって追求し、これを患者の或る心的連鎖のうちに捕えるという分析的解釈が、夢という病的症候にも適用出来る筈だ、という考えに発した。そこで、ベルグソンの考えを、ここに適用すれば、当然、睡眠時に、どうしてかくかくの夢が形成されるかという難問より、何故、覚醒《かくせい》時に、夢を見る事が出来ないかという愚問の方が、遥かに大事だという事になるだろう。(『感想』二十八、(上)二五八―二五九頁)

「ここには、フロイトとベルクソンとが、夢、無意識、記憶の理論においてどの地点で別れ、互いに正反対の方向に踏み出していくかが、はっきりと記されている」、「ベルクソンにとって、説明を要するものは夢ではなく、覚醒であったことを小林は強調する」と前田英樹氏は適切に書いている(『小林秀雄』一七二頁)。

さらに考えを進めてみよう。フロイトにとっては、夢こそが、つまり弛緩した意識の直下から絶えず湧出してくる無意識こそが、絶対に重要であった。フロイトにとって、「夢・狂気」の暗黒の不思議な魅力と比較するならば、「覚醒・意識」の凡庸な明るい生活的緊張など問題とするに値しない、ということになるだろう。換言すれば、フロイトはここで、「快原理」にとって「現実原理」は社会生活の必要上やむをえず受容した代役・仮面にすぎず、「快原理」的欲動自体は「意識」、「知覚」、「外界系」から巧妙に距離をとって隠れているのだ、と言うかもしれない。

他方、ベルクソンにとっては、「夢」は「記憶」の独特に造形的な様態での復活でしかなく、「記憶」以外、「記憶」以上の「夢」なる新奇不可思議なるものがあるわけではないことになる。われわれ人間が「覚醒時」に「夢」を見ることができないのは、われわれの「意識」が「生への注意」という形で緊張・収縮して円錐体先端Sに凝集し、現実生活に役立たない「記憶」の出現をことごとく制限抑制（ここではまだ「抑圧」という言葉は使えまい）しているからである。ここで円錐体に則して考えるならば、「意識」の緊張・収縮はすなわち「記憶」の緊張・収縮となるわけだが、この「意識」と「記憶」の内奥の相互隠蔽的あるいは相互排除的な関係こそが、ベルクソンにとっての大問題だった。

全人生の全「記憶」を全的に背負い続けて、未来に向けて邁進する「意識」（ここまで来れば「意識」は、もう一貫して「魂」と言うべきかもしれない）という問題は、ベルクソンにとって、フロイト的な「無意識」問題よりもはるかに巨大かつ錯綜した重大事と感じられたであろう。

思うに、死ぬ瞬間の「パノラマ」体験（「《生者の幻》と《心霊研究》」九三―九四頁）、これこそが、ベルクソンにとっての「夢」、「無意識」、「記憶」の原型、概念化しても仕方がない唯一の（フロイトにとっては不可能ではないが例外的でしかない）「無意識」の原型にほかならないのである。このベルクソンにとっての「夢」、「無意識」、「記憶」の途方もない巨大さを思うとき、「何故、覚醒時に、夢を見る事が出来ないか」という問いはもはや「愚問」ではあるまい。

フロイトの「難問」とベルクソンの「難問」は正反対の方向を向いている。フロイトがベルクソンの円錐体を知らなかった可能性はあるのだから、憶測的余談になるが、フロイトが立てた難問は、底面ABへの「記憶・生命」の弛緩・拡散がどうして潜在的夢思想と顕在夢(あるいは非理性と狂気)を生むのか、「涅槃」とは何なのか、ということであり、彼の任務は円錐体底面ABへの果てしなき上昇であった。他方、ベルクソンに課せられた難問は、先端Sという覚醒領域に(全人生を包括する巨大な)「記憶・夢」が侵入してくるのを拒否している強靱な意識とはいったい何なのか、記憶の収縮において意識を生き抜く意味は何なのか、行動とは、献身とは何なのか、という問いなのだ。

小林秀雄の文章表現にも円錐体は影響を与えている。例えば「夢見る自我は、覚めた自我より拡大してはいようが、緊張してはいない。後者が前者より複雑で微妙な性質を持つと考えるのが自然なら、説明を要求されているものは、夢よりも寧《むし》ろ覚醒であろう」(『感想』二十八、(上)二六〇頁)とされる。ベルクソン寄りの文章内容であり、これはフロイトの「無意識」がまったくの無秩序あるいは暗闇の不毛なる混沌であると決めつけた時の話であろう。だが、しかしフロイトの「無意識」がベルクソンの「意識」に匹敵する、あるいは、それを凌ぐ「複雑で微妙な」秩序性に満ちていたなら、どうであるか。小林秀雄はベルクソンに深い信頼を寄せつつも、フロイトの「無意識」の恐ろしく「複雑で微妙な性質」をも決して見逃していない。

フロイトは、夢が、正常な心理の「基体」である事を、他の心理学者達の誰よりも深く見ていた。深く見たとは、彼には、夢を、本質的に精神の事実と敢て仮定せざるを得なかった、という事を意味した。彼は、夢が作られる、内的な或は外的な原因や条件を数え上げようとはしなかった。そういう方法を断念したところに彼の仕事は始ったのである。何か、わけのわからぬ事を言う人に、君は何が本当に言いたいのかと問うように、夢見る人に、君は、夢で何が言いたかったのかを問おうと決心した人だ。夢の言葉には、すべて意味があると信じた人だ。夢の過程が、心的過程だと仮定する理由はないが、仮定していけない理由もない。だが、もし、夢が身体的現象なら、私は、夢に何の関係があるか。覚めた私が、夢見る私に、それはどういう意味かと問う意味は消滅するではないか。これは、心理学者として、ベルグソンと逆の一歩を踏みだすのに充分な理由、であった。後は、決河《けっか》の勢いである。無意識は、語るべき「思想」を持ち、充足すべき「願望」を持つ。併し、ベルグソンからすれば、それは言葉の濫用と言いたかったかも知れない。彼の信じたところによれば、欲するとは、目を覚ましているのと同じ意味であり、思想とは知的努力以外のものを指さなかった。(『感想』二十八、(上)二六〇頁)

事がここまで至れば、ベルクソンも小林秀雄も、もうフロイトの「決河の勢い」を見つめるしかあるまい。フロイトにおいて、夢は、無意識は、おのれの欲望と思想をもって、おのずからの歩みを始めてしまったのだから。

円錐体に則して言うならば、ベルクソンにとって、よりよく生きること、よりよく生き抜くことは、先端Sに向かって絶えず緊張し収縮し身体へと凝集しつつ豊かに面Pと出会い続け、覚醒せんとし続けること、SP領域を現実として良識に基づいて生きること、よりよく行動し続けることである。「アンリ・ベルクソン」という名の円錐体は、Sを通じての覚醒過程以外によりよい生き方を知らぬ、と言ってもいいだろう。SP領域への収縮を端緒とする大宇宙の覚醒のプロセスの駆動、これがすなわち生き抜くことなのである。ベルクソンが本格的にSへの収縮的覚醒から離れ、弛緩を強く実感し、SP領域という大宇宙への覚醒プロセスからも離れて弛緩を最もはっきりと実感するのは、死にゆく者を襲う無限の記憶のパノラマ的噴出を思う時である。底面ABに特別の意義が感知されるのは、ベルクソンの場合、生きることの終焉において、死にゆく時においてのみである。魂が現世の身体から独立してゆく瞬間において、と言ってもいいだろう(3)。ベルクソンにとって、生命と覚醒と意識はほぼ同義である、と言っていいのである。

しかし、フロイトにとって、良識をもって現実を生き抜くことは二義的な意義しかもたない。少なくとも、人間的生命の無意識という謎を、夢を通じて、冥界を震撼させて明らかにしようと欲する探究者であるフロイトにとっては、現実原理よりも快原理のほうが、そして快原理そのものよりも快原理の彼岸のほうが、つまり快原理よりも反復強迫や死の欲動のほうが、無機物への郷愁と帰還のほうが、重大問題だったのである。生命の緊張・収縮よりも生命の弛緩・拡散のほうが、無意識の実在を、心の〈非理性〉的基体の正体を明瞭に告知してくるのだ。

それゆえ、生命に満ち、夢に満ち、記憶に満ちた円錐体を凝視するならば、フロイトには無限かつ夢幻の世界への弛緩が、底面ABの世界への退行が、際限のない過去への拡散的解体が、最重要事となる。フロイトにとっては、覚醒は、巨大な無意識が特定欲望や特殊な知的努力へと限定され、矮小化されることでしかない。知覚／意識／外界という皮相の系は、フロイトにとっては、豊饒なる無意識の貧相なる枝葉末節にすぎない。

フロイトにとって心の基体としての無意識がこのようなものであれば、フロイトとベルクソンの別れは避けられまい。ほとんど没交渉であった二人が今さらに別れると言うのもおかしいが、別離が不可避であったことの理由は、ベルクソン自身によって、一九〇八年の論文で、はっきりと述べられている。

ベルクソンという覚醒

ここに引用するのは、ベルクソンが一九〇八年に『哲学雑誌』に発表した「現在の記憶内容と誤った再認」という論文の一節である。論文の主題は、いわゆる離人症ないし既知感についての分析であるが、一個所、この主題と離れても十分に意味を有する、しかもベルクソンにとってのフロイトという問題を直に考えざるをえないような興味深い文章があるので、ここで読んでみたいのである。

その結果、心理学の主な仕事は、特定の現象が病人においてどのように生ずるのかを説明することではなく、それらの現象が健康なひとになぜ見られないかを説明することであろう。

すでに私はこの視点によって夢という現象を考えた。一般的に、夢のなかでわれわれが見るのは、目覚めているときの固い知覚と概念に付け加えられる幻像、眼覚めている状態の上を飛びまわる鬼火である。これは特別な種類の事実であって、心理学はそれを別の一章のなかでだけ研究し、そのあとは取り扱わないだろう。そして、そのような考え方は当然のことである。というのは、眼覚めているときの状態はわれわれにとって実際に重要であるが、夢は行動と最も無関係であり、最も役に立たないものだからである。実際的な視点から見るとき、夢は余分なものであるが、それと同じように、理論的な視点から見ると、夢は偶然のできごとだと考えたくなる。こうした先入観を避ければ、夢の状態は逆にわれわれの正常な状態の基層として現われるだろう。夢は眼覚めている状態に付け加えられるものではない。夢の生という拡散した心的な生を限定し、集中し、緊張させることによって得られるのが眼覚めている状態である。或る意味では、夢のなかで働いている知覚と記憶作用は、眼覚めているときよりも自然である。夢のなかでは、意識は知覚のために知覚し、想起のために想起するのであって、生にはいかなる配慮もしない。つまり、なすべき行動のことを考えない。しかし、眼覚めているというのは、夢の拡散した生のすべてを、実際的な問題が提起されている点でたえず除去し、選び、集めることである。眼覚めているということは、意志することを意味する。意志することをやめ、生から離脱し、無関心になるならば、まさにそのことによってあなたは眼覚めているときの自我から、夢の自我へと移行する。夢の自我は、眼覚めているときの自我よりも緊張してはいないが、もっと拡がっている。したがって、眼覚めているときのメカニズムは、夢のメカニズムよりも複雑で、微妙で、積極的でもある。そして、説明が必要なのは、夢よりも眼覚めている状態の方である。（「現在の記憶内容と誤った再認」一四七―一四八頁。強調はベルクソン）

ほとんどフロイト宛の書簡、いや、公開質問状ではないか、と思われるくらい、「無意識の発見者」ベルクソンの面目が躍如としているではないか。もちろん、ベルクソンがフロイトを意識しないで書いた可能性はあるのだが、同じように、フロイトをはっきりと意識していた可能性もある。翌年の一九〇九年にはフロイトがアメリカに行き、ベルクソンの大盟友ウィリアム・ジェイムズと会うことになっていたのだから、フロイトのことは眼中になかったと考えるほうがおかしいと私は思う。

ともかく、この文章の要点は、通念が付加的な「幻像」、「鬼火」のような「行動と最も無関係であり、最も役に立たないもの」、「余分なもの」とみなしがちな「夢」が実は「正常な状態の基層」なのだという見解、フロイトとまったく同じ見解をベルクソンもまた明言していることにある。ところが、ベルクソンはここまで来て、一気に別の道へと歩み出す。「眼覚めているときのメカニズムは、夢のメカニズムよりも複雑で、微妙で、積極的でもある」と切り返して、解明すべき重要事は「夢」(注意の散漫な生活)ではなく「眼覚め」(注意集中した緊張の生活)だと断ずるのである。

こうして、冒頭の強調された文章に戻っていく。「病人」に生じる「現象」、すなわち弛緩して拡散してしまっている「夢の自我」がどうして「意志する」自我まで強靭になるか、これが問題だ、とベルクソンは考える。

もちろん、フロイトも「特定の現象が病人においてどのように生ずるのかを説明する」不毛な生理学的因果論を放棄して、いきなり「夢」そのものに向かったのであり、その事実こそが重要であることはすでに指摘しておいたとおりである。それゆえ、冒頭の強調された文章は、フロイトに向けられたものではない。また、「基層」という言葉の使い方からして、ベルクソンもまたフロイトと似て、「夢」を、「無意識」を、そのようなものとしての〈非理性〉を、根本的な心的実在として、ほぼ絶対視していると言っていいだろう。この点まではフロイトと同じだと言っていい。にもかかわらず、ベルクソンは「眼覚め」をとる。記憶の収斂と生命の緊張・収縮をとる。覚醒せる生命こそが、ベルクソンの思索の起点原点であり、故郷なのだろう。「眼覚め」は日常行動のための現実を開くばかりでなく、被造物全体としての全宇宙をも開く、いや、心霊の世界を、さらには「神秘的訓練」を通じて神の世界をも開く、と考えるのがベルクソンという人なのである。

『夢解釈』の題辞を思い起こすなら、「冥界」に赴かんとするフロイトの姿と「天の神々」

のもとに赴かんとするベルクソンの姿との鮮烈なコントラストがここに浮かび上がってくるとの印象を禁じることが、私にはできないのである。もちろん、ここでゲツセマネのイエスの「常に目覚めていよ」という言葉が連想されるのを私は否定しない。

以上を換言するなら、ベルクソンは「覚醒」から「生」へと歩むことを決意し、フロイトは「夢見」から「死」へと歩むことを覚悟した、と言ってもよかろう。二人の巨大な「無意識の発見者」がまったく正反対の方向に歩んでいったということは、以上のように理解されてもいいのだろう。

だが、しかし現実生活の居心地悪さ、覚醒意識の不快な断念連続、もしこれが事実であるならば、この事実的貧寒と苦痛は、なにゆえにわれわれの現実世界と人生を襲うのであろうか。「夢」、「記憶」、「生命」の緊張・収縮プロセスにおいて、身体性への凝集プロセスにおいて、われわれ人間は何を獲得し、何を失うのであるか。覚醒へのプロセスゆえに何を失ったのか、この問いに答えようとしたのは、ベルクソンではなく、フロイトなのである。

そして、フロイトが覚醒ゆえに人間が新たに獲得したものを真剣に問うたとは考えにくい。覚醒のプロセスゆえに人間が新たに獲得するものを真剣に問うたのはベルクソンのほうである。

注

（1）以下、『物質と記憶』からの引用においては、邦訳の訳文に適宜挿入されているフランス語のすべては引用されていない。大半のフランス語は省略したことを注記しておきたい。

（2）宗教学について、私は完全な門外漢であるが、鶴岡賀雄氏の研究書『十字架のヨハネ研究』を一読して、驚かされた。独特に難解な書であることはやむをえないにしても、この研究書全編が一読されることを私は希望する。ベルクソンという人物の深遠さを理解するのを助けてくれるだろう。鶴岡氏のこの研究書には、後段でまた触れることになるだろう。

（3）魂と身体の不即不離の関係については、本章の「ベルクソンの「夢」の講演」に示した、ベルクソンが引用するプロティノスの『エンネアデス』の一節を参照されたい。

第Ⅲ章　抑　圧

ベルクソンの思索と「抑圧」メカニズム

ベルクソンが「夢」に関する講演をしたのは一九〇一年であり、その講演内容が原稿化されて論文集『精神のエネルギー』に収録されて刊行されたのは一九一九年だが、刊行にあたって、ベルクソンは「夢に現れるのは昼間のつまらないことだ」という趣旨のフロイトの見解に注を付して、「ここで、フロイトが非常に多くの論文のテーマにした抑圧された傾向について語るべきであろう。この講演がなされたころ、夢についてのフロイトの著作はすでに刊行されてはいたが、《精神分析》はまだまだ今日のようには発達していなかった」(「夢」二四一頁)と書き添えている。ベルクソンも、フロイトにおいては抑圧理論が重要なのだとすでに承知していた、と考えてよい。

だが、ベルクソンが『物質と記憶』を刊行したのは、「夢」講演のさらに五年も前の一八九六年のことである。彼が『物質と記憶』を世に問うてからフロイト由来の「抑圧」という言葉を引用して(おそらく初めて)印刷させるまで、計算してみると、おおよそ二十二年の歳月が流れている。それでもなお、『物質と記憶』の中に何かしらフロイトの言う「抑圧」

に似たメカニズムが、それと明言されることこそなかったものの、すでに論じられていたのだが、という印象が私から去ったことはなかった。

今回、『物質と記憶』を読み直してみて、やはり「抑圧」メカニズムを彷彿させる議論がベルクソンによってなされているのを見出すことができた。「抑圧」というメカニズムの特質からして「生への注意」の項を探したのだが、やはりごく近く、その数頁あとに（「身体の用途」という項において）ベルクソンとフロイトを「抑圧」メカニズムでもって近接させるような文章が見つかったので、以下に少しばかり引用する。

> すべての事実とすべての類推は、脳のなかに諸感覚と諸運動とのあいだの仲介しか見ない理論に有利に働いているのだが、この理論によると、諸感覚と諸運動の全体は心的生の尖端、数々の出来事の織物のなかに絶えず差し込まれた尖端であり、また、このように身体には、記憶を現実的なものへと方向づけ、記憶を現在と改めて結びつける機能しか割り当てられないから、この記憶そのものは物質から完全に独立したものとみなされるだろう。この意味で、脳は有用な想起を引き起こすことに貢献しているが、更にそのうえ、それ以外の想起すべてを一時的に斥けることにも貢献している。われわれは、どうして記憶が物質のなかに宿ることになるのかは分からない。けれどもわれわれは、――現代のある哲学者の深遠な言葉によれば[1]――「物質性はわれわれに忘却をもたらす」ということをとてもよく理解するのである。（『物質と記憶』二五二―二五三頁）

ここでもまた例の円錐体を思考の一助とされたい。少々余談めくが、空間的思考（等質的時間）を徹底的に排除するベルクソンの思索において、かくも見事に空間的な円錐体図式が、かくも豊かに役立つ事実に直面して、私は不思議な思いになる。純粋持続は、そして純粋記憶は必然的に空間化してしまうのではないか、空間的思考をベルクソンはあたかも毒をもって毒を制するごとく利用しているのだろうか、などと考えてしまうが、ともかくここでは、役に立たない記憶は排斥される、排除される、忘却される、というメカニズムが脳という物質を媒介にして現に起こっていることが、円錐体図式に則して静かに説かれている。

これはほとんど「抑圧」であろう。この「抑圧」酷似のメカニズムが機能しないなら、「生への注意」が散漫になり、人間は生活どころか生存すらできなくなるのだ。もちろん、ここで「有用な想起」とされているとおり、脳が選択して採択したり破棄したりする記憶は、徹底して現実原理の次元にある。快原理をめぐる逆説の渦巻きや死の欲動から生ずる破滅的感情は、さしあたり問われない。ベルクソンの場合、人間関係における愛憎の感情の「抑圧」などの問題が稀薄になりがちであるが、彼が精神科臨床に立たなかった以上、これはある程度仕方がないことだろう。だが、肝腎なのは、ベルクソンが、愛／憎、快／不快、安全／危険という諸状況の根源とも言うべき、生／死の岐路において、きわめて実践的に、「有用」でない「想起」を「斥ける」メカニズムの基本的枠組みを把握している事実である。

生きるため、生き抜くために、人間という生き物は、ほとんどすべての記憶を「抑圧」して「行動の人」になる。危機克服に失敗すれば、パニックに陥り、「衝動的な人」の群れにもなる。「良識人」から「下等動物」的人間に至るまで、いっさいは円錐体の先端において起こるのであって、それゆえ人間的生命体という円錐体は、それが極度に緊張し、先端に向けて過度に収縮先鋭化する場合、「記憶＝魂全体」すらも「抑圧」してしまう。この記憶排斥メカニズムとも言うべきものは、生存欲に支配された運動や行動には有益かもしれない。しかし、記憶排斥のゆえに獣的にもなってしまうのが人間的（魂の）生命体の宿命でもある以上、ベルクソンにとって、この「抑圧」酷似の「斥ける」メカニズムは、生存のための「生への注意」の、程度の差こそあれ残酷にも醜悪にもなりうる純化あるいは極度の集中として、必要悪としての純粋身体性の具現として感じられたのではないか。

少なくとも、「夢見る人」の消極性に危惧の念を抱きつつ、「行動の人」を賛美することもなく、たんたんと「下等動物」のような「衝動的な人」の説明をするベルクソンには「記憶の幸運な配置」を求める以上のことはできないと分かっていたのだろう（同書、二一九―二二〇頁）。「良識」あるいは「実践感覚」は確かに「抑圧」酷似のメカニズムのおかげで生まれるのだが、記憶の収縮削減ないし隔離という収縮メカニズムが度を越すと、人間は記憶と知覚（物質）の（弛緩と緊張の）均衡を失って、獣的な「下等動物」にまで堕する。それゆえ、ベルクソンにとって、自身が『物質と記憶』執筆の時点ですでに見出していた「抑圧」酷似のメカニズム、すなわち記憶の「選択」と「隔離」あるいは「排斥」のメカニズムは、生き抜くための獣化を肯定することにおいて、両刃の剣そのものであったろう。

ベルクソンは、『物質と記憶』の第三章を「物質性はわれわれに忘却をもたらす」というフェリックス・ラヴェッソン（一八一三―一九〇〇年）の「深遠な言葉」で閉じているわけだが、一貫して「行動の人」に対して肯定的な（「行動」なきゆえに仏教的神秘思想をも否定し去った）ベルクソンにとっても、記憶の円錐体の過度の収縮、「生への注意」の過度の亢進、「行動」の徹底した純化は、物質性、身体性、（悪しき意味での、非‐バタイユ的な意味での）動物性‐単なる獣性に拘束された、凝固した忘却しかもたらさないのである。

抑圧されたものとエスについて――フロイトの深淵へ

「夢」講演を原稿にして注を付記しつつあったベルクソンが「抑圧」というフロイトの概念に言及しながら多くを語らなかったのは、以上に述べられたような「抑圧」メカニズムに潜む危険な一面に気づいたからかもしれない。「行動の人」と「夢見る人」という両極端も、ともに実際にはありえないと承知していたからかもしれない。以上は私的な憶測であるゆえ、いつでも撤回していいことだが、円錐体が、その先端に向けて緊張・収縮する先鋭化の動性において、有用でない記憶を「斥け」つつ身体化する、との見解は見事としか言いようがない。事実、学問的にこのとおりと思われるが、それ以上にベルクソンの論旨には芸術的な美しささえ感じられる。だが、抑圧理論は徹底してフロイトのものである。それがいかに陰気で暗鬱なものであれ、その発見性は、まさに比類がない。

「抑圧」および「抑圧されたもの」という概念と関連する議論は、すでに『夢解釈』全般に、特殊問題としては第七章「夢過程の心理学にむけて」のＦ「一次過程と二次過程、抑圧」に詳細に現れている。フロイトの「抑圧」概念の独創性は、ただ単に不快な感情や不快な記憶を抑制し、圧し去り、忘却するというメカニズムの説明的記述にとどまらず、絶えず根本的かつ原理的な次元から臨床的事実を考え直している点に存する。例えば以下のように。

しかし、一次過程が心的装置の中に当初から存在していて、二次過程は人生の経過のうちで初めて徐々に形成されて一次過程を制止してそれを覆い、そして人生の高みに達してからようやく、ひょっとしたらそれを完全に支配することができるようになるかもしれないということも同様に事実である。(『夢解釈』(Ⅱ)四〇七頁)

「二次過程」が「現実原理」の支配に服した心的過程に、「一次過程」が「快原理」の支配下にとどまる心的過程に、後年それぞれ対応させられるのは明らかだが、こういう原理的次元から規定されるゆえに、「抑圧」概念は、精妙さ、複雑さ、奥深さを身につけるのである。われわれはこの二十年後に刊行された『快原理の彼岸』を参考にしながら『夢解釈』からの引用文をこうして読めるわけだが、明らかなのは、「抑圧」とは、「快原理」と「現実原理」の闘争過程から「現実原理」の勝利へと至る、刻一刻と変化し続ける力動のための概念だということである。それゆえ、「抑圧」の成功は、「人生の高み」を可能にする「良識」、

「理性」、「正気」の喜ばしい勝利を告げるのだが、その反面、人間的生命体の興奮量を最高レベルで維持するという不快の極端な実現をも意味するのであり、後者の場合、異常な興奮量が内側から刺激保護膜を破るなら、「獣性」、「非理性」、「狂気」が顕現することになる。「抑圧」の不首尾や破綻こそが快を生むと言ってもよいわけであり、「抑圧」はわれわれの人生に解きえない複雑微妙な謎を投げかけてくる、きわめて実際的かつ具体的なメカニズムなのだ。

そして、臨床経験が教えるところによれば、そもそも夢を発生させる原動力の大半は「抑圧されたもの」にのみ存する。睡眠が検閲をゆるくさせ、潜在的夢思想が実体的（幻覚的）顕在夢と化して欲望を成就せしめる。事情がこうであるゆえ、「抑圧されたもの」は「無意識」とも夢の源泉とも同義とされることもありうるわけで、これは間違いではないが、しかし無条件で正しいわけでもない。抑圧メカニズムとは無縁の無意識も実在するからである。「抑圧されていない無意識」もまた実在する、これをフロイトは一九二三年に刊行した『自我とエス』という本で明言することになる。『自我とエス』で提示されたこの周知の図式は、さらに一九三三年の『続・精神分析入門講義』第三一講の図式的理解（一〇二―一〇三頁。本書第Ⅱ章の図8）につながるのだが、いずれも、ベルクソンの円錐体の図式を、つまり、そこに透視できる（生命の、記憶の、夢の）緊張・収縮と弛緩・拡散の反復運動のありさまを何かしら連想させるものである。

ともかく、フロイトがなぜ前意識や無意識と別に、また抑圧されたものと別に、エスを提出しなければならなかったのか、これは熟慮する価値がある問題と思われるので、『自我とエス』の第一章「意識と無意識」から少し引用する。

認めねばならないのは、無意識的なものは抑圧されたものと一致するわけではないという事実である。なるほど、抑圧されたものはすべて無意識的と言ってよいが、すべての無意識的なものが抑圧されたものであるとはかぎらない。自我の一部も——しかもそれはきわめて重要な一部なのだが——無意識的でありうる、いや、まちがいなく無意識的なのである。しかも自我のなかのこの無意識的なものは、前意識的という意味で潜在的なのではない。でなければ、意識されることがないのにこのように活性化されるはずがなかろうし、また、意識化するのがかくも困難であるはずがないからである。かくしてわれわれは、第三の無意識的なもの、抑圧されていない無意識的なものをどうしても持ち出さざるをえなくなるわけであるが、そうなると今度は、無意識的であるという性格がわれわれにとって意義を減じてしまうということも認めざるをえなくなる。(『自我とエス』一一―一二頁)

一読して感知されるのは「無意識」の拡大深化であり、また精神分析が心理学におのれを限定するのをやめて、生物学的あるいは生命論的、さらには存在論的な質を明瞭に発揮し始めていることである。「抑圧」の概念が否定されたわけではなく、「抑圧されたもの」の威力が低下させられたわけでもない。これらの威力は相変わらずである。しかし、フロイトが心理学を置き去りにして、前人未到の道に歩みを進めていることはもう見間違えようもない。

　そうしてフロイトは、そこから自我が生まれ、そこから超自我が生まれ、それ自体が「抑圧されたもの」と相互に浸透し合う力の場として、エスを欲したのである。しかし、フロイトがなぜエスを欲望したのか、これはいろいろと答えらしきものを予想させるだろうが、究極のところは謎である。意識・前意識・無意識という質的区分から成る第一局所論が「抑圧されたもの」と「自我」の相対的肥大ゆえに使いにくくなったこと、ここに一理あるだろう。だが、先に少し触れたが、精神分析の生命論的局面の強化、さらに言うならば、快原理に輝く生命へのフロイト自身の憧憬ないし郷愁も、この第二局所論への推進力になっていたのだろう。『自我とエス』が『快原理の彼岸』の三年後に刊行され、フロイト自身が『自我とエス』の冒頭を「以下の論考は、一九二〇年の論文『快原理の彼岸』に始まった思考の歩み——すでにそこでも述べたように、私なりに心躍るような新たな意欲をもって開始したあの思考の歩み——を引き継ぐものである」（同書、三頁。強調は渡辺）と、印象深い文章で説き起こしている事実は、フロイトにとって「快原理（の彼岸）」がいかに魅力的であるか、ということを想像するにあたって、決して看過できないのである。

　少し論をずらすが、『快原理の彼岸』と最愛の娘ゾフィーの突然の死を結びつけて、その悲しみこそが執筆の動機だ、「死の欲動」提言の動機だ、とみなす論議が時折なされている。確かに、第一次世界大戦が欧州全体に落とす死の影、その戦場に出征している息子たち、非常に優れた弟子であったヴィクトーア・タウスクの自殺と続いたのち、貴重な若い友人であり精神分析の経済的支援者であったアントン・フォン・フロイントの病死（一九二〇年一月末日）、そのわずか五日後の最愛の娘ゾフィー（三人目の子を身ごもっていた）の突然の死、さらには自身の上顎癌の進行、と続いている。フロイト自身、弟子にして友人のマックス・アイティンゴンに、『快原理の彼岸』の原稿はゾフィーの死よりも早く完成していたと証言してほしい、と頼んでいるのである（ピーター・ゲイ『フロイト2』四五三頁以下）。こうなると、『快原理の彼岸』は、いかにもフロイトの個人的な悲嘆と絶望の所産のように思われるだろう。伝記事項はこうして一理ある事情を教えてくれる。

だが、この伝記事項で、フロイトの凄まじい創造性の噴出とその経過の必然が理解できるだろうか。とりわけ、『快原理の彼岸』から『自我とエス』に至る光輝に満ちた創造。また、完璧な繰り返しになることを承知であえて引くが、「以下の論考は、一九二〇年の論文『快原理の彼岸』に始まった思考の歩み――すでにそこでも述べたように、私なりに心躍るような新たな意欲をもって開始したあの思考の歩み――を引き継ぐものである」という『自我とエス』冒頭の燃え上がるようなフロイトの情念の激しさが理解できようか。

思うに、『自我とエス』に至るまでの数年間の異様なフロイトの知的興奮は、彼の身辺事情とは無関係に噴出していたのである。もちろん、ゾフィーらの死がこの創造の火に油を注いだとは言えよう。だが、そこまでしか言えない、言うべきでない創造性の不思議ということを、われわれは深く思うべきではあるまいか。

私は、フロイトを根底から突き動かしていたのは、「快原理」特有の生命の輝度であったろうと考える。

念のため、少し引用する。

たやすく理解できようが、自我はエスの一部であって、エスが外界の直接的影響を通して知覚‐意識による調停のもとに変容したもの、言ってみれば、エスの表面分化の延長上にあるものである。自我は、エスならびにエスの意図に外界の影響がきちんと反映されるよう努力し、エスのなかで無際限の支配をふるっている快原理を現実原理に置き換えようとする。自我にとっての知覚の役割は、エスのなかで欲動が占めている役割に等しい。つまり、自我は、激情をはらんだエスとは反対に、理性や分別と呼べるものの代理をしているということである。(『自我とエス』二〇頁)

フロイトが、単なるリアリズムにとどまらず、またユングのように神秘主義に没入することもなく、「自我」と「エス」との、あるいは「現実原理」と「快原理」とのダブル・バインドに耐え抜いて思考を持続したことは互盛央氏の深く指摘するところであり(『エスの系譜』[2])、この巨大な、矛盾に満ち、矛盾に耐えるフロイトという名の思考の奔流にぶつかってしまったゲオルク・グロデック(一八六六―一九三四年)には、結果的にフロイトに使い捨てにされた、との気の毒な印象がないでもないが、運が悪かったのだ、としか言えない。フロイトという男は、言うならば、《自我は自我でなければならない／自我は自我であってはならない》、《エスはエスでなければならない／エスはエスであってはならない》という虚空に浮かぶ複数の命題が引き起こしてくる二重拘束、多重拘束に平然と耐えつつ思索を進めることができる別格的な男なのだから。

明らかなように、快原理に輝く生命へのフロイトの憧憬、郷愁と言っても、一義的ではない。現実原理、自我、理性、分別を護り抜かんとするフロイトも強烈に実在するのだ。フロイトの場合、生命に惹かれれば惹かれるほど、ますます無機物重視も倫理性重視も亢進する、というような、自身の中の矛盾を逆手にとって思考を白熱化させる習癖があり、そこにフロイトをストレートに理解することの難しさと彼の思考の独創性の理由があるのだろう。エスは『快原理の彼岸』でフロイトの思考についてしまった途方もない加速度の産物として『自我とエス』に顕現したのだ、エスは、精神分析が特殊な心理学という限定を解除して、まったく独創的な生命論へと屈曲する際の曲がり角に立つ標識なのだ、と言えなくもないわけである。

フロイトには一九一五年頃から始まって『快原理の彼岸』と『自我とエス』に至って絶頂に達する一連の思索と論文があり、フロイト自身はこれらの一群を「メタサイコロジー的叙述」と規定している。私がここで精神分析の生命論的屈曲と言う場合、精神分析が心理学を超越してしまった、あるいは心理学の学的前提を踏み破ってしまったという謂いであり、「生命論的」という形容は「メタサイコロジー的」という形容とまったく同じなのである。

「エス」という概念を獲得し、精神分析の生命論的輝度を著しく高めたフロイトは、しかしここでもやはりダブル・バインド的に自身の思索を拘束し、自身の思索の平和的かつ一元的な完結を拒否する。すなわち、『自我とエス』という意味深い表題の本で初めて「超自我」なる概念を提示してくる。その光景は、あたかも熱望していた快原理支配をエスの名において称えた直後（称えると同時に）、急転直下、これを徹底的に打ち砕こうとしているかのようだ。

しかし超自我は、たんにエスの最初期の対象選択の残留物であるばかりでなく、この対象選択に対する断固たる反動形成という意味も持っている。超自我の自我に対する関係は、そのように（父のように）あるべし、という促しに尽きるものではなく、そのように（父のように）あってはならぬ、すなわち、父のすることを何でもしてよいわけではない、という禁止も含んでおり、多くのことを、父親だけの特権として留保しているわけである。（『自我とエス』三一頁。強調はフロイト）

「エスの最初期の対象選択の残留物」であるにせよ、エスの「対象選択に対する断固たる反動形成」であるにせよ、「超自我」を生み出すのが「エス」であることに異論の余地はない。しかし、「超自我」には快原理に固有の生命の激しい輝きはない。エディプスコンプレクスの原点たる原父殺害仮説をめぐって、「エス」と「超自我」をめぐるフロイトの論は著しく錯綜したまま最晩年の『モーセという男と一神教』（一九三九年）の中までもつれ込むことになるのだが、ここでは、フロイトが生命（快原理）的な「エス」の導入と反‐生命（反‐快原理）的な「超自我」概念の新奇な展開を同時に行っていること、それがフロイトの思考法の根深い習癖であることを、もう何度目かではあるが、確認するにとどめたい。

生命のダブル・バインド／円錐体という意味過剰の渦動

フロイトが『自我とエス』を刊行した一九二三年頃、ベルクソンは何を考えていたか。もちろん、分かるはずもない。『創造的進化』で世界的に絶賛されたのは一九〇七年以降のことだが、一九二二年には、やがて自分から絶版にすることになる『持続と同時性――アインシュタインの理論について』を発表し、また自身の思想的自伝とも方法的回想録とも言える地味な「緒論」（公表は一九三四年）を書き、一九二五年には重篤なリューマチ発作に襲われ、行動の自由を喪失し始めている。だが、しかし、一九三二年に刊行されることになる『道徳と宗教の二源泉』の構想を練っていたか、あるいはその原稿を動かなくなりつつある指で徐々に執筆し始めていたか、これはよくは分からない。まだ手をつけていなかったとも考えられる。ともかく、フロイトが最初の上顎癌手術を受けたのが一九二三年だから、ベルクソンもまた同じ頃、難病との闘いの生活に入っていったことになる。

だが、私はなおも、四半世紀以上も前の一八九六年に世に現れた『物質と記憶』というひどく特異な一冊の本にこだわり続けたい。

この一冊にこだわりつつ、エスとは何であるか、超自我とは何であるか、自我とは何であるか、知覚とは、外界とは何であるか、生の欲動とは何であるか、快原理とは何であるか、死の欲動とは何であるか、再考すべきだ、と思う。すべてがフロイト由来の問いであるが、これらの問いにベルクソンならばいかに応答しうるのか、このような問いは戯れだろうか。そうは思われない。フロイトとベルクソンがほぼ同時に〈無意識〉という〈心の基体〉を発見した、そして二人によって発見された〈心の基体〉をあいだに置きつつ、二人がそれぞれまったく正反対の方向に向かって歩み出していった、その事実から学ぶべきことが、われわれにはまだ膨大に残されているのではあるまいか。われわれの人生にとって、われわれの日常生活にとって、フロイトという「夢・冥界」は何であるか、これをはっきりと照射する光源として「覚醒」の人たるベルクソンを用いるのは、不自然な思いつきにすぎないのか、それとも、非常に困難だが、ごく自然な試みであるのか。

この試みは、もちろん、まったく独創的に展開されたベルクソンの学問を、フロイトによって、精神分析という光源によって照射することでもある。ベルクソンは、フロイトを照射しつつ、フロイトから照射されねばならない。

明らかなように、フロイトの思索は、ある主題をめぐって常に自身をダブル・バインド下に拘束し、この拘束に圧縮されつつ進められる。早い話が、《意識は意識でなければならない／意識は意識であってはならない》というダブル・バインドから始まって、《エスはエスでなければならない／エスはエスであってはならない》というダブル・バインドに至るまで、半世紀にわたって、あらゆる問いに対して、常に底なしにアンビヴァレントなフロイトの応接はやむことがなかった。

先に「(父のように)あるべし」と「(父のように)あってはならぬ」が並立させられていたが、これはエディプスコンプレクスという心理学的葛藤概念の言い換えであると同時に、フロイトという男の思考の根本的枠組みを、あるいはフロイトという男における言語連合の特質をも典型的に表現しているのだと考えるほうがよいのである。

フロイトには「原始語のもつ逆の意味について」(一九一〇年)という短いが意味深長な論文があり、またさらに、その翌年に発表された「自伝的に記述されたパラノイアの一症例に関する精神分析的考察」(一九一一年)では、言葉(幻声を含む)の意味の絶え間のない逆転反転運動と多元的散逸に翻弄されるダニエル・パウル・シュレーバー法学博士を徹底的に、つまり精神分析もまた一つの狂気なのかという戦慄すべき自問自答に至るまで密着して、分析している。

少し余談めくが、「アルトスというラテン語は、高いと同時に深いという意味も持っています」というジャック・シュヴァリエの発言を受けて、ベルクソンは「まさにその通りだし、たいへん美しい。内的生の中に深くはいりこんで行くに従って、ますます高く、神にむかってのぼっていくメーヌ・ド・ビランの業績の特徴を表現しようとしたことがあったが、君のいま言ったことに思い及んだら、利用したことだろう」と応じている(一九二六年十二月三十日、『ベルクソンとの対話』九一頁。強調はシュヴァリエ)。読んでいてどきりとした個所なので覚えていてここに引用するが、実は、フロイトはこういう言語論的問題、一瞬一瞬に動揺してやまない差異の危うさに、ひどく敏感な人であった。このような敏感さがなかったら、そもそも『夢解釈』などを書くことはできなかったろう。「圧縮（縮合）」や「置換（遷移）」などの概念は、言語的差異が揺れ続けることへの鋭い感受性からのみ確実に発生しうるのだから。

フロイトにとってのダブル・バインドがいかなる次元から彼を支配していたか、これは想像する価値がある問題である。フロイトの思索は、心理的葛藤内容にとどまらず、まさに言語論的かつ存在論的な深みに潜む多元的な（二項対立的表層論理秩序を破砕してしまうような）謎をも引きずっているゆえに、二重に、いや、多重に拘束され、絶えず二重、多重に分散し、意味過剰の世界を見出してしまう。そしてまた、この意味過剰の世界を照射し続けて、やむことがない。

フロイト的思考の枠組みを、あるいはフロイトにおける言語の無限連合の特質を、さらにはベルクソンの円錐体それ自体を、このダブル・バインドに徹底的に支配された生命の見事な絵画だとみなすことが肝要だろう。これは私的な思いつきではない。生命と言語がぶつかり合うとき、生命にも言語にも、ともども深い亀裂が走り、双方ともに限定不可能な意味過剰の洪水（＝無意味）に見舞われるのは、神ならぬわれわれ人間にとっては不可避であり、シュレーバー博士をはじめとして多くの狂的な人々がわれわれに明示し続けてきた必然的帰結なのである。

歩みの速度を少し遅くしよう。ベルクソンの円錐体そのものが生命のダブル・バインドの充満する場所だと論じる前に、われわれはまずフロイトがいつ頃からこのダブル・バインドを感じ取り、これに翻弄されつつも耐え抜いてきたか、再考すべきだろう。

注目されるのは、「原始語のもつ逆の意味について」という小論文の冒頭で、いきなり『夢解釈』の参照指示がなされていることだ。その個所は第六章「夢工作」のC「夢による呈示の手段」の一部である。

はなはだ目に付くのは、対立や矛盾という範疇に向けられる夢の態度である。矛盾はあっさりと無視される。「否」は夢には存在しないように見える。対立は、夢に特有の嗜好のもとで、なんらかの統一へとまとめ上げられてしまうか、あるいは一緒くたに呈示される。どんな要素であれ、夢はそれを欲望上の対立物によって呈示する自由を行使するので、対立項を許容するような要素については、それが夢思考の中に肯定的な意味あいで含まれているのか否定的な意味あいで含まれているのかを、はじめのうちわれわれは知ることができない。(『夢解釈』(Ⅱ)五四頁。強調はフロイト)

フロイトは、その思索のごく初期から「夢」と「原始語」を明瞭には区別しえない特性を共有するものと見ていた、あるいは双方は容易に区別できないという感覚に支配されていたのである。この感覚は、いっさいの合理性に対する根本的疑念に直結する。「原始語のもつ逆の意味について」でフロイトが引用している言語学者カール・アーベル（一八三七―一九〇六年）の文章をここでも再提示しておく。

さて、あるひとつの原始社会が残した唯一の遺物たるこのエジプト語では、かなりの数の単語が互いに正反対の二つの意味を持っている。誰がどう見ても明らかに馬鹿げたことを考えうるとしての話だが、たとえば「強い」を意味するドイツ語の単語が「強い」も「弱い」も意味したり、「光」を意味する名詞がベルリンで「光」を指すのにも「闇」を指すのにも用いられたりする、はたまたミュンヒェンのひとりの市民がビールを「ビール」と呼ぶのに、別の市民は水について話す際にそれと同じ単語を用いるなどといったことを考えてみるとよい。そして、この驚くべき営みこそ、古代エジプト人たちがその言語において普段から習慣的に行っていたことなのである。誰かがこれを聞いて、信じられないとばかりに首を横に振っても、気分を害するわけにはいくまい……。（「原始語のもつ逆の意味について」二〇六頁より。強調はアーベル）

夢とは何であるか。言語とは何であるか。フロイトはここに至って有史以来の論理の根幹そのものに疑念を持ち始めているかのようだ。事実、そうなのだ。フロイトは、おそらくは『夢解釈』執筆の当時、有史以来の論理を、言語と意味の一対一対応という素朴な意識的かつ知的な「企て」の成果をすでにして捨て始めていた。先史時代こそが、その非理性の一種野性の思考的な豊かさと健全さをフロイトに告知してくるかのようである。この事情は、先に見たように「快原理」の「彼岸」へ、「前史」へ、「先史時代」へと遡及せんとするフロイトの衝動の激しさと共振している。

フロイト、この精神分析の創始者は、その創始の時点で、すなわち『夢解釈』を構想執筆している時点で、すでに夢や言語は、それらが無意識であるならば、あるいは、いったん無意識に服したのちには、必ずダブル・バインド的に人間の心を際限なく翻弄し、拘束してくるものだ、と承知していたと言ってよい。つまり、ベルクソンが『物質と記憶』を刊行し、生命の緊張と弛緩のリズム、収縮と拡散のリズムで脈打ち続ける記憶の円錐体を世に問うた一八九六年頃には、フロイトも無意識の言語的・生命的特質はことごとくダブル・バインド的だと見るに至っていたのだ。

先に少し触れたように、ベルクソンの円錐体は実に奇妙な事柄を見る者に告げてくる。この円錐体が緊張と弛緩の運動を、あるいはまた収縮と拡散の運動をやむことなく反復し続けているという一事からして、すでにこの円錐体自体は(面Pに接している最先端Sのみを例外とするが)静的な意味定位、意味確定性、しっかりした構造安定性を許さない何かなのだろうと推察される。私にはこの円錐体が、無限に変形して定型をもたず、その生死すらも見極め難く変貌し続ける粘菌の一種のごとく見えてくる。この円錐体は、語りえないほどの意味過剰性を、すなわち一転して無意味に転じてしまうような意味過剰をもって、われわれに迫ってくる。この点に留意すると、面Pと平行する複数の面で円錐体をいろいろな高さで輪切りにできるかのような図式(3)（『物質と記憶』二三二頁）は、本来の円錐体に整然たる秩序がそなわっているような錯覚を与えかねないので、好ましくないと思われる。

すでに述べたが、この円錐体は、論述の中で、まったく期せずして、「記憶の円錐体」から「夢の円錐体」にずれていってしまったのであり、この「夢の円錐体」はそのまま「生命の円錐体」へと変貌してゆき、さらにここに「夢≒生」、「夢≒死」という近似式が介入してくると、それは円錐体の相貌を「死の円錐体」にまで変化させてしまうのである。ここに至って、「死の円錐体」が「物質の円錐体」へとさらにずれてゆき、「物質の円錐体」が「記憶（精神）の円錐体」に回帰してゆくならば、この意味過剰の円錐体は、妖しく錯乱する無意味（＝意味過剰という意味不在）を沈黙のうちに語り始めるだろう。これは私の勝手な思いつきではないし、勝手な感想でもない。意志の意図的・意識的な力をもってしてはいかんともし難い強固な連合が起こってしまっていて、われわれはこの湧き起こってくる連合の強靭な連鎖の必然性によって引きずられているにすぎない。

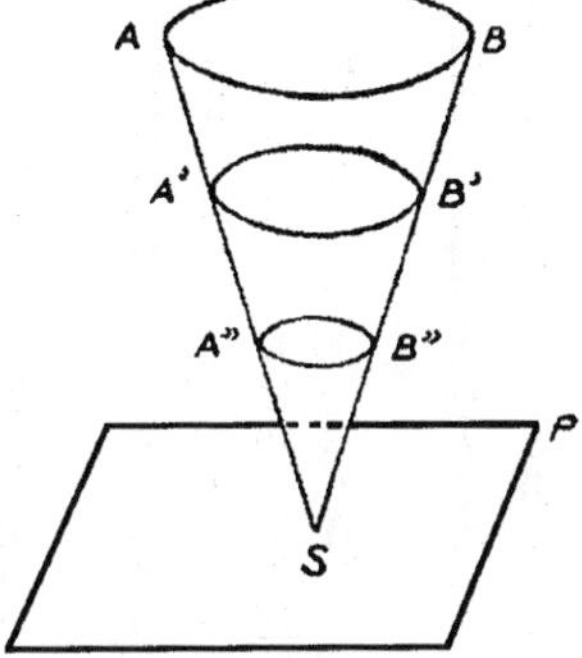

図9　『物質と記憶』第3章より

ここまで考えて初めて「感想——ベルグソン論」の破綻直前に小林秀雄が書き残した以下の

ような文章の深い感触が理解される。

純粋な知覚は、外界から成り、外界の一部を成すという特権によって、物質と精神とを密着させている。ベルグソンの物質理論が、内的な或は外的な、純粋経験の上に立っているとは、言わば物質精神連続体としての実在の上に立っているという事である。(『感想』五十三、(下)一六五頁)

実際、この円錐体をめぐる連合は、われわれの経験に見事に即している。「物質理論」までゆくと、ベルクソンと彼が描くところの円錐体は、明晰なる秩序をかなぐり捨て、一種独特の野性の思考を発散し始めるような印象が強いのである。ベルクソンの思考の荒々しさは、小林秀雄によってさらに念を押されるように深く論じられている。かなり長く引用するが、慎重に読んでみたい。

実在の変化は深みにある。実在の中に生きるとは、この変化が直接に経験されているという事に他ならず、経験の深みをさぐれば、私達は実在の内部に入り込める。誰にでも可能な、名づけ難い質的変化の内観が、これを証している。この本源的経験の発展を辿る事が、ベルグソンにとっては、精神と物質との関係を、本質的な困難に出会わずに説明出来る唯一の道であった。この道を行く為に、緊張(tension)と弛緩

(extension) という言葉が選ばれた。心的存在と物的存在との間に断絶は考えられないと言って、両者の間に予定調和とか平行関係とかがあるという異様な考え方をする必要はない。両者は実在の持続の緊張と弛緩との異名であり、従って両者の間に深いアナロジイが在ると考えれば足りる事なのだ。等質で非人格的な唯一つの時間は考えられるが、又考えられるに過ぎないものだが、私達が生きる持続は唯一のものではない。意識経験に直接に与えられているのは、持続の様々なリズムだけであり、これが「様々な意識の緊張と弛緩との程度の尺度であり、又、それ故に意識が存在の系列に於いて、それぞれ占めるべき位置を規定するものでもある」。従って、経験的世界は、構造的には、心的存在という緊張したリズムの面と物的存在という弛緩したリズムの面との間に、無数の面を重ねているのであり、精神生活の違った調子は、心理生活が、どの面を舞台にしても演じられる事を語っている。(『感想』五十五、(下)一七七頁。強調は渡辺)

円錐体における単純明晰な美しさとフロイトが最終的に考えるに至った混沌たる「エス」のごとき不気味さの双方を一気に読む者に突きつけてくるような、不思議なベルクソンがここに活写されている。ここまで解読を進めてくると、ベルクソンの円錐体が、心理学、現象学、生理学、生物学、物理学、存在学、形而上学といった区別のいっさいを粉砕しつつ邁進してゆく光景が浮かんでくる。

記憶～夢～生～死～物質～記憶～夢～生～死～物質～記憶～夢～生～死～物質～……と、

際限なく、相貌を、色彩を、明度を、形態を、リズムを変え続ける、眩暈がするような不思議な絵画を、しかし何とも魅惑的な絵画をベルクソンは描いたのだと思わざるをえない。さらに興味深いのは、変貌変化やむことなきこの円錐体においては、底面と先端部の全的関係を支配する全的な力動、すなわち「緊張」と「弛緩」の無限反復運動という極端な単純さによって千変万化する神秘的な万華鏡、森羅万象の渦動、万有のカレイドスコープが浮かび上がってくる、ということだ。

例えば、この円錐体で、顕在夢と潜在的夢思想の夢工作的相互性を考えると、実に不思議なことになる。潜在的夢思想は、まだ夢になっていない、抑圧された欲望、まだ幻覚化していない思考的思想である。ここに欲望成就の動きが起こると、夢工作がなされ、さまざまな形態と色彩に満たされた顕在夢世界が形成されて現れてくるのだが、このとき円錐体が示しているのは、緊張・収縮の（幻覚造形的）運動なのだろうか、それとも弛緩・拡散の（知覚破壊的）運動なのだろうか。要するに、通常の夢見経験（幻覚経験）が起きているとき、われわれ円錐体は（部分的にであれ、全体的にであれ）生命体として、記憶として、緊張しているのか、弛緩しているのか。

これは難題である。「どの面を舞台にしても演じられる」としか言えまい。さらに言えば、いっさいの事象が激しい渦動を呈している、としか言えないのである。

さて、ここでイマージュの実体性ということを改めて考え直してみよう。そうすると、生命的緊張・収縮の帰結たる知覚の実体性（物質性、感覚性）と生命的弛緩・拡散の産物たる夢（幻覚ないし夢幻様体験）の実体性（物質性、感覚性）に基本的な差がないことが気づかれる。つまり、夢見においても、幻覚においても、ただ弛緩退行し拡散しているだけでなく、何か生命的緊張・収縮（知覚）に等しい持続のリズムが駆動しているのではないか。円錐体のどこかで何かが、まったく反対に、収縮と拡散、緊張と弛緩を行っているのではないか。拡散しつつ収縮する、収縮しつつ拡散する、という矛盾に満ちた（一瞬一瞬において、そのつどすでにダブル・バインド的な）運動を、記憶は、夢は、生命は、日々実演しているのではないか。

　私の思考はもう混乱し始めていると正直に告白せざるをえないのであるが、記憶〜夢〜生〜死〜物質〜記憶〜……という際限のない渦動が、結局は「緊張したリズム」と「弛緩したリズム」で織りなされる音楽のようなものであるなら、私の混乱も不毛ではないかもしれない。私は「物質」と「精神（記憶）」を峻別するという根拠の定かでない悪癖を放擲しさえすれば、それでいいのであろう。

　小林秀雄が「物質精神連続体」と言い、「実在」と言うのは、つまりはベルクソンの描いた円錐体それ自体のことであり、その「緊張」と「弛緩」の激しい律動は、この円錐体が「矛盾律」、「否定」、「時間」、「物質」、「精神」を呑み込んで消化してしまうような化け物じみた渦動そのものにもなりうることを証明している。

　ベルクソンの円錐体は、秩序を欲しつつも無秩序的であり、また逆に無秩序を欲しつつも秩序的であるという点で、フロイトのエスと似ていると感じられる。徹底して唯物論的にもなりうる二人の共通の傾向も、程度の差こそあれ神秘思想や心霊主義に無関心でいられないさらなる共通の傾向も、円錐体とエスが共鳴していることに淵源を有しているのかもしれない。

「一ツの脳髄」から「感想」の破綻（終焉）へ

小林秀雄が鋭く透視してしまったごとく、円錐体自体が夢であるならば、われわれの覚醒に向かう努力は、結局のところ、円錐体という夢から覚めることなどできないという唯一の帰結、閉塞感に満ちた事実を確かめることに至るしかない。覚醒はついに不可能なのだ、と。はっきり言えば、外界知覚＝物質と信じ込まれたものも、実は実在ではなく、円錐体内部で出没を反復する夢あるいは幻覚と無差別なのである。これ以上考え込むと、小林秀雄がそうなったように離人症地獄に陥らざるをえないが、「外界から成り」、「外界の一部を成す」と考えられる「純粋な知覚」に非常な強靱さと極度の脆弱さがいつも同時にもっている事実は、臨床上痛感されるところであり、各自の日常経験においてもついには思い知るべきことであろう。

「純粋な知覚」から「外界」の純粋物質性あるいは唯物性に至るか、「外界」の実在性を疑って円錐体の中の夢幻性に引きこもるか、あるいは「物質精神連続体」を全身全霊でもって徹底感受するか、こうして迷い始めるとき、われわれはすでに「実在の中に生きる」ことの危機に陥ってしまっているのだ。外界＝知覚の実在性など、その円錐体外在性ゆえに、夢や幻覚の実在性以下の、せいぜい夢や幻覚の実体性に等しいだけのものでしかない。これは異常な懐疑の論理ではない。この実情を肌で感じるのは恐ろしいことである。

こうして、「知覚＝物質＝外界」という等式が揺らいだとき、意識は実在するか、夢は実在するか、脳は実在するか、過去は実在するか、現在は実在するか、未来は実在するか、物質は実在するか、外界は実在するか、私は実在するか、という終わりなき問いの空転が始まる。こうして、いつでも、誰にでも、地獄の堂々めぐりが始まりうる。

円錐体自体が全的に（覚めゆく途上の）夢であるならば……というきりのない仮定は、われわれは覚醒不可能の夢魔の中で一生涯もがいて消えていくしかないのか、という存在論的懐疑にわれわれを導く。小林秀雄の青年期は、こういう懐疑で渦巻いていたのだろう。その彼が、ベルクソンに、やがてはフロイトにも魅かれてゆくのは、この二人の思想家にこの実在懐疑を助長するところがあるゆえ、奇妙なことだ。だからといって、小林秀雄を潜在的マテリアリストと決めつけるなら、これはこれで滑稽なことになってしまう。結局、「物質と精神とを密着させている」「純粋な知覚」すら円錐体の外では存続できないことになり、彼は、いっさいが夢であれ幻であれ、それでよいではないか、物質すら信ずるに足りないのだから、とまで思いつめなければならなかった。

小林秀雄の「一ツの脳髄」と題された短篇小説は、この若い作者がやがてベルクソンの夢の円錐体からの脱出を断念した経緯、記憶へ、過去へ、歴史へと歩みを進めていった必然を考えるにあたって、役に立つかもしれない。

地震で建付の悪くなった障子が柱との間に細長い三角形を黒く造っている。其処から静けさがガスの様に這入って来た。室の空気の密度が濃くなって行く様な気がした。私は机の上の懐中時計を耳に当ててその単調な音で、静寂からくる圧迫に僅《わず》かに堪え乍ら凝《じ》っと前の壁を視詰めていた。と、急にドキリとした。立ち上ろうとしてハッと浮かした腰を下ろした。鎌倉の家で、夜、壁を舐《な》めた事があった。それを思い出した。「もう舐めないぞ」と冗談の様に呟こうとしたが声が出なかった。私は何んとなく切ない、真面目な気持ちでじっと坐っていた。(「一ツの脳髄」四二—四三頁)

年譜によると、「一ツの脳髄」は大正十三(一九二四)年、小林秀雄、二十二歳時に雑誌『青銅時代』に掲載されている。

この個所の前後には「私は女のだだっ広いおでこの内側に駝鳥《だちょう》の卵の様な、黄色い、イヤにツルツルした脳髄が這入っている事を想像した。女の喋る言葉が、次々にその中で製造されているなどと考えた」(同書、四一頁)とか「丁度自分の脳髄をガラス張りの飾り箱に入れて、毀《こわ》れるか毀れるかと思い乍ら捧げて行く様な気持ちだった」(同書、四五頁)とか、さらに「下駄の歯が柔らかい砂地に喰い込む毎に海水が下から静かに滲《にじ》んだ。足元を見詰めて歩いて行く私の目にはそれは脳髄から滲み出る水の様に思われた」(同書、四六頁)などの実に不気味な文章が並んでいる。有機と無機の溶け合い、内と外の溶け合いという不気味。

これらを論旨が多少とも逸脱するのを覚悟してまでここに引用したことには、いくつか理由がある。

一つ、離人症という病状が円錐体の弛緩しきった無機的な夢幻界の中に浮かび上がってくる印象が強烈であること（現実感喪失と過剰相貌化の併存）、一つ、無機化する有機体の代表としての脳髄への狂的な（死滅主義的と言えないこともない）偏執（痙攣的にひきつった収縮）は円錐体先端Sと宇宙イマージュ面Pの絶望的乖離をすでにして感知しているゆえに生ずるのだと思われること、一つ、「舐める」という存在確認行為が「良識」ないし「実践感覚」を生むはずの「生への注意」とは正反対の極限的に最太古の記憶への退行と解体を現していると考えられて興味深いこと、また、さらに「一ツの脳髄」そのものがSP領域に凝集できずに底面ABのほうへ浮遊し、飛散してゆく光景の無残なまでに鮮明な記述であることなどが私のこの小品への拘泥の理由である。

このように過度に弛緩嗜癖的な青年が、実に三十年以上にわたる思索の歳月ののち、「夢見る自我は、覚めた自我より拡大してはいようが、緊張してはいない」（『感想』二十八、(上)二六〇頁）として「緊張」（覚醒）の重要を書くと同時に、反面、「私達は、或る夢から覚める事は出来るが、夢という円錐体から覚める事は出来ない」（『感想』二十九、(上)二六七頁）として「弛緩」（夢幻）が不可避の宿命であることをも書いた。生命の経験がどれほどの煉獄であるか、思い知らされる。さらに、反復引用になるが、「ベルグソンの物質理論が、内的な或は外的な、純粋経験の上に立っているとは、言わば物質精神連続体としての実在の上に立っているという事である」（『感想』五十三、（下）一六五頁）と書かれるに至ると、「壁を舐めた事」が本当に終わるのかもしれない、と感銘が深い。

つまり、「記憶」の円錐体は、「夢」の円錐体を経て「生／死」の円錐体にずれてきたが、さらに強靭な「物質」の円錐体を経て、ついには「物質精神連続体」にまで至りうる、とはっきり実感されているのだ。

解答などないような問題ではあるが、夢と幻覚、この欲望成就のメカニズムが、純粋弛緩だけでも純粋拡散だけでもなく、また純粋退行だけでもなく、奇怪な緊張と奇怪な収縮がこれに加わる形で同時に起こったがゆえに実効化した、ということだけは認めざるをえないように思われる。あたかも円錐体が痙攣しているかのような、異常な発作を起こしているかのような、奇怪な出来事がここで透視されていいのである。

先に引用したごとく、小林秀雄は「両者〔心的存在と物的存在〕は実在の持続の緊張と弛緩との異名であり」（『感想』五十五、（下）一七七頁）と書いている。これが静的な二元的分割秩序を意味せず、持続的な、ほとんど痙攣的な激しい多元的無秩序に近づいていることは、はっきりと理解されていてよいことだ。無秩序的であってエス親和的であるのが「物質精神連続体」たる円錐体の本性ならば、その痙攣状態からは、夢も幻覚も離人状態も知覚（日常現実）も、いっさいが生まれうるのである。

次の「五十六」で、「感想」は未完のまま終わった。一般には破綻したと言われる。小林秀雄自身が岡潔との対談で「書きましたが、失敗しました。力尽きて、やめてしまった。無学を乗りきることが出来なかったからです。大体の見当はついたのですが、見当がついただけでは物は書けません」（小林秀雄・岡潔「人間の建設」一八四頁）と言っている。比類なく爽やかな言葉である。

一般には理論物理学の問題で破綻したとされているが、本人はそこまで具体的には言っていないので、本当のところは分からない。「五十三」で「物質精神連続体」まで達したなら、もうそれでよかったのではあるまいか、と私はひそかに思っている。私には、「壁を舐めた事」からの快癒の安堵が静かに伝わってくるのである。〈死／生・体〉として痙攣する〈円錐・体〉を大肯定する気分が伝わってくるのである。

現実原理／快原理と円錐体、エロース／死の欲動とエス

問題は、おそらく、夢や幻覚の経験に際して、円錐体の緊張・収縮に「奇怪な」という形容詞を付さなければならない理由にあるだろう。この問題についてベルクソンはその全貌の輪郭（緊張・収縮と弛緩・拡散の律動）を描いただけで内奥に深く関与しなかったが、フロイトはさらに微細に考究した。つまり、夢工作における縮合と遷移という、まさしく魔術的な無意識（ここでは「抑圧されたもの」と同義と考えてよい）の技能をフロイトは考え抜いたのである。後述するつもりだが、この夢の解釈にあたって、言語論的差異の無基盤性を感知するフロイトの過度に鋭敏な言語感受性が寄与していたことは確かであろう。

明らかなように、弛緩・拡散しつつ緊張・収縮するとき、簡単に経験できる典型は睡眠中に鮮烈な夢を見る時だが、記憶／生命の円錐体は外的世界面Pから離れて夢という幻覚に結晶化する。円錐体の先端でなく円錐体の底面でも緊張・収縮は起こりうる。「生への注意」そのものである知覚でなく「生への注意」を放棄した夢見という幻覚においても、人間的生命はそれ自身を表現してやまないのである。

ベルクソンは無限かつ夢幻の「大きな死の舞踏」の噴出について、また死にゆく者に展開される全記憶の「パノラマ」化について語っていたが、これは彼が弛緩・拡散と緊張・収縮という相互に絶対に矛盾する運動が一気に起こりうることを認めざるをえなかったことの証左でもあろう。つまり、現実生活に対する完璧な無関心（収縮の放棄）と全記憶の全的視覚化の受容（弛緩の放棄）が同時に起こりうるという不思議をベルクソンが認めていたことの証左でもあろう。「パノラマ」について、ベルクソンの言葉を聴いてみよう。

多くの事実によって、過去はその最もこまかな点まで保存され、本当の忘却はないことが示されているように見えます。みなさんは溺れたり首つりをしたひとが、生き返ったときに、一瞬のあいだに自分の過去のすべてをパノラマのように見たと語るのを聞かれたことがあるでしょう。ほかの例をあげることもできます。というのは、この現象は、いままで考えられてきたのとは違って、仮死の徴候ではないからです。それは、深い谷底へ滑り落ちていく登山家においても、敵に撃たれて死ぬと感じる兵士においても起こることでしょう。つまり、われわれの過去の全体が、たえずそこにあり、それを認めるためには振り返りさえすればよいということなのです。ただわれわれは振り返ることができないし、振り返ってはならないのです。振り返ってはならないのは、われわれの運命が生きること、行動することであり、生と行動は前方を見ているからです。〔…〕したがって、過去がパノラマのように見えるのは、すぐに死ぬのだという突然の確信から生じた、突如とした生への無関心のためです。（「《生者の幻》と《心霊研究》」九三―九四頁。強調はベルクソン）

このような「パノラマ」視覚体験における重要な特徴は、この決定的な一瞬間に、全人生という記憶の全体が、まさに一瞬間であるにもかかわらず、一種独特の秩序のもとに順序正しく微細にわたって現れてくる、という事実にある。

私は先に、この円錐体を、エス（フロイト）と似たような混沌とした渦動にもなりうるものだ、と論じた。われわれ円錐体において今現に起こっている「緊張」と「弛緩」の激しい律動が「矛盾律」、「否定」、「時間」、「物質」、「精神」という差異的根底的秩序を呑み込んでしまいうる、と考えた。記憶〜夢〜生〜死〜物質〜記憶〜……という際限のない変貌をその本質とする円錐体は、まさしくフロイトの言うエスに酷似した渦動であると見えた。

だが、少し考えてみよう。ベルクソンの名画とも言うべき円錐体がフロイトのエスと似ているとするならば、ここは〈無秩序〉、〈非理性〉、〈無意識〉の場所であって、よほど強力な緊張・収縮が起こらないかぎり、順序正しく微細にわたる「パノラマ」体験は成り立ちえないのである。弛緩・拡散の運動だけでは、「パノラマ」は意味不明のままに散乱する渦動にとどまる。それゆえ、くどいようだが繰り返し確認されねばならない。円錐体においては、緊張（秩序化）と弛緩（無秩序化）が同時に起こるのだ、等質的「時間」以前の無時間的〈瞬間〉において同時にこれが起こるのだ、それこそが記憶、夢、幻覚、パノラマ体験成立の前提条件なのだ、と。

われわれは、円錐体の緊張・収縮を「生への注意」、「現実的外界」、「行動」にのみ結びつける単純すぎる思考習慣から抜け出すべきであると思われる。底面ＡＢでの（底面ＡＢに向かう）緊張・収縮という奇怪とも言うべき出来事の実在が明晰に直観されるならば、エロースと死の欲動が闘争する舞台であるエスを円錐体において透視する視力は、ずいぶんと改善され、亢進するだろう。

ともかく、人が死ぬとき、何かが収縮＝弛緩する、それは不死の魂が独立する瞬間の不思議な感覚かもしれないし、円錐体のエス親和的な痙攣能力の実在の証明なのかもしれないが、少なくとも、パノラマ体験の実在にまつわる多くの証言は、死の瞬間に何かが収縮することを、はっきりと告げているだろう。

運動体ないし痙攣体としての円錐体について、フロイト語に依拠してもう少し換言を試みるならば、弛緩・拡散した夢幻界がＳＰ領域という知覚現場にまで一気に収縮せんとするとき、現実生活に無用な記憶が抑圧され、隔離され、選択され、削除され、排斥されて円錐体は先鋭化するのだが、このP面への下降運動は「現実原理」への下降であると換言できる。反対に、SP領域への収縮がやんで、AB面へと際限なく弛緩・拡散していくとき、円錐体は、同じくフロイトに則して言うならば、「快原理」（＝涅槃原理）で充満していると言えるだろう。

私は、ベルクソンの円錐体という見事な絵画を前にして、そこに描かれた、絶対に矛盾する二つのベクトルの際限のない逆転運動を目のあたりにして眩暈を感じたのだが、これをフロイトに従って、現実原理（緊張・収縮）と快原理（弛緩・拡散）の相互干渉とみなしたとき、耐え難い眩暈が、多少ではあっても、治まるのを経験する。ベルクソンが間違っているわけではない。フロイトが絶対的に正しいというわけでもない。例えば、快原理が円錐体の弛緩に相即するとしても、この快原理が、さらに無機的な反復強迫へ、死の欲動へと際限もなく拡散してゆくことを無条件に肯定してよいものか。また、円錐体底面ABにおける生命体の興奮量の極小化過程の果てに顕現してくる無機物的物質性は、円錐体先端部SPが表現している現実世界の生々しい知覚的物質性と同じなのか、異なるのか、これも、今のところ、なお明言しえない謎のままである。

こうして、多くの謎を残したままではあるが、ベルクソンの記憶・夢・生命の円錐体において、下方先端SP領域という知覚現場は、現実原理と生の欲動の場所、生命体の興奮量が増大する場所、そして上方底面ABは、快原理の場所、生命体の興奮量が極小まで減衰する場所、快原理の奉仕を享受する死の欲動ないし涅槃原理の場所、最後に円錐体そのものはきわめてエス親和的な場所である、といちおうは理解してよいことになる。フロイト的思考は、ベルクソンの円錐体図式の空間性と等質性を脱却して、ここに無意識の局所論に近い新たな絵画を見出すのである。

繰り返すが、これは二人の大学者の優劣問題などではない。問題がここまで深化すれば、優劣や正誤ではなく、一瞬一瞬の直覚の表現の適切性の度合いだけが問われる。

それにしても、ベルクソンが弛緩・拡散した生命世界に「死の舞踏」と「夢見る人」の「過去のなかで生きることの楽しさ」を、さらに死にゆく者に顕現する全記憶の「パノラマ」を感知している事実は非常に興味深い。また、フロイト的思考を徹底するならば、弛緩・拡散した生命世界は、快原理と死の欲動に支配されていること、すなわち無機物的世界への反復強迫（守旧と保守、退行と解体への強迫）的郷愁（「パノラマ」）に支配されていることが瞥見され、これまたひどく興味を引くのである。

ここで一気に結論に向かうのは誤解を生む元なので回避するが、ただ一言、顕在夢形成工作は快原理にふさわしい場所ないし次元でなされるエスの幻覚制作という欲望成就の「企て」だ、ここには知覚とは異なった緊張・収縮、言うならば幻覚的緊張・収縮が起こっているのだ、ということは、ここで言っておいてもよかろう。何といっても、これはわれわれが毎晩のように経験していることなのだから。

さて、われわれは、記憶・夢・生命の円錐体の伸縮自在、千変万化の運動、この円錐体における現実原理と生の欲動、快原理と死の欲動の律動と渦動を支配している基礎的事態、すなわち言語の変質が引き起こす魔術とも言うべきことを、フロイトとシュレーバーの交差という事件を介して検討するべきところまで来たように思う。

シュレーバー語のダブル・バインド

フロイトが、自身「原始語のもつ逆の意味について」の中で引用した言語学者カール・アーベルと徹底的に異なるのは、フロイトが原始未開の人々だけでなく、同時に、われわれ自身の夢に向けて、子供と神経症者ないしは精神病者の言語や幻覚に向けて、平等に漂う注意をもって応接し続けていた点に存する。有史以来であっても、すなわち歴史時代になっても、等質的時間という観念がわれわれを呪縛するようになっても、なお夢は、そして言語の意味の無基盤性は、〈非理性〉として、「歴史的理性」という岩盤を直下から破砕しつつ噴出してくる。「理性」と「非理性」に乖離しないままのわれわれの内奥の〈非理性〉をフロイトは凝視し続ける。言うならば、現代・現在に直下から湧出してやまない先史時代を彼は決して見逃さない。

われわれであれ、例えばシェイクスピアの『マクベス』冒頭の三人の魔女たちの不思議な言葉「きれいは穢《きた》ない、穢ないはきれい」という呪文的〈非理性〉に魅せられるし、「こんないやな、めでたい日もない」という、魔女たちに応じるようなマクベスの第一声の不気味さに戦慄するのである（『マクベス』一〇、一六頁）。言語的差異の無基盤性は至る所に露呈している。われわれはそれに気づかないだけだ、あるいは気づきたくないだけなのだ。

シュレーバーとの出会いは、しかしフロイト自身の〈非理性〉をフロイトその人に対して完璧に暴露せしめたという理由で、特筆すべき事件である。この事件は〈狂気〉とフロイトのニアミスと言ってもいいし、ただの接近を超えた激しい衝突だと言っても間違いではない。シュレーバーからフロイトへ、問題は二つの、それぞれ異なった次元において突きつけられている。一つは『ある神経病者の回想録』で記述されている「始源の言語」と精神分析の言葉との共振という次元で、今一つはシュレーバーとフロイト双方の思考の根本的枠組みの類似性、あるいは二人をともに拘束する言語的無限連合の奇怪な生じ方の酷似性の次元で、直撃的に突きつけられているのである。もちろん、この二つの次元は根底で相互に通じ合っているのではあるが。

「始源の言語」について、シュレーバーは以下のように書き残している。

純化されるべき魂は、純化の期間に、神自身によって話される言葉、いわゆる「始源の言語〔Grundsprache〕」、いくらか古代的な、しかし常に力に満ちたドイツ語を学んだが、これは非常に豊富な叛意語法《オイフェミスムス》によってとりわけ特徴的なものである（つまり、例えば褒賞〔Lohn〕を全く逆転された意味で罰〔Strafe〕と、毒〔Gift〕を御馳走〔Speise〕と、果汁〔Saft〕を毒〔Gift〕と、不浄な〔unheilig〕を神聖な〔heilig〕と、など）。神自身は「それであり、それであろうところの者に関して」と呼ばれ――永遠性の解釈――、「恭順なる陛下」と名づけられた。浄化は「試練」と名づけられた。浄化処理をまだ経ていない魂は、期待されるように「試練に曝されぬ魂」とは呼ばれず、まったく逆に、叛意語法への傾向に応じて「試練に曝された魂」と呼ばれた。
（『ある神経病者の回想録』三四―三五頁）

ここに引用した文章は、ほんの一例にすぎない。熟読すると、『ある神経病者の回想録』という本は、その全体がこのような奇怪なる語法の支配下で書かれていることに気づかれるだろう。(4)「オイフェミスムス（Euphemismus）」は辞書的には「婉曲語法」と訳されるが、婉曲語法とは、死ぬことを「永眠する」と言ったりして事態をおだやかに表現する語法であって、シュレーバーが書いているような露骨な意味逆転、背理や撞着や矛盾の無視を直に表現する語法ではない。他に訳語がないので仕方なくここでは「叛意語法」としたが、以後は正確を期してこれを「オイフェミスムス」と表記したい。曖昧な日本語を作るよりもドイツ語の音声表記のほうが誤謬が少ないだろう。

さて、フロイトがこのようなシュレーバーの語法に非常に驚いたことは、その論文全体に至る所から読み取れる。「始源の言語」はそのまま「神の光線」であり（言い換えなどではなく、まったく、そのまま、無差別なのである）、ドイツ語形容詞“selig”は「死せる」であり、「感覚的に幸福な」である。このような、シュレーバーにおける言語の差異の無基盤性露呈へのフロイトの着目は大変に鋭いもので、ほとんど戦慄と言ってよく、フロイト自身に生じたこの不気味な実感は、シュレーバー論の中で少なくとも十回以上にわたって繰り返し指摘されている。

だが、「始源の言語」の露出は実のところ、いわば氷山の一角の露出にすぎず、『回想録』全体を揺り動かす奇怪な言語運動の圧力は、最後には、とうとうフロイトのシュレーバー論それ自体を、さらには言語的連合としての精神分析そのものを呑み込みかねないような巨大な、隠れた氷山本体からの衝撃になってしまう。これに直面したフロイトの文章も、また奇怪なものになっている。これは先に触れた「始源の言語」の第二の、深い次元での、フロイト的思考の枠組みそのものへの直撃的な影響であるが、少し引用して読んでみたい。

> 私は、批判を恐れないし自己批判をためらうつもりもないゆえ、われわれのリビード理論に対する多くの読者の評価を損ないかねないひとつの類似性に言及するのを避けようとする気持ちなど全くない。太陽光線、神経繊維そして精子の縮合によって構成されたシュレーバー言うところの「神の光線」は、実際のところ、物的に表現され外界に向けて投射されたリビード備給以外のなにものでもないのであって、この事実が、彼の妄想に、われわれの理論と奇妙に共鳴する性質を与えている。患者の自我がすべての光線をおのれの方に牽引するがゆえに、世界は没落しなければならないということ、後年の再構成過程の期間を通じて、神が自分との光線結合を解除しないであろうかという不安に満ちた心配が患者を支配し続けていること、シュレーバーの妄想形成に見られるこのような、あるいはその他多くの個別的な事柄が、パラノイア理解のために私が本稿にお

いて基礎に置いてきた精神内界事象知覚に関する仮説と密に共鳴しているのである。しかし、私は、シュレーバーの著作を知る以前からパラノイアに関する理論を展開してきたのであって、この点については友人や専門家の証言を示すことができる。私が思う以上に多くの妄想が私の理論に含まれているのか、あるいは、この妄想には他の人びとがこんにち信じている以上に多くの真理が含まれているのか、この問いに判断を下すことは将来に委ねられるであろう。（「自伝的に記述されたパラノイアの一症例に関する精神分析的考察」一八三―一八四頁。強調は渡辺）

何とも凄まじい文章である。しかも、『夢解釈』を刊行してから十年以上も経過して、なおフロイトにこのような不安を感じさせるような衝撃がシュレーバー語には潜んでいたということだ。これが「夢」をも巻き込んで進む無基盤の言語の蠢き、あるいはオイフェミスムス的連合の奇怪な威力なのである。逆に考えるならば、フロイトの思考の独創性、発見性、そして根源的な革新性と法外性は、フロイトの語法の、フロイトの言語的連合特質の〈非理性〉的な動き方、すなわちシュレーバーと酷似しているオイフェミスムスに、その淵源を有するのだ。ここまで考えてくると、フロイトが発見した無意識は、「理性」と「非理性」という双生胎児を生かしながら根っこで結びつけている〈非理性〉という一つの胎盤のごとく見えてくる。ここに至って、フロイト的〈無意識〉＝シュレーバー的オイフェミスムス＝〈非理性〉＝言語連合の恐るべき〈無秩序〉という不思議な等式が浮かび上がってくる。

フロイトとシュレーバーに共有されたこの特異な言語連合であるオイフェミスムスは、そこから生じる意味不在と意味過剰の渦巻き運動ゆえに、最も露骨なダブル・バインドを呈する。これは二重拘束というよりも、むしろ多重拘束と言うべき事態であろうが、多重拘束の極度の不毛と異常な豊饒が、法外な〈非理性〉の言語連合の帰結なのである。

ベルクソンの円錐体を、フロイト的思考に則して、現実原理と快原理が競合する場所、両原理が相互に隠蔽し合っている場所、エロースと死の欲動の闘争の舞台であるエスという場所とみなしたわれわれは、今度は、この円錐体をオイフェミスムスの場所とみなすべき地点まで来てしまっているのではあるまいか。

確かに、ベルクソンの場合、円錐体の時制と言うべきものを問うならば、これは記憶の円錐体であって、当然、時制は過去だ、と言いうる。現在時制のもとにある面Pに接触している円錐体先端S（身体）だけが、現在（と生まれつつある未来）という時制を帯びる。しかし、ベルクソンの描く記憶の円錐体に、このような等質的時間観念の残渣をいつまでもあてはめていてよいのであろうか。おそらく、致命的な誤謬になる。

オイフェミスムスが駆動してしまったなら、時制秩序も解体の危機に瀕するだろう。この円錐体は、矛盾律不在、時制不在の渦動という、エス（フロイト）親和的な本性を現し始めているのだから。

よく考えれば分かるように、過去は過去であって現在、現在は現在であって過去、というような奇怪な事態がすでにベルクソン自身によって論じられているのである。円錐体から直覚されるように、ベルクソンにおいては過去記憶の圧力が圧倒的であるが、この過去の圧倒的強度が、現在を点状に先鋭化・先端化し（S）、未来を等質的線条に近い人工的なイマージュ（PにSが残してゆく軌跡のイマージュ）にまで狭隘化してしまう。

『物質と記憶』第三章の「過去と現在の関係」と題された節から一例を挙げておこう。

　それにしても、仮定からして、存在することをやめた過去が、どうして自分自身によって保存されうるのだろうか。ここには紛れもない矛盾があるのではないだろうか。――それに対してわれわれは、問われているのはまさに過去が存在することをやめたのかどうか、あるいは過去は単に有益であることをやめたのかどうかを知ることではないかと応じる。現在は単に成るものであるのに、あなたは現在を存在するものと勝手に定義している。あなたが、現在の瞬間ということで、過去を未来から区別する不可分な境界のことを考えているなら、このような現在ほど存在しないものは何もない。われわれがこの現在を、存在しなければならないものと考えているときには、それはまだ存在していない。そして、われわれがこの現在を、現実存在するものと考えているときには、それはすでに過ぎ去っている。反対にあなたが、具体的で、意識によって実際に生きられている現在を考察するならば、この現在は大部分が直前の過去のうちに存すると言うことができる。光についての可能な限り最も短い知覚が持続するほんの一瞬の間に、何兆もの振動が生じていたのであり、その最初の振動は最後のものから、桁外れに多く分割される間隔によって区別されている。あなたの知覚はどれほど瞬間的であろうと、このように、数え切れないほど多くの思い出された諸要素から構成されているのであり、実を言うと、すべての知覚はすでに記憶なのである。われわれは、実際には、過去しか知覚していない。純粋な現在は、未来を侵食する過去の捉え難い進展なのである。（『物質と記憶』二一四―二一五頁。強調はベルクソン）

以上のような難解な論は、ベルクソンの失敗を意味するものではない。ベルクソン自身、自身が描いた円錐体という比類なき名画の力によって、現在の過去化、あるいは過去の現在化という、かなり異常な（かなりオイフェミスムス的な、語の厳密な意味におけるアナクロニスム的な、「逆転された時間、裏返しの時間」（和田康『歴史と瞬間』六六頁）的な）事態にまで追い込まれているのだ。

このあたりのベルクソン固有の論、克服されたはずの有名なゼノンのパラドクスの亡霊の回帰すら類推させるような、強引とも言える論の詳細に立ち入ると、本書の主題から大きく逸脱してしまうので、ここでは、ベルクソンが等質的時間という観念の残渣から十分に脱しきれていない可能性が考えられうること、時間の等質性を暗黙の前提として等質的時間を否定せんとする無理な思考がこの難解さの理由でありうることを指摘するにとどめ、あとは一気に、フロイトがこのような時間論的異常事態をどう考えたか、という方向に問いを転じて進めていきたい。

円錐体の時間とエスの時間

緊張と弛緩の激しい波動と渦動の場所として、またさらに、記憶〜夢〜生〜死〜物質〜記憶〜……という変貌終わることなき宇宙的絵画として円錐体が見えてきたとき、そこには矛盾律不在、時間不在なるエス親和的な実態が浮き彫りになってきたのだが、さらにわれわれは右にベルクソンの過去と現在に関する文章を引用し、その破綻すれすれの論理を見てきた。この危機的状況は、やはりベルクソンが等質的時間概念でもって等質的時間ではない何かを強引に理解せんとしたことに淵源を有すると考えられる。過去、現在、未来という言語連合の浮上露呈（使用）自体が、すでにして空間的、線状的かつ等質的な時間の存在を前提にしている証拠なのだ。この時間秩序観念は、特殊人間的な意識的「知能」の企ての産物、制作物であり、それ以上のものではない。

では、夢の不思議に直面し、無意識（の言語）の不思議に直面したフロイトは、無意識における、あるいはエスにおける時間をどのように感知したか。フロイトが、エスにおいて、論理と時間をめぐる言語連合の異常な脆弱さを見抜き、論理崩壊と時制崩壊を必然と見ていたことを証明している周知の文章がある。

喩えによってエスに接近しますと、エスとはカオスであり、煮えたぎる興奮の坩堝と言えましょう。〔…〕エスは、欲動からのエネルギーで溢れかえっていますが、いかなる編成ももたず、いかなる全体的意志も形成せず、ひとえに、快原理に従いつつ欲動欲求を満足させることをめざすのみです。エスのなかで生じる出来事には、論理的な思考法則は当てはまりません。とりわけ矛盾律はそうです。そこでは、さまざまな対立する蠢《うごめ》きが、相殺し合ったり離反し合ったりせずに共存しつづけ、せいぜいのところ、経済論的強制に支配されて、エネルギー放散のために妥協し合うにすぎないのです。エスには、否定詞にあたるようなものは存在しませんし、また驚いたことに、空間と時間こそ心的行為に不可欠の形式であるという哲学者たちの命題も、ここでは通用いたしません。そもそもエスにおいては、時間観念に相当するようなものは存在せず、時間的経過がそれとして認められておりませんので、じつに奇妙な——哲学的思考においてはこの先問題とならないではすまない——ことではありますが、心的出来事が時間的経過によって変化をこうむることもありません。いちどもエスの外へ踏み出したことのない欲望の蠢きにせよ、抑圧によってエスのなかに沈められたさまざまな印象にせよ、それらは、実質上不死であって、数十年たったあとでも、今新たに生じたかのように振舞うのです。それらが、過去のものと認められ、無効にされ、エネルギー備給を奪われるためには、その前にどうしても、分析作業によって意識化されることが必要なのでして、じっさい、分析療法による治療効果も、その少なからざる部分は、そこからきているわけです。(『続・精神分析入門講義』九六—九七頁)

　これはフロイトの『続・精神分析入門講義』の第三一講「心的パーソナリティの分割」に記されている文章で、フロイトのエスに関する論述としても、このすぐあとに示される心的装置の図式（一〇三頁。本書第Ⅱ章の図8）とともに、かなり有名なものだろう。論理と時間、とりわけ「時間」に関する常識を粉砕しつつあるという点で、ベルクソンの文章との比較もできる。

　一読して感知されるのは、ベルクソンの文章における息苦しいまでの緊迫感、そして、これとまったく異質なフロイトの文章の自由自在な雰囲気という対照ではあるまいか。これは読むほうの主観の問題だと言われるかもしれないが、フロイトの文章から受ける「自由」という印象は、かなり異常なものであることも事実である。フロイトは異常に自由である、とでも言えようか。フロイトの思考、言語連合の骨格を支える関節はどこか脱臼あるいは骨折しているのではあるまいか、と感じられるくらい、四肢器官の可動域が異常に大きいのである。これはフロイトから伝わってくる異常な自由に関する比喩ではあるが、特に不適切とも不謹慎とも思われない。これは、ベルクソンの文章が論理的に非常に明晰であること、明晰すぎるがゆえに時に不自由とすら感じられることと好対照をなしている。

　フロイトの文章を読んでいて「恐ろしい」という印象を抱くことがあるのは、そこに書かれているテーマの恐ろしさによるのではなく、そこではいっさいがいかに恐ろしく自由に書かれているか、われわれ自身いかに恐ろしく自由であるか、という直覚によるのであろう。思考論理、言語連合の関節脱臼という事態を、われわれはすでに見てきている。すなわち、シュレーバーのオイフェミスムスと激しく共振するフロイトの異常に自由な思考において、思考論理の脱臼はすでに現れていたのである。そして、二十年以上の歳月が過ぎて、『精神分析入門講義』の続篇を書こうとした頃には、シュレーバーの妄想世界制作の語法であったオイフェミスムスは、フロイトの（＝エスの）語法として、その巨大な権能をふるい始めていたのである。

繰り返すが、「論理的な思考法則」とりわけ「矛盾律」の破壊、「否定（詞）」に相当するものの破壊がエスの中では実行されている。まるで〈無秩序〉、〈非理性〉、〈無意識〉による「秩序」、「理性」、「意識」殺害行為のように、実行されている。

さらに驚くべきは、「空間と時間」という先験的に絶対と確信されてきた「心的行為に不可欠の形式」も破壊されている。特に「時間」に対する破壊行為は徹底している。エスにおいては、「過去・現在・未来」という時間の蝶番ないしは関節が存在しないとされる。あるいは、《現在は過去、過去は現在》、《未来は過去、過去は未来》……とも言うべき絶対矛盾が平然と続くのがエスの〈時間〉なのである。いや、エスにおいて破壊されてしまった瓦礫の山を一望すると、《存在は不在、不在は存在》、《快は不快、不快は快》、《愛は憎、憎は愛》、《内は外、外は内》、《自は他、他は自》、《生は死、死は生》、《私はあなた、あなたは私》というように、いっさいの「理性」的「秩序」が瓦解してしまっていることが分かる。これは途方もないことだが、翻って考えるなら、われわれは毎晩のように、このような奇怪な世界、〈無秩序〉、〈非理性〉、〈無意識〉の世界に慣れ親しんでしまっており、この世界を夢に見ているのである。

シュレーバーが名づけたオイフェミスムスは、フロイトにあっては、当初、「(父のように)あるべし」と「(父のように)あってはならぬ」というエディプスコンプレクスのダブル・バインドとして発芽したのだが、無意識という巨大な〈非理性〉を通過してエスの中枢的特性と化したとき、この発芽した小さな芽は急激に巨大な破壊神のごとき全貌を現したと言っていい。オイフェミスムスは、もはやシュレーバーの独占物ではなく、フロイトの自家薬籠中の爆薬となって、全世界に拡散していった、と言ってもよかろう。

そして、オイフェミスムスに襲われた世界を一望するならば、それが「逆転された時間」、「裏返しされた時間」という厳密な意味に解されたアナクロニスムの世界でもあることが分かる。ジョルジュ・バタイユはこの異常な時間を「蝶番を外れた時間 (le temps “sorti de gonds”)」と呼んだが (和田康『歴史と瞬間』六六頁)、実際、エス論においてフロイトは「理性」的な「時間」の蝶番を外してしまったのである。

明らかなように、オイフェミスムスと並立して厳密な意味に解されたアナクロニスムがあるのではない。オイフェミスムスが時間の差異を粉砕するとき、オイフェミスムスの戦利品的一局面としてアナクロニスムが鮮明化するにすぎない。あるいは、アナクロニスムは必然的にオイフェミスムスをともなう、とも言いうる。両者は「空間と時間」とか「言語と時間」といった二元対立の関係にはない。

シュレーバーが「世界没落」と言い、フロイトが「エス」と呼び、バタイユが「内的体験」とした出来事には、オイフェミスムスともアナクロニスムとも言いうる〈無秩序〉、〈非理性〉、〈無意識〉が通底しているのであり、〈無秩序〉、〈非理性〉、〈無意識〉は、さらに多くのさまざまな別称をもつということにすぎない。

では、ベルクソンが描いた円錐体は、この〈無秩序〉、〈非理性〉、〈無意識〉を含んでいるのであろうか。ベルクソンの記憶の円錐体の時間が等質的時間を完璧には脱しきれていない点はすでに述べたが、この一事をもってしても、円錐体と〈無秩序〉、〈非理性〉、〈無意識〉を全的に同視することは許されまい。実際、この円錐体の先端Sは「理性」と「現実機能」と「良識」の凝集体であり、〈非理性〉とはまるで縁がないのである。

だが、底面ABはどうであろうか。これは何を告げてくるのであろうか。やはりベルクソンは、円錐体の底面ABを描くことによって、フロイトの言う意味でのエスに決定的に一歩近づいている、生の欲動と死の欲動の果てしなき闘争の舞台たるエスに近づいている、と思われてならない。

実際、円錐体を支配しているかに思われる時間は、厳密にはもはや等質的時間とは言いにくく、すでに、言うならば「共存的時間」、すなわち過去（AB）と現在と未来（S）とが垂直に「共存」している時間とみなすべきなのだが、それにもかかわらず、この「共存的時間」でさえも、その緊張が大きく弛緩してしまい、時間の蝶番が外れて時間秩序の散逸が起こっていると実感されるのが、底面ABでもって提起される決定的な〈時間〉の問題、エス（フロイト）親和的で、決定的に重要な、時間崩壊ないし無時間（Zeitlosigkeit）の誕生とでも言うべき大問題にほかならない。

つまり、円錐体の収縮は〈時間〉の蝶番を形成し、これを「時間」として等質化するプロセスとして、その弛緩は「時間」の蝶番を外して、〈時間〉あるいは〈無時間〉、〈瞬間〉にしてしまうプロセスとして、それぞれ理解されるのだが、この二つのプロセスは、フロイトに従うならば、自我の「時間」とエスの〈時間〉のコントラストを明瞭にする過程にほかならない。

以上を要するに、ベルクソンの円錐体の時間は、収縮に応じて等質時間的になり、弛緩に応じてアナクロニスム的になるのだが、エスの〈時間〉は、それが自我の（等質的）「時間」へと特殊に秩序化されないかぎり、いつでもアナクロニスム的である、ということになる。それゆえ、フロイトにとっての重要問題である「分析療法」は、時間論的には、脱臼した時間の関節を修復すること、エスの〈時間〉を自我の「時間」に変質させること、右の引用個所の最後の部分にあるとおり、「実質上不死」である「さまざまな印象」に等質時間内の「過去」という刻印を捺し、定位置を与えて〈無秩序〉へのエネルギーを剝奪することだと言える。特に「意識化されることが必要」という一文は、「意識化」すなわち「時間化」、「歴史化」、「自我化」であるゆえに、決定的に重要である。

『続・精神分析入門講義』の第三一講は「かってエスがあったところに、自我を成らしめること」（一〇四頁）という有名な文章でもって事実上終わるが、この文章をベルクソンの円錐体に織り込むとき、精神分析療法が基本的には生命的〈時間〉の「現実原理」に則した緊張と収縮のためのもの、すなわち「時間」化を目指すものであることが理解されるのである。もちろん、治療者は自身のエスと被分析者のエスの出会いのために「時間」(「秩序」、「理性」、「意識」)が弛緩するのを待たなければならないことが多く(この場合、カウチにおける自由連想という弛緩促進効果が想起される)、また逆に自身の自我と被分析者の自我の出会いのために〈時間〉、〈無秩序〉、〈非理性〉、〈無意識〉が収縮するのを待たなければならないこともしばしばあるのだ。

無機物(フロイト)と物質(ベルクソン)と

ベルクソンが描いた円錐体が実に多様な相貌をもってわれわれに現前しうることはすでに述べた。何度も繰り返すが、この円錐体は、記憶〜夢〜生〜死〜物質〜記憶〜……という終わりなき万華鏡なのである。

記憶の円錐体として、その底面ABが究極において描き出すのは人生全体の全過去の全記憶であって、すでに述べたように、これは死にゆく時に個々人に「パノラマ」的に噴出してくるとされる。記憶の円錐体は、先端に収縮先鋭化して「生への注意」の強度を高めるとき、生活上の有用度の低い記憶を抑圧、隔離、排斥、削除して、身体的行動の純度ないし能率を高めるが、このメカニズムによって記憶が消滅することはない。排斥された全記憶は、フロイト的に言うならば「抑圧された記憶」、「排斥された記憶」として存続し、やがて回帰してくる。記憶の円錐体は、緊張し収縮するにあたって純粋知覚に、すなわち身体に相即する物質世界に肉薄融合し、逆に弛緩・拡散してゆくにあたって死にゆく者の「パノラマ」体験を範例とするような夢幻世界に、無機的でありながら強く実体化してしまった夢幻世界になってゆく。

ここで、記憶の円錐体の緊張・収縮は覚醒と有機体的意識化への方向を、その弛緩・拡散は睡眠夢見と無機物的無意識化への方向を指し示している。記憶の円錐体としてベルクソンの絵画が眺められるとき、絵画の下方には濃密な身体性と物質性（向-有機体性）が、上方には明らかに夢幻的な精神性と死性をも含む心霊性（向-無機物性）が感知されるであろう。

このように、この円錐体を記憶に限られたものと見るのをやめて、生命的有機体そのもの（有機化の律動と無機化の律動とが織りなす）絵画とみなすとき、読み取られる事柄は異なってくる。

有機化の律動が優勢化するとき、この生命体は面Pに相即する先端Sの身体において興奮量の最高度を実現し、現実原理の支配下にて現実機能を駆使しつつ未来に向かって前進する。意識は非常な明晰度に達し、この明晰度を維持し、元来がエス親和的であったはずの円錐体は、創造的なエロースが圧倒的に躍動する舞台となる。有機体内に貯留した膨大な興奮量はただ実践的かつ能率的な身体的行動によってのみ放出され、知覚=物質によるそのつどの世界創造がなされてゆく。

そして、現実原理に取って代わって快原理がこの生命体の律動を支配下に置くとき、あるいは快原理の持続ゆえにリビード放出が持続的に可能であるとき、有機体内興奮量は著しく減衰し、この生命体は意識を失い、知覚をやめ、睡眠状態に陥り、外的世界から撤収して退行し、自体性愛の静謐なる閉鎖回路に引きこもる。深く眠り続ける生命的有機体のエスは、死の欲動の独占的舞台と化す。これが生命的有機体の絵画としての円錐体における底面ABが表現する事態であり、眠る有機体は、眠りつつ、快原理の彼岸を、死と無機物の平安を、涅槃の休息を、有機的興奮の解消という安息を無言のままに指し示す。

この時の底面ABには明らかに無機物まで至ろうとする弛緩・拡散運動が見て取れるが、この向-無機物性の果てに面Pと同質ないし同等の物質性を読み取ることは、迂闊にはできない。

円錐体の先端Sにおける濃密な物質性と底面ABにはっきりと漂う無機物的実体性ないし向-無機物性とのあいだには、不思議な和音と不協和音が響いている。われわれは、先端Sに物質（知覚）を、底面ABに完全に非物質的で見えないものとしての精神を認識してしまう抜き難い習癖にとらわれているのだ。

この恐ろしい拷問的な難問に大きなヒントを与えているのが、円錐体を「物質精神連続体」とみなす大胆な覚悟なのだろう。この小林秀雄の断案は実に難解だが、熟慮するなら決定的に重要なものである。つまり、この「連続体」は確かに円錐体を言っているのだが、だからといって例えば「物質」は底面ABを、「精神」は先端Sを指示しているなどとは言えないのである。逆のように理解することもできない。小林秀雄は「物質精神」という表現を図式空間においてではなく、まさしくオイフェミスティッシュに言い始めたのである。そうでなければ、ベルクソンにも小林秀雄にも不毛な混乱しか感じられなくなる。

さらに遡るならば、「物質」と「精神（記憶）」の完璧な二項対立性を大前提にした上で、これらを「イマージュ」なる一語において無差別化してしまうベルクソン自身の哲学する覚悟こそが要請されているのだろう。「イマージュ」という言葉があまり評判がよくないのは、ここに理性人は、《物質は精神、精神は物質》、《物質は記憶、記憶は物質》とでも言うべきオイフェミスムス的破壊性と〈無秩序〉、〈非理性〉の決定的萌芽を感知してしまうからではあるまいか。ここでは《物質はイマージュ、イマージュは精神》というような言い方が、実在の持続の自明な差異化運動の表現として、当たり前のこととして通用してしまうのだ。

例えば、何とも微妙なベルクソン自身の文章がある。

> 私はイマージュの総体を物質と呼ぶが、これら同じイマージュが、ある特定のイマージュ、すなわち私の身体の可能的な作用と関係づけられた場合には、それらを物質についての知覚と呼ぶ。（『物質と記憶』一五頁。強調はベルクソン）

円錐体の先端Sにおいて、「物質」が「物質についての知覚」へといったん身を開いたとき、「物質」が、知覚から感覚、感覚から感情、感情から表象、表象から思考想像、さらには円錐体の底面ABのほうへ、精神（記憶、魂）へと、一気瞬時に「物質精神連続体」として（図式に則して言うなら）垂直に貫通してしまうのを知るのは、健全なる常識には可能なことなのだ。そして、「生への注意」（「物質についての知覚／物質としての知覚」）から最も遠くに位置する底面ABに、確かに快原理の奉仕を受ける死の欲動を読み込んでよかろう。夢幻の涅槃境を感知してもよかろう。生命体の興奮量の極小と無機物的散逸の、無機物的静寂の事態、あるいは霊的にまで純化された精神を想定しても妥当であろう。ここには極限にまで収縮しきった持続（物質＝知覚）と極限にまで弛緩しきった持続（物質＝精神）との差異しかないのだから。

だが、シュレーバーから、そしてフロイトからオイフェミスムスを聴き取り、さらにアナクロニスムを聴き取ってしまった以上、フロイト自身がエスを一元的に肯定受容せず、エスの一元的理解を謳歌することなく、常に「自我とエス」というダブル・バインドに耐え抜いたように、われわれも《物質は精神、精神は物質》という魔女たちの呪文のような、ダブル・バインド的連合ゆえの耐え難い痛みに耐えなければならないのだろう。

少なくとも、ベルクソンの円錐体には、先端に向かって緊張・収縮する向‐有機体性と底面に向かって弛緩・拡散する向‐無機物性（向‐魂性）が見事に活写されている、そして、このような段階の理解にまではオイフェミスムスという〈無秩序〉、〈非理性〉、〈無意識〉に全的に依拠しなくとも至りうるのだということをベルクソンは証明している。

注

(1) なお、ここで引用されている「現代のある哲学者の深遠な言葉」の主は、ラヴェッソン(『一九世紀フランス哲学』)である、とベルクソン自身が注に記している(『物質と記憶』二五四頁)。

(2) 「自我とエス」をダブル・バインド的に理解せんとする思索は、この本の全編にわたって記されている。

(3) ベルクソン自身、この図式に則しつつ「実際、正常な自我はこれら極端な位置の一つには決して固定されず、それらのあいだを動き、中間的諸断面によって表象される数々の位置を代わる代わる採用する」(『物質と記憶』二三二頁)と論じているのであるが、明晰であればあるほど、かえって鵜呑みにはできないような問題がここに露呈していると思われないでもない。

(4) 渡辺哲夫『シュレーバー』参照。

第Ⅳ章　自　我

自我制作を企てるか否か

『物質と記憶』（一八九六年）を書いているベルクソンには、いわゆる「自我論」と呼べるものを見出すことができない。ベルクソンにとっての「自我」という概念は、『物質と記憶』の七年前、一八八九年に刊行された最初の主著とも言うべき『意識に直接与えられたものについての試論』の中でかなり頻繁に用いられている。「自我」という言葉の出現回数を正確に数え上げたわけではないが、『創造的進化』（一九〇七年）、さらには『道徳と宗教の二源泉』（一九三二年）と読み比べても、『物質と記憶』という書物には自我論的印象が稀薄である、非常に稀薄である。自我について何も書いていなかった、というのが今現在の私の正直な印象である。

そうであるならば、他の三つの主著から適切妥当な自我概念を抽出し、自我に関する文章を引用して『物質と記憶』という奇妙な本における自我概念の不足を補ってもよかろうと思われるかもしれないが、事はそう簡単ではない。四つの主著に見るように、一冊一冊に途方もない時間とエネルギーを費やすベルクソンにとって、自我概念がいつも確固不動だ、同一だと考えるのは難しいし、そうみなすのはひどい間違いである可能性が大きい。第一、同一不変の自我概念などを前提にすること自体、最もベルクソンにふさわしくない所業であって、いつも柔軟な良識に立脚しつつ明晰に考えるベルクソンに笑われるのが落ちだろう。実際、自我概念についての等質的思考特有の一貫した不変の定義などをベルクソンの書物に求めても無駄である。このような事情がベルクソンの四大テクスト間関係からは読み取れる。だが、広義の自我概念に含まれうると考えてもよい多くの類縁の言葉や概念を意図的に切り捨てて作為的に無我論的に考えるのも、やはり非常識であり、経験にふさわしくなく、ベルクソンらしくない。『物質と記憶』という本では、自我概念が否定されているわけではなく、使いにくい事情があったと考えるのがいちばん自然なのではあるまいか。この本で、文の流れゆえに期せずして使われたと思われる「自我」を除くと、自我概念に注意を払うべき、つまりベルクソンがかなり深い意図をもって「自我」という言葉を使っていると考えざるをえない、ごくささやかな文章群が集まっている個所が見出せる。それは、やはりと言うべきだが、例の円錐体図式が本格的に登場する個所のごく近くに見出せるのである。第三章「イマージュの残存について」の「一般観念と記憶」の節が終わる個所、続いて「諸観念の連合」の節が始まる直前の個所に、珍しく「自我」という言葉が、「正常な」という形容詞をつけられて、印象深く書かれている。

夢の生を生きるために、われわれが自分の感覚的で運動的な状態からより遠ざかるにつれて、われわれはＡＢへと分散するようになる。感覚刺激に運動反応によって応答しながら、われわれが現在の現実によりいっそう固着するにつれて、われわれはＳに凝縮するようになる。実際、正常な自我はこれら極端な位置の一つには決して固定されず、それらのあいだを動き、中間的諸断面によって表象される数々の位置を代わる代わる採用する。(『物質と記憶』二三一―二三二頁)

一読すると難解な文章だが、同じ頁に面ＡＢと面Ｐに平行な水平方向で輪切りにされた円錐体の図式（本書第Ⅲ章の図9）が掲載されているので、比較的分かりやすくなっている。『物質と記憶』はつくづく円錐体の本だと改めて思うが、こう書かれると、ベルクソンにとっての自我は、記憶の円錐体のいかなる高さでこの記憶生命体が弛緩と緊張の均衡状態に至っているか、ということによって、その様相を決められるイマージュだ、しかも基本的に過去に属する、想起されうる特異な記憶だ、と読み取るしかないことになる。

感覚‐運動で充満する自我の典型は身体的行動状態にある自我だろうが、これは徹底して現在形であり、歴史性を切断された（歴史性を排斥、隔離した）動物的衝動性を帯びる。歴史性を切り離すことによって、自我は生き残るための感覚‐運動の権化と化す、自我と身体は一体化してしまう、と言うべきかもしれない。反面、夢の生を生きる自我は、まさに眠れる身体との極端に弛緩した結びつきだけで、かろうじて現実への帰路を維持している、これまた危機的な自我なのだ。死にゆく者が「生への注意」を完璧に喪失するとき、全人生の全記憶が「パノラマ」的に噴出してくるのだが、これは「夢の生を生きる」自我の究極最終の様態である。

だが、ベルクソンがわざわざ書いている「正常な自我」にあっては、自我のこのような例外様態はいちおうは隠されている。「正常な自我」はいつも円錐体の中を（円錐体として）緊張と弛緩の均衡を求めて、動いている。面ＡＢあるいは面Ｐと平行な円形平面のみを自我として表象するのは間違いだろう。この円錐体は、秩序正しい輪切りの自我を生み続けるほど、おとなしいものではない。ベルクソンがこの円錐体に自我を書き込まなかったのは正しいのであり、正確には、おそらくアモルフすぎて、かつまた空間性との縁が稀薄すぎるゆえに書き込めなかった、と言うべきなのだろう。緊張と弛緩の均衡維持が、収縮と拡散の均衡維持が、要するに円錐体内の見えない力学的均衡維持が、「正常な自我」の実在感覚の前提なのである。

この点ゆえに、ベルクソンはフロイトとまったく異なる自我概念を示すに至ったのであるが、詳細は後段で考えることにしたい。

今はもう少し、ベルクソンの円錐体という名画の前にとどまり、この稀有の画家が自我と身体の関係をいかに描いているのか、凝視してみたい。

円錐体を見つめていると、「身体」という言葉あるいは概念は、これを自我以外の何かだと解するのが不可能であるくらいの質を帯びてきそうになる。円錐体先端に近い部分に自我が強い身体性を帯びて、緊張を維持している（弛緩に抵抗している）かのように見えてくるのである。

もちろん、「自我＝身体」との等式がこの時期のベルクソンにおいて成り立つのではない。双方は相互に全的にずれているのである。その違いは質的であって、身体が磁極たる磁石であるとするならば、自我は目に見えず感じられない磁場のような何かなのだ。この比喩は、「習慣が組織した感覚‐運動系の全体によって構成される身体の記憶は、それゆえ、ほとんど瞬間的な記憶であり、過去の真の記憶は、身体のほとんど瞬間的な記憶の土台として役立っている」（同書、二一八頁。強調は渡辺）というような先にも引いた明快なベルクソンの記述を想起するならば、比喩以上の重みをもってくるだろう。ベルクソンにとって、身体は円錐体先端部に限定された「習慣」体以上のものではなく、その「瞬間的な記憶」は「過去の真の記憶」とも言われる自我の歴史性（歴史的に構成された自我）とは相容れようがないのである。円錐体において強いて自我を読み取りたいなら、やはり円錐体全体が自我だ、先端部の「習慣」体である身体は没個性的であって、真の記憶と真の自我（「正常な自我」）の相互浸透状態、その均衡状態こそが常にすでに動的に個性的なのだ、としか言えないのである。

それゆえ、『物質と記憶』におけるベルクソンの場合、自我概念を制作することは企てられていない、むしろ企て拒否とも言うべき態度すら見えてくる、と考えてよい。

だが、それにもかかわらず、ベルクソンの自我概念が具体的に成熟して『物質と記憶』に至って身体概念に肉薄するかのように変貌している（自我概念制作がそのように企てられている）と私に考えられるのは、なぜであろうか。自我概念制作を拒否するベルクソンと拒否しないベルクソンが同時に私に感知されるのは、なぜであろうか。おそらく、ほかならぬ私が、何かから強力な影響を受けて、ベルクソンは自我概念制作を企てているに違いない、と考えざるをえないように操られているのだろう。

要するに、第一局所論から第二局所論へ、さらに第二局所論からいっそう精密化された論へ（一九三三年）という模範的歩み、その自我制作を推進させてゆく強烈なフロイトの企てが、私のベルクソン理解に強い影響を与えているのだ。言うまでもないことだが、フロイトからの影響を受けているのは、精神科医を職業として生きてきたこの私であって、ベルクソンではない。『物質と記憶』が刊行された頃、フロイトは単行本としては、まだ『失語症の理解にむけて』（一八九一年）とヨーゼフ・ブロイアー（一八四二―一九二五年）との共著である『ヒステリー研究』（一八九五年）しか世に問うていないのだから、フロイトからベルクソンへの直接的影響はまず考えられない。

では、私はただただ主観的な判断だけでもってベルクソンの自我概念をフロイトの自我概念に変造しようとしているのだろうか。そうではないだろう。実に四十年近くになろうとしている私の精神科臨床という職歴を（価値的にでなく、事実的に）尊重することは、その歳月の折々をフロイトとベルクソンのあいだで揺れてきた私にとって、客観的な態度なのである。私は自身を生かしてきた職業の意味を度外視した普遍哲学を述べるほど抽象的にはなれない。私がフロイトからベルクソンを見るということは、私の職歴からしてやむをえない、唯一信じうる私の客観的視座に従うという覚悟の現れなのだ。

さて、第二局所論以降、フロイトは常に自我の問題を中心として精神分析を深化させてきたと言ってよい。ここで「中心として」と言う場合、これは「最重要概念として」という意味ではない。自我がフロイトの思考の関節・蝶番になって機能し始めた、ということである。この自我という名の関節をめぐって、「外界」、「超自我」、「エス」という専制君主的三暴君が、三肢として明瞭かつ乱暴に活動し始めるのである。

同時に二人の主君に仕えるなかれ、と諺にもあります。しかし、あわれにも自我の場合は、それよりももっとひどい状況にあります。自我は、同時に三人の厳しい主君に仕え、その三人の主張と要求を調和させようと四苦八苦しているのです。三者の主張はいつもばらばらに食い違っており、ひとつに統合するのが不可能なように見えることもしばしばです。ですから、自我がしょっちゅう自らの課題を果たしそこなうのも、むべなるかなといったところです。この三人の横暴な君主とは、外界と超自我とエスのことです。(『続・精神分析入門講義』一〇一頁)

フロイトは実に巧みに空間的思考を駆使して、真に独創的な(何とも弱く、かわいそうな、それゆえに事実としか思えない)自我概念を制作したと言っていい。おそらく、精神科臨床という切実な経験からの要請が、ここでフロイトに作用していた。

私自身、試行錯誤ののち、自我概念が必要不可欠であると痛感して、以後フロイトの自我に関する思索を大切にしながら実務に従事している。だから、ベルクソンにも自我概念制作の企てがあるに相違ないと思い込んでしまうのだろう。こういう私のベルクソン誤解が一過性の誤解で済んでいるのは、私が自身の職歴になおも踏みとどまっているゆえなのである。これを言い換えるなら、フロイトもベルクソンも、私にはまだ生々しすぎて、身近すぎて、二人とも、私にとって、ただの大哲学者、抽象的な、ただの大思想家になりえていないということにほかならない。

「自我」という言葉、概念にまつわるフロイトとベルクソンの思想的身ぶりの違いは大きなものである。そもそも、自我概念制作という企てが、ベルクソンでは事実上破棄され、フロイトでは最重要案件の一つとして推し進められている。『道徳と宗教の二源泉』にて社会性を前提として自我概念がベルクソンによって論じられているではないか、と言われるかもしれないが、それは、ゆるやかでおおらかな常識的自我概念であって、臨床からの苛烈な要請ゆえに自我概念制作が企てられていると言うべきフロイトの場合のような痛切な印象はない。

われわれはここでフロイトの自我概念制作という企ての実態に入るべき、と思うが、その前に、ベルクソンがいわゆる自我障害現象（「正常でない自我」と言うべきか）をどう理解していたか、触れておきたい。自我概念制作を必須不可欠のこととしては企てない場合、〈非理性〉はどのように記述され、理解されるのか。夢幻ではなく覚醒こそが、弛緩ではなく緊張こそが「正常な自我」のためには努力を要する微妙なことなのだとみなすベルクソンは、どのような考えをしていたのだろうか。これはフロイトという名の企てを理解するための一風変わった準備作業ともなろう。

ベルクソンの精神病観

『物質と記憶』では失語症分析が徹底的になされていて、それが脳と記憶の関係に関するベルクソンの独創的な発見に通じるのだが、さて、純然たる〈狂気〉は、いかように考えられているか。真の失語症ではないものとして〈非理性〉、さらには解離現象の研究、あるいは存在するのに認知できない幻覚としての「負の幻覚」の研究などへの言及があるが、〈非理性〉の正面からの分析はなされていない。

離人症ないし既知感についての分析は、先にも少し言及したが、一九〇八年に発表された「現在の記憶内容と誤った再認」という論文に見られる。

こうした状況においては、誤った再認の第一の原因を、われわれの意識の飛躍の瞬間的な停止のなかに求めることが認められないだろうか。おそらくこの停止は、われわれの現在の実質を何も変化させないが、しかしこの現在が一体となっている未来から現在を離脱させ、現在からの正常な結論である行動からも離脱させて、この現在に単なる絵という側面、自らに与える光景という側面、夢に変化した現実という側面を与える。

〔…〕

さて、現在の記憶内容は、現われるために、なぜ意識の飛躍の弱まりもしくは停止を待つのか。われわれは、ひとつの表象が無意識から出てきたり、或いはそこに戻るメカニズムについて何も知らない。われわれにできるのは、この操作を記号化する暫定的な図式に頼ることだけである。私が最初に使った図式に戻ろう。無意識の記憶内容の全体が意識に圧力をかけていると考えよう。意識は、原則として、行動に協力できるものしか通さない。現在の記憶内容は、ほかの記憶内容と同じ努力をしている。現在の記憶内容は、ほかの記憶内容よりわれわれに近く、われわれの現在の知覚の上に身を屈して、つねにそこに入ろうとしている。知覚は、前方への連続した動きによってのみそれを免れており、その動きがへだたりを保たせる。換言するならば、記憶内容が現実化されるのは知覚の媒介によってのみであり、したがって、現在の記憶内容は現在の知覚のなかに入り込むことができれば、意識のなかに入るであろう。しかし、現在の知覚はつねに現在の記憶内容よりも先にある。現在の知覚に生気を与える飛躍のおかげで、それは現在よりも未来のなかにある。飛躍が突然に止まったと想定しよう。記憶内容は知覚に追いつき、現在は認識されると同時に再認される。

したがって、誤った再認は結局のところ、生への注意の欠如が最も害のないかたちで現われたものである。基本的な注意の調子がつねに低下すると、それは多かれ少なかれ深くて永続する心理障害として現われてくる。（「現在の記憶内容と誤った再認」一七二

―一七四頁。強調はベルクソン）

やや難解である。理由は、内容が『物質と記憶』と地続きであるのに、『創造的進化』が刊行された翌年の論文であるゆえ、「意識の躍動（飛躍）」、「知覚の躍動（飛躍）」とも言われる「生命の躍動（飛躍）」という重大概念が導入されているからであろう。だが、先の「夢」の講演における「夢」の代わりに、ここでは「記憶内容」が前景化しているだけだと考えれば、ここでも円錐体における生命弛緩優位の異常な事態が検討され、弛緩した現在知覚現場に「記憶内容」が浸透してきて、非現実感、既知感、人格喪失感が現れるとされる。「記憶内容」に追いつかれた「知覚」は、夢に溺水した覚醒意識のようなものであって、〈非理性〉、さらには〈狂気〉までさほど遠くないのである。

私は先に、円錐体自体が自我だとみなすしかない旨を述べたが、「生活（生）への注意」が弛緩し、「知覚の躍動」が減衰・停止するならば、「未来」の「行動」からの「離脱」は必然であり、記憶の円錐体そのものである自我は現実遊離して、定点を見失い、さまざまの緊張水準を浮沈漂流しながら、二重化ないし多重化するしかないのである。

だが、これ以上の微細な精神病理学的研究をベルクソンに要求するのは筋違いであって、以下のような総括的回想がベルクソン自身の感想としては妥当であろう。

一方には心理〔精神〕生理学、他方には心理〔精神〕病理学が私の意識をさまざまな問題に向かわせたが、これらの科学がなければ私はその問題の研究を無視したであろうし、その研究によって私は問題の立て方を別のものとしたであろう。こうして得た結果は、心理生理学や心理病理学そのものにはたらきかけずにはいなかった。この最後の科学だけをとることにして、私は簡単に、心理的緊張、生活に対する注意の考察、および、「精神分裂症」の概念がふくむすべてのことに関する考察が次第に得てきた増大した意義を述べるにとどめる。過去が完全に保存されるという私の思想にいたるまで、フロイトの学徒によっておこなわれた広い範囲にわたる実験においてますますその経験的な検証を見いださなかったものはない。(「緒論」第二部、一一二頁)

この「緒論」第二部という原稿は、最後に「一九二二年一月」と書き終えた時期が明記されている。この「緒論」が『思想と動くもの』という表題の論文集に収録されたのは、実に脱稿してから十二年後の一九三四年である。また、見方を変えるなら、このかなり長い「緒論」は、『創造的進化』(一九〇七年)と『道徳と宗教の二源泉』(一九三二年)のあいだの大きな空白時代に書かれている。ここでも少し触れられているフロイトが、この時期にほかならぬ『快原理の彼岸』(一九二〇年)と『自我とエス』(一九二三年)の二つ、決定的に創造的な二つの短い論を世に問うているのを考えると、ベルクソンのこの奇妙に長い寡黙ないし沈黙の時期について、「緒論」に特有の何かしら空漠たる雰囲気について、私は深い関心とある種の感慨を抱くのだが、何としても一次資料が不足しているので、多くを語れない。

「緒論」の執筆時期は、若いミンコフスキーの精神病理学的研究が専門誌上に掲載されて注目され始めた時期に一致している。『精神分裂病』という彼の代表作はベルクソンの「緒論」脱稿の五年後の一九二七年に、大作『生きられる時間』は一九三三年に刊行されているから、ベルクソンがこの若い精神病理学者の研究業績を知っていたことは間違いないが、「緒論」以後、精神病理学へのコメントはない。

話頭を少し転じよう。

ベルクソンにおいて「生活（生）への注意」と「正常な自我」がいかに密接不可分に考えられているかを物語るエピソードがあるので、ここで触れておきたい。

これはジャック・シュヴァリエの『ベルクソンとの対話』が伝えるところだが、一九三二年十月中旬、ある学生がベルクソンへの質問をシュヴァリエに託し、それをシュヴァリエがベルクソンに伝えている。学生のベルクソンへの質問は、「神秘思想家は狂人と区別されますか。かれらが真理を語っているということをだれが保証しますか」というものであった。これに対し、ベルクソンはシュヴァリエを介する形で学生に答えている。「この二つの質問に答えよう。一　神秘思想家が狂人ではないという証拠は、かれらが、霊界のみならず俗界でも、どうにかやっていることだ。聖女テレサを見たまえ」、「二　かれらが真理を語っているという証拠。さまざまのキリスト教神秘思想家相互間、かれらのそれぞれ独自で固有な経験の間、また、もっと低い度合いだが、これらの証言とキリスト教以外の神秘思想家の証言との間に存在する符合一致にこれを見いだす。この一致に信頼をよせるのを拒むとすれば、学問全体が崩壊する」と（『ベルクソンとの対話』一九二―一九三頁）。

また、一九三四年六月十二日のシュヴァリエの記録からは、「神秘現象と、弛緩による注意力の退化のみられる病人の示す症状との間には、なんの関係もない」（同書、二三六頁）というベルクソンの言葉が読み取れる。

単純明快である。「生活（生）への注意」の度合いと行動の秩序が、狂気と正気を分岐させるのだ。記憶の円錐体の先端Sへの適切な強度の収縮と緊張維持、Sと面Pとの接触の安定性が正常の条件であり、真理の条件である、とベルクソンは確信している。現実機能（ジャネ）あるいは現実原理（フロイト）の存続は「正常な自我」の存続に等しいことになる。もちろん、「霊界のみならず」との言いまわしから、ベルクソンが「霊界」の実在を承知していることは明らかである。「霊界」や「神秘」の実在性は、「夢」の実在性と同じように信じられている。ベルクソンにとって肝要なのは、〈無秩序〉、〈非理性〉、〈無意識〉が臨機応変に緊張・収縮して「覚醒」が起こるか、それとも起こらないままなのか、なのである。

フロイトの自我（概念）制作の必然について

ベルクソンの円錐体がフロイトの心的装置第二局所論を連想させるならば、あるいは第二局所論図式が記憶の円錐体と否応のない連合にあるならば、なぜフロイトはベルクソンとまったく異なった道、無意識の構造化とも言うべき苦難の道を歩まねばならなかったのか。

ここまで考えてきたならば、われわれは、さらにフロイトの無意識がオイフェミスムス／アナクロニスムの沸騰する狂的な〈無秩序〉であったことを想起しなければならない。言語と時間が差異の無基盤性を露出せしめ、秩序のための関節が脱臼するならば、およそ意味という意味は散逸し、巨大な意味過剰という無意味が人間を襲う。シュレーバーを襲ったのが、そういう事態であった。シュレーバーにおける異様な言語連合の衝撃をもろに受けたフロイトも、精神分析という「妄想」がありうることを明瞭に考えるに至るまで、追いつめられた。

私自身、ベルクソンの円錐体を凝視し続けているあいだに、記憶の円錐体が夢の円錐体に変貌してゆくのを止めようがなかったし、夢の円錐体はそのままであり、かつまた生命の円錐体と化してしまうのを阻止できなかった。夢における弛緩・拡散と欲望成就の逆説的混乱は、「夢≒生」、そしてまた「夢≒死」という近似式を介して、生命の円錐体を死の円錐体に転じ、さらに死の円錐体を物質の円錐体へと転じてしまったのである。先に論じたことをここであえて繰り返したが、このような際限なき逆転の連続は、私の個人的感想ではなく、そもそも人間が何とかしうるようなものでもなく、無意識の、〈非理性〉の魔性の連合的本質なのだろう。それをフロイトは『続・精神分析入門講義』（一九三三年）で鮮明に確認しているではないか。特に、無意識の無時間性と矛盾律不在、そして否定不在として（『続・精神分析入門講義』九七頁）。

この沸騰とも灼熱とも喩えうるエスという完璧な無秩序に直面してフロイトがまず欲した

のは、秩序のための概念であった。適切な概念的秩序への希求は、フロイトの場合、円錐体の秩序に到達したかに見えるベルクソンよりも、はるかに切実だったことだろう。この無意識／無秩序という大問題に正面から立ち向かい、意外にも鮮烈な光を照射しているのは、またしても小林秀雄である。前田英樹氏の優れた引用と解読のあとを追う形になるが、『近代絵画』の「ピカソ」から引用しよう。

ピカソが、見たものは、サント・ヴィクトアールの山ではない。がらくたの山である。「自然」ではない、「無秩序」である。

くどい様だが繰返そう。何故、君は、部屋をちらかすのか。ピカソは、やはり直接な返答を避けるだろう。手をつけないから、ちらかっているので、ちらかしたから、ちらかっているのじゃない。有難い事にちらかっているのを、整頓する理由が何処にあるか。ピカソが、整頓のあらゆる理由を否定することによって喚起した無秩序は、恐らく、フロイトによって喚起された夢に似て、フロイトによって行われた夢の価値転換に似たものが、其処《そこ》に行われていたであろう。フロイトは、夢は睡眠を妨げるものではない、夢を見なければ、誰も眠る事が出来ない、と考えた。彼が、夢を単なる覚醒《かくせい》の不足とは考えなかった様に、ピカソは、自分の無秩序を秩序の不足とは考えなかったであろう。あらゆる記憶が、心の奥底に沈澱《ちんでん》する様に、彼が経験したあらゆる物の形は、彼のポケットに、彼の部屋に、雑然と堆積《たいせき》するのである。がらくたの山が、自分の睡眠を待っていてくれるのなら、目を醒《さ》ましていなければならぬ、如何《いか》なる理由もない。それに、一体、諸君が目を醒ましているとは、ただもう朝になったという意味ではないか。部屋を片附け、服装をととのえ、適当に朝食を済し、さて、今日の仕事という睡眠をとるのではないか。やがて夜となり、寝台の上で夢を見る。夢というがらくたの山が諸君を感動させ、諸君は、やっと自己をとり戻す。併し、こんな比喩も拙劣なのである。ピカソはフロイトに文句をつけるであろう。君は、夢まで整頓したいのか。(『近代絵画』一八三―一八四頁)

何とも凄まじい文章だが、的を外していないと思われる。ピカソの常軌を逸した生活はいろいろな逸話を生み、伝説化して今日に至っているが、私はこの伝説に誇張はまったくないと信じている。ここにも、夢は覚醒、覚醒は夢、というオイフェミスムス／アナクロニスムの非理性的ないし狂的なつぶやきが響いているだろう。

さて、前田英樹氏は右の文章を引用したのち、興味深いことを書いている。「小林にとってピカソの「無秩序」は、フロイトの「無意識」と言わばその本性を共有しているだろう。小林が、ピカソの「無秩序」とフロイトの「無意識」とのあいだに置こうとする共通の本性は、小林自身が、セザンヌの「自然」とベルクソンの「持続」とのあいだに密かに置いていた共通の本性をはっきりと浮かび上がらせる」(『小林秀雄』一四九頁)と。

まさにそのとおりなのだ。夢と覚醒、無意識と意識、無秩序と秩序をめぐって、ここでは暗闘が演じられている。極性を描くならば、〈夢〉、〈無意識〉、〈無秩序〉の極にピカソが位置し、「覚醒」、「意識」、「秩序」の極にベルクソン（セザンヌ）が位置し、両極のど真ん中にフロイトが立っていると言える。もちろん、フロイトは〈夢〉、〈無意識〉、〈無秩序〉のほうに顔を向けている。フロイトはベルクソン（セザンヌ）のほうを向いてはいないのだ。だが、両極のど真ん中に頑固に立ち続けていることは重要である。「君は、夢まで整頓したいのか」とピカソがフロイトに詰問するなら、フロイトは答えるだろう。「整頓したい、私はもうがらくたなどたくさんだ、私は決して君のほうに歩いていかない、君に近づきたくない」と。しかし、こうピカソを否定するフロイトの顔が、なおもピカソのほうに向けられ続け、決してベルクソン（セザンヌ）のほうを向かないのも確かなことだろう。フロイトは、〈夢〉、〈無意識〉、〈無秩序〉の極を、「秩序」の極と等距離に置いたまま、凝視し続ける。フロイトが「秩序」の極のほうを、ベルクソンのほうを見ることはついになかったのだ。

これは半分以上が私の想像の産物だが、一つ、異なった文脈から傍証を挙げておく。フロイトが、あるとき愛弟子のシャーンドル・フェレンツィに「患者どもはろくでなしだ」と漏らしたということ（フェレンツィ『臨床日記』一九三二年五月一日、一三二頁）。これは事実だろう。フェレンツィにとって師のこのような本音は信じ難い衝撃であったようだが、これはむしろ驚くフェレンツィのほうがおかしいのである。フロイトの言葉をまったくの本音と考えなければ、フロイトの臨床的感受性の異常な鋭敏さ、酷薄なまでの思索の深さ、さらには無意識の発見をめぐる独創性と法外性の淵源は、本当には分からないのである。

「がらくた」、「ろくでなし」に対する愛着の激しさと憎悪の激しさ。このアンビヴァレンツに、さらに燃えるような好奇心が加わったと見るとき、フロイトと無意識の関係の核心が初めて理解されてくる。

フロイトがベルクソンとは比較にならないほど激しく「自我」に拘泥した理由、「自我」だけでなく、超自我にせよエスにせよ、およそ可能なかぎり綿密厳密に概念制作を企て続けた理由は、「がらくた」、「ろくでなし」の泥流に抗する、つまり自分自身という泥流濁流に抗する、言葉にならない彼の激情に存したのであろう。フロイトにとって、概念制作という企ては自己治療あるいは発狂防止の策であったと考えるべきだと私は思っている。彼がいかなる狂気を恐れていたか。それはパラノイアだ、としか言えない。それくらい、フロイトにとっての患者たち、とりわけシュレーバーという男は恐ろしい存在だった、と考えていいのである。

フロイトが心底から必要としたのは、強い自我であり、強靭な自我概念であったのだが、この強さ、強靭さが、先に述べたように、同時にまた、外界、エス、超自我という三暴君に屈従する下僕のみじめな弱さでもあるとの認識は、フロイト自身の実感からの認識である。この屈従の徹底が、三暴君を支える関節ないしは蝶番としての自我を特徴づけている。そして、この三暴君に隷属する自我のみが、逆説的にも、万有にこもっている〈無秩序〉、〈非理性〉、〈無意識〉に抗しうるほど強靭でありうるのだ、とフロイトは承知していた。

フロイトの企ての特質

ピカソと症例シュレーバーはよく似ている。この類似は、精神医学とか精神病理学とかいう抽象的な次元で言われることではない。つまり、ピカソが病的だとか正常だとか、二人の精神科的所見は何だとかかんだとか、二人は精神病理学的に見れば同じだとか違うだとか、そういう話はここでは論外となる。

小林秀雄によってピカソの絵画に直覚されたことが、シュレーバーという人物において、彼によって書かれた『ある神経病者の回想録』という著作において、フロイトによって直覚されたのである。そして、おそらく私にも似た直覚が生じている。具体的に何が直覚されるのかと問われれば、「がらくた」、「ろくでなし」とでも言うしかない物の世界が、ピカソの絵画とシュレーバーの著作から直接に伝わってくる。おもちゃ箱をひっくり返したような世界、と言ってもいいだろう。

ピカソが愛し、フロイトが愛憎の念に駆られて警戒しつつ凝視し、ベルクソンが慎重に回避した〈無秩序〉という〈無意識〉の、つまりは〈非理性〉の世界、これがシュレーバーという人物からも奇妙に愛されていた。シュレーバーが愛した「がらくた」、「ろくでなし」の具体相については、彼が書いた『回想録』を一読していただきたいし、またフロイトのシュレーバー分析の論文に目を通していただきたいが、この巨大な「がらくた」、「ろくでなし」の奔流に呑み込まれて精神の危機に見舞われる不安を最も強烈に感じていたのは、フロイトその人（たまさか「ジークムント・フロイト」という名前を与えられた自我）だったのだ。

「がらくた」、「ろくでなし」の泥流に対するアンビヴァレンツがフロイトの心的均衡を破る危険は大きかったろう。シュレーバーの『回想録』分析を終えて、シュレーバーの「妄想」とフロイトの「精神分析」の相対的同質性あるいは無差別性に愕然として戦慄したのは、フロイト自身であったのだ。

〈無秩序〉、〈非理性〉、〈無意識〉、〈エス〉への愛着を隠そうともしないピカソやシュレーバー自身にはフロイトという自我を襲ったような不安は訪れないが、不安がないゆえに二人が直面した危機はすべて不意打ち的に発生するので、その危険度は桁外れに大きかったとは言える。また、ベルクソンがこの種の「がらくた」、「ろくでなし」の奔流濁流に呑み込まれる危険から遠くに身を置いて、覚醒し続けているのは明らかである。この意味で、ベルクソンに自覚されていたか否かは不明だが、フロイトを不意打ちから守った不安としての防衛は、ベルクソンにおいてさらにいっそう強かったと言えよう。

それゆえ、フロイトが、自我のみならず、まったく膨大な精神分析固有の概念を制作せんと企て続け、新奇な概念制作を実行し続けた理由は、研究者として、無意識探究者・非理性探究者として、そして理性的であらんとする人間として、自身の自我の存続を防衛するためであった、と理解される。言語的制作物で自己防衛を果たす企て、これはフロイトのように「理性」と「非理性」のあわいに身を置き続ける覚悟をしてしまった人間にとっては必須不可欠の企てであるが、「未来のために生きること」でもって「人間」を定義したバタイユによれば、「人間」と「企て」は同じことになるしかない。つまり、フロイトの「企て」を知ることは、フロイトという名の「企て」（フロイトという「人間」）を知ることに等しい。

バタイユの言葉によって「企て」なる概念を少しでも明瞭化しておくほうがいいだろう。彼の言う「内的体験」が新たな神秘思想の所産であり、それがオイフェミスムスとアナクロニスムの充満する体験であることはここでは再説しないが、(1) この内的体験をも「企てだ」と断定するバタイユが興味深いことを書き残している。

とはいえ、内的体験は企てだ、何をどう按配しようとも。

それは企てなのだ、そもそも人間が、詩的倒錯を例外とすれば本質からして企てにほかならない言語というものによって企てなのだから。だが、この場合の企ては、もはや肯定的な、救済の企てではなくて、言葉の力を、したがって企ての力を廃棄しようとする否定的企てなのである。（バタイユ『内的体験』六六頁）

ここには等質的時間を踏破して生き抜く日常生活において「肯定的な（救済の）企て＝人間＝言語」という等式が成り立っているのを前提とした上で、この等式全部の場所を「廃棄」する「否定的企て」が、つまり〈非理性〉への意志とも言いうることが語られている。バタイユにおいては、表層的な「肯定的企て」と深層的な「否定的企て」がダブル・バインド的に、同時に語られているが、混同は許されない。

ここで特に留意すべきは、「がらくた」、「ろくでなし」の奔流から身を守ることを真剣に企てたフロイトにとって必要だったのは、「がらくた」、「ろくでなし」に似た内的体験という恍惚境で眠るという「否定的企て」ではなく、まったく常識科学的な「肯定的企て」だった、ということである。やや先取りして言ってしまえば、フロイトの「がらくた」、「ろくでなし」との闘争は、深層の「否定的企て」の意味を徹底照射するために表層の「肯定的企て」（言語的概念制作）を徹底する、という戦術であった。もちろん、フロイトにとっても、〈無秩序〉、〈非理性〉、〈無意識〉、〈内的体験〉、〈エス〉という深淵の出来事が決定的に重要であったことは言うまでもない。そして、この深淵を照射するために言語的概念制作を際限なく企てたのだが、フロイトの仕事がこれに尽きるなら、フロイトの役目は「秩序」、「理性」、「意識」、「生産労働」、「外的体験」、「等質時間的歴史」を称えるだけのおめでたいものになっていただろう。

もちろん、フロイトはそうしなかった。彼は、科学的、理性的、言語的概念を駆使することで「肯定的企て」に徹し、その徹底を通じて、「否定的企て」の本性を完璧に裸形にするとでも言うべき二重の企てをなしたのである。ここにも、フロイトに固有と言える極限的ダブル・バインド嗜癖が、はっきりと見て取れる。〈無秩序〉、〈非理性〉、〈無意識〉、〈内的体験〉、〈エス〉という深淵に沈みつつも、バタイユに匹敵する過激さを、バタイユよりも四十歳以上も年長のウィーンの謹厳なる紳士フロイトが二重の企てとして実践に移していたことは、軽視できない。

今、書きながら、バタイユを褒め称え、返す刀でフロイトの「俗悪」を罵り続けた三島由紀夫のことがふと念頭に浮かんだ。

人間の神の拒否、神の否定の必死の叫びが、実は「本心からではない」ことをバタイユは冷酷に指摘する。その「本心」こそ、バタイユのいわゆる「エロティシズム」の核心であり、ウィーンの俗悪な精神分析学者などの遠く及ばぬエロティシズムの深淵を、われわれに切り拓いてみせてくれた人こそバタイユであった。（三島由紀夫「小説とは何か」一一二頁）

例えばニーチェという稀有の精神が、バタイユや三島由紀夫の念頭にあるのだろう。フロイトとバタイユをエロティシズムという恍惚への感受性の有無でもって峻別すること、私自身、昔からこれを一理あるフロイト批判だと考えてきたのだが、フロイトのメタサイコロジー、特に快原理や死の欲動の論に至る〈非理性〉への扉を開く〈否定的〉企ての深刻さを感じ、考えつつ、最近になって、三島由紀夫は、心理学一般という「肯定的企て」を粉砕しながら歩みを進めたフロイト自身の裏側でひそかに進められた「否定的企て」に関して少し単純にすぎたのではないか、と思うようになってきた。

ともかく、ここでもまた、《否定は肯定、肯定は否定》……というオイフェミスムス的連合が感知されるのだから、フロイトが「がらくた」、「ろくでなし」の泥流に立ち向かったことは〈非理性〉、〈エス〉を併せ呑む〈企て〉だ、二重の「企て」に分化する以前の根源的

〈企て〉だ、「自我とエス」という両極が引き起こす緊張した界域を、きりもなく、果てもなく、際限なく反転しながら往還する〈企て〉だ、と言っていい。「否定的企て」という言葉自体がすでにして絶対的な矛盾を含んでいること、この矛盾がフロイトとバタイユによって受容され、それぞれの創造性に転化されたことは注目されていい。一方は精神分析という強靱な概念装置制作へ、他方は〈内的体験〉へと進んだわけである。

ここで、以上に考えてきた経緯の理解のためにベルクソンの円錐体を想起して援用するならば、この円錐体は、先端Sへ緊張・収縮するとき「肯定的企て」の具体相を、底面ABへ弛緩・拡散するとき「否定的企て」の様相を、それぞれに呈しているのであり、フロイトは、ベルクソンと似て、企ての、肯定否定の均衡（「正常な自我」）を欲し、圧倒的な死の欲動に魅せられたバタイユは底面の弛緩しきった死の静寂に浮遊することを欲した、という事情が理解される。

だが、ベルクソンの円錐体が、全体としてオイフェミスムス／アナクロニスム的な渦動の場所であり、全体としてエス親和的な〈無秩序〉、〈非理性〉、〈無意識〉の場所でもある以上、ここにはいつでも意味過剰（意味不在）の危機が発生しうるのであり、千差万別の実用的かつ営利的な（肯定的）企ての良好な能率を知るためにのみ（例えばジャネのように）この円錐体を安易に利用することは許されない。

ベルクソンは円錐体図式を描きつつ、そしてフロイトは第二局所論の図式を描きつつ、ともども、生きることの難しさを自身のこととして痛感していたに相違ない、こういうきわめて身近な経験の一端の表現として、この二つの不思議なまでに発見的な図式を眺めることが大切なのだ。

なお、バタイユはベルクソンに親近感を抱けなかった、という記述が伝記に記されているが（ミシェル・シュリヤ『G・バタイユ伝』上、六二―六三頁）、これは仕方がないことだろう。ベルクソンの円錐体自体が、覚醒と緊張の人ベルクソンと恍惚と弛緩の人バタイユのあいだの大きな距離と異質性を、はっきりと示してしまっている。この二人の中間に位置すると思われるフロイトが、ここでまたしても、自我とエスの、緊張と弛緩の、覚醒と夢のダブル・バインド状況に身を置いている点が確認されて、改めてフロイトの本性が納得できるのである。

中断された投射メカニズム研究

フロイトが創始した精神分析という学問は、膨大な特殊概念群を制作し、駆使しつつ発展してきた。「意識」、「前意識」、「無意識」や「自我」、「エス」、「超自我」だけではない。「抑圧」、「固着」や「検閲」、そして「転移」や「逆転移」、その他諸々。まさに新奇な概念群で構築された新奇な大伽藍を見る思いがする。この理性の大伽藍が「がらくた」、「ろくでなし」の奔流に抗して、つまりは〈非理性〉の渦動に抗して、フロイトと彼の多くの弟子たち、後継者たちによって打ち建てられたことは言うまでもないが、重要概念の大半はフロイト自身によって精錬され、彫琢されたと言っていいだろう。

ところが、奇妙なことがある。シュレーバー症例分析の中でも中枢問題である妄想形成メカニズム分析において、これまた最重要概念と言うべき「投射（Projektion）」なる概念がはっきりとフロイトによって提示され、その考究がかなり深く進められたにもかかわらず、いつのまにか中断され、結局は概念規定自体が放棄されてしまっているのだ。

フロイト自身の論が中断してしまっても、概念は無問題であったかのように説明され、維持されていて、投射概念は「精神分析独特の意味では、主体が、自分の中にあることに気づかなかったり拒否したりする資質、感情、欲望、そして「対象」すらを、自分から排出して他の人や物に位置づける作用をいう。これは太古的な起原を有する防衛であり、それはとくにパラノイアの場合に働くが、迷信のような「正常な」思考様式の場合にもみられる」（ジャン・ラプランシュ＆ジャン＝ベルトラン・ポンタリス『精神分析用語辞典』三五〇頁）と、いちおうの収まりを得ている。ここだけ読むと、問題などないかのように思われる。だが、このような「辞典」的定義は、フロイトの悩みとはまったく縁がないのである。

フロイトの悩みの一部は、以下のように語られる。

パラノイアの症状形成において特別に目につくのは投射と名づけられた傾向である。内的知覚が抑え込まれ、この抑え込まれた内的知覚に代わって、その内容が、特定の歪曲を被ったのちに、外的世界からやってきた知覚として意識にもたらされる。この歪曲は、迫害妄想の場合、感情変換において現れてくる。内的に愛情と感じられていたはずのものが、外界からの憎悪として知覚される。ここで、一、投射がパラノイアのすべての病型で均しく同一の役割を演じているわけではないこと、二、投射はパラノイアにおいてだけでなく、心的生活の他の状況においても現れてくること、それどころか、投射はわれわれの外的世界に対する態度決定にも常に一定程度関与していること、がきちんと想い起こされなければ、この投射という注目すべき過程はパラノイアにとって最も重要な、絶対的に疾病特異的なものと見なされてしまうであろう。われわれがある種の感覚の原因をわれわれ自身の内部にではなく、外的世界に認めたとするならば、この正常な過程もまた投射と呼ばれてよいのである。投射を理解するためには心理学的問題の総体に関わらなければならないという事情が明らかになった以上、ここでは、投射の考察およびパラノイア性症状形成機制一般の考察を異なった脈絡に存するものとして留保しておき、パラノイアにおける抑圧機制についていかなる観念が得られるかという問題を考えることにしたい。ここで暫定的にもせよ投射に関する考察を中断したが、その正当な理由として、抑圧過程が、症状形成よりも質的にはるかに緊密にリビード発達史、および、その中で生じてくる素因に結びついていることを私は予め指摘しておく。(「自伝的に記述されたパラノイアの一症例に関する精神分析的考察」一六九―一七〇頁。強調はフロイト)

「投射」の考察と「パラノイア性症状〔妄想〕形成機制一般」の考察は、こうして問題としては分離された上で、ここでいったん「留保」され、「中断」されるが、さて、いつかどこかで再開、再検討されているかと探してみても、新たな投射論展開は以後どこにも見つからない。フロイトは「投射」という概念を新規に制作するという企てを放棄してしまったのだ。結果として、日常表現から弟子たちの新たな概念規定の試みに至るまで、「投射」という概念は今日まで混乱したままである。

投射メカニズムはわれわれ人間すべてに起こるものなのか、パラノイアのみに起こるまったく特異なものなのか。これはフロイトが慎重に警告しているとおり、人間すべてで問題になるメカニズムだろう。言い換えれば、人間は誰でもいつでも迷信者・妄想者になりうるし、迷信者・妄想者であれ、いつでも誰でも人間である、という子供でも分かる話である。

私が残念とも不思議なことだとも思うのは、フロイト自身、ここでも「感情変換」と明記し、本論文の別の個所では執拗に言語の意味の変換と逆転（シュレーバーの「始源の言語」）を論じ、この論文の一年前に「原始語のもつ逆の意味について」という意味深長な短い論文を公表しているにもかかわらず、結果として投射問題とオイフェミスムス／アナクロニスム問題をまとめて放棄してしまっていることである。

投射というメカニズムには途方もなく巨大な問題群が潜在しているのかもしれない。

実際、シュレーバー論以後、投射論を放棄するに至るあいだに、投射における意味の逆転、反転、変換に関する重要な仕事がなされている。

例えば、フロイトは、シュレーバー論を一九一一年に脱稿した三年ののち、一九一四年に有名な「狼男」の論文を書き、これを大戦後の一九一八年に専門誌に発表しているが、投射と逆転の事実をここでも執拗に追求している。「狼男」と呼ばれる患者は、狼どもが六頭か七頭、窓の外の木の枝にじっと身じろぎもしないで止まったまま、（三歳か四歳頃の）狼男のほうに目を凝らしていた、という不安夢をフロイトに報告した。狼男は夢の一部を自身で解釈し、これにフロイトが補足を加える形で、以下のように論じている。

> ある日、患者は夢の解釈を再びやり始めた。彼の考えでは、「突然、窓がひとりでに開きます」という夢のなかの個所は、仕立屋がそばに座っている窓、つまり、狼が部屋に入ってくる窓との関係によっては、全面的には解かれない。その個所は、両目が突然開くという意味をもっているに違いない。だから、私は眠っており突然目覚め、そのとき何かを、狼のいる樹木を見るということだ。これには反論すべきことはなにもなかったが、そこからは、さらにもっと搾り取ることができた。彼は目覚めて何かを見るはめになった。注視は夢では狼たちがすることになっているが、むしろ彼の方に移されるべきだろう。だとしたら、そこでは決定的な点である逆転が生じていたことになる。それはまた、顕在的夢内容にあるもう一つの逆転によっても予告されている。祖父の物語では狼たちは下にいて木に登れなかったが、〔夢では〕木の上に座っていた。これもまた一つの逆転だったのだ。

さて、夢見る者の強調するもう一つの契機も逆転や反転によって歪曲されているとしたら、どうだろうか。もしそうなら、不動性（狼たちは座ったまま身じろぎもせず、彼を視つめ、びくともしない）ではなく、もっとも激しい運動ということにならざるを得ない。だから彼は突然目覚め、激しい動きの場面を目の当たりにし、注意力を張りつめてこの場面を視つめたのである。一方では、主体と対象、能動と受動の交換、視つめるのではなく視つめられる交換として歪曲がなされ、他方では、動きではなく静止という正反対への変換として歪曲がなされたことになろう。（「ある幼児期神経症の病歴より」三二―三三頁。強調は渡辺）

シュレーバー論ではもっぱら妄想形成メカニズムとして投射が思考されていたが、「狼男」の夢分析が明らかに示しているように、フロイトは、妄想と同様に夢形成においてもまた投射に等しいメカニズムを考えていた。だが、しかしフロイトは、これほど重視していた「逆転」、「反転」、「変換」、「歪曲」というメカニズムを徹底的に追求するのをやめてしまう。これには複数の要因が考えられるが、ここでは論が錯綜しすぎるので立ち入らず、そのオイフェミスムス／アナクロニスム的力動を十分に考慮した上で、後段で改めて論じることにしたい。

ともかく、先に引用したシュレーバー分析における「投射」論留保を述べた文章ののち、フロイトは一気呵成に論を「抑圧」の方向に転じ、いろいろと書いているが、最終的には

「病理学的現象にとって最も重要な抑圧の第三の相期は、抑圧が失敗する相期、抑圧されたものが噴出し、回帰する相期である」（「自伝的に記述されたパラノイアの一症例に関する精神分析的考察」一七一頁。強調はフロイト）として、〈非理性〉の極限としての〈狂気〉という破局にとって肝腎なのは「投射」でなく「抑圧されたものの回帰」だ、との見解に至る。例えば、彼はすぐあとの個所で「世界没落とはこの内的破局の投射にほかならない」（同書、一七四頁）と断じているが、これ自体は正論だとしても、フロイトにとっては、抑圧破綻（「内的破局」）が一次的で、投射（「世界没落」）は二次的なメカニズムにすぎぬ、という考えがすでにして自明事になりつつある。彼はゲーテの『ファウスト』から「さらに壮麗に／ふたたび世界を築け」という詩を引用したのち、以下のような今ではかなり有名になった文章を続ける。

> そしてパラノイア患者もまた世界を築き上げる。もちろん、さらに壮麗に、とまでは行かないにもせよ、しかし、少なくとも彼がふたたび生きて行ける世界を築き上げる。彼は妄想の働きによって世界を築き上げる。われわれが疾患の産物と見なすもの、すなわち妄想形成は、実際には回復の試みであり、再構築なのである。（同書、一七五頁。強調はフロイト）

強調（傍点）の長さにフロイトの意気込みが感じられるが、明らかなのは、やはり精神疾患発生論にとって一義的に重要なのは抑圧メカニズムの破綻であって、投射の異常な機能亢進ないし質的異常は、言うならば失敗した抑圧の結果ゆえに要請された修復過程の現れにすぎない、と確信されていることである。

こうフロイトの思索を追ってくると、彼が投射メカニズムにあまり拘泥せず、その詳細に踏み込む仕事を残さなかった理由も分かるような気がする。実際、フロイトがその後、投射概念をどのように解釈していったか、証拠づけるような文章も見つかる。

以下に引くのは、一九二四年に発表された「神経症および精神病における現実喪失」というフロイトの論文だが、「投射」という言葉（概念）がなくとも、彼が言わんと欲することは容易に理解される。

精神病にとって現実喪失ははじめからすでに起こっていることであり、神経症にとっては、現実喪失は回避されている、と考えるほかない。

〔…〕

〔…〕つまり、神経症では現実の一部が逃避という仕方で避けられるのに対し、精神病では作り変えられる〔umgebaut wird〕。言い換えれば、精神病では、はじめの逃避の次に作り変えるという積極的な局面〔aktive Phase des Umbaues〕が生じるのに対し、神経症では、はじめの服従の後に事後的な逃避の試みが生じる。（「神経症および精神病における現実喪失」三一一―三一三頁）

この「作り変え」が「投射」にほかならないことは言うまでもない。「妄想形成＝回復の試み＝世界の再構築＝現実の作り変え」という一連の等式は、疑問の余地なく成り立っている。ともかく、フロイトにとって、抑圧論が圧倒的に重要視され、ここに引用したような投射論はあまり語られなくなってゆく。

だが、投射はこれだけのものであろうか。そもそも、抑圧も投射も人間に普遍的なメカニズムであるならば、これらに簡単に軽重の差をつけたり、原発と続発、一次と二次というような順序をつけたりすることに意味があるのだろうか。破壊が一義的で再構築が二義的でしかないという、いかにももっともらしい結論をフロイトは本当に信じていたのであるか。

フロイト自身、そう簡単に投射問題を考えていたとは思われない。先に引いた「太陽光線、神経繊維そして精子の縮合によって構成されたシュレーバー言うところの「神の光線」は、実際のところ、物的に表現され外界に向けて投射されたリビード備給以外のなにものでもない」（「自伝的に記述されたパラノイアの一症例に関する精神分析的考察」一八三頁）との文章がフロイトの驚愕の表現であることは、シュレーバーがリビード理論を、ということは精神分析の根本原理を先取りしていたのか、というフロイトの驚きと戦慄の激しさからのみ理解される。実際、「リビード」と「投射」メカニズムは、一体となって個々人における世界創造を可能にしている唯一無比の力ないし要因なのである。リビードと投射の力のみが自体性愛という閉鎖暗室回路を世界創造へと導き開く、とフロイトが熟知していたのは言うまでもないことであって、だからこそ、私にはフロイトの投射メカニズム研究の中断が不可解でならないのである。

投射研究中断の理由として、ここで一つ考えられるべきは、先のシュレーバー論からの引用に読み取れるように、フロイトが「内的知覚」と「外的世界」という世界分断を強烈に行いすぎたことではないだろうか。「(心の) 内」と「(心の) 外」というのは、実際、フロイトにおいて揺らぐことなき世界分割法であった。いや、われわれにとっても、総じて常識的思考の前提としても、この種の二項対立は素朴かつ強固な威力をもっている。「(心の) 内」と「(心の) 外」は、人間的経験において、「時間」と「空間」が先験的形式だと言われたのと同様に、先験的と感じられてしまうのである。

そして、投射メカニズムを考えるとき、最も強くその (自明妥当な) 概念化可能性を否定してくるのは、「(心の) 内」と「(心の) 外」という二項対立だろう。極度に性欲化された力の流体力学的比喩としてなら、リビードは追体験されうる。「内」から「外」への「備給」は思考可能である。リビード概念は、このとき体液のイマージュを帯びているのだから、事態は「(心の) 外」という単一の形式で整合的になる。

だが、心的・精神的エネルギー全般について、喜びや悲しみが「内」から「外」へ「投射」される (「排出」される) とわれわれの常識は本当に考えるのか。常識はそうは考えないのだ。

フロイトが「抑圧」理論において雄弁かつ流暢であるのは、その重要性ゆえであろうが、

「抑圧」の一貫した「内的」（＝心的装置内部的）性質のゆえに論じやすかったからだ、と言えないこともないのだ。「抑圧」は「（心の）内」のみで起こり、終わる。だが、しかし「投射」は「（心の）内」から「（心の）外」へと架けられた神秘不可解なる橋、奇跡の架橋なのである。ここでの概念制作という肯定的企ては、「内／外」二元論の勝利と投射メカニズムの敗北を宣告する以外にない。シュレーバーの「光線」という表現は実に見事だが、これは「（太陽）光線（Strahlen）」という濃密な言語がベルクソニスムにおける「イマージュ」と同じ質を帯びたがゆえにフロイトをも驚嘆させるほどの例外的な成功を収めた稀な結果にすぎない。常識が本気で真剣に「投射」メカニズムとその結果を考えるなら、現状では、テレパシーあるいはポルターガイスト現象など、疑似物象的な心霊現象を真っ先に思い浮かべるしかあるまい。

それゆえ、「内／外」という空間的枠組みの過度の強固さ、頑固さ、つまりはフロイトの「内／外」という空間性への思い込みの強さが、彼の投射メカニズム研究（概念化）の歩みを阻止した可能性は大きいのである。

フロイトは、そのエス論において、確かに時間の無時間性を明瞭化したのだが、他方、「内／外」という空間的思考には屈服したままであった。無空間性ということは、まったく語りえなかった。本来、オイフェミスムス／アナクロニスムの支配下にあるエスにおいては、《内は内でなければならない／内は外でなければならない》ことが実情なのだが、それゆえ「投射」は原理的に起こりえないのだが、双方ともに護持せんとすると、このように

「内／外」概念も「投射」概念も、双方ともに喪失する危機に瀕するのである。

　フロイトにおける「投射」概念の中断、留保ないしは破綻の理由は、フロイトにおける「肯定的企て」たる「内／外」空間思考が、生きられる自明な「投射」経験の発見と妥当な概念化を阻止してしまった経緯に存するのだ。

　ところで、投射に必ず規則的にともなうと言うべき（感情／意味の）「逆転」、「反転」、「変換」という出来事の奇怪な法則性は、「肯定的企て」における二項対立の単純性と「否定的企て」におけるオイフェミスムス／アナクロニスムの極度の多項併存の複雑性との綱引きの中で、整合的には思考困難と思われるのだが（あるいは、後者の多項併存の複雑性に呑み込まれるゆえ、規則性も法則性もありえないとも思われるのだが）、それにもかかわらず、私の連合においては、この幾年間かのあいだ、「投射（Projektion）」（フロイト）に特有の二項対立（逆転）性と「企て（projet）」（バタイユ）（なかんずく否定的企て）に特有の多項併存性が共鳴し続けて、その響きがやまないのである。これは勝手な感想だろうか、奇妙な連想、語呂合わせの戯れにすぎないのだろうか。

　バタイユ言うところの「企て」（「野性の投射」あるいは「投射の野性」とも言うべきこと）をここで再考する必要を私は強く感じるのである。「投射」という表層の心理学的概念をいったん踏み破って、その経験的基盤である〈企て〉に回帰し、その人間の生存に直結する根拠をはっきりさせることが、「投射」の本来の意味を開示してくれることだろう。

投射（Projektion）から企て（projet）へ

「投射」と「企て」が語源的に同根であるのは分かりやすい。ただし、西洋文化においては、「企て」のほうがより日常的あるいは野性的ないし原始的、かつ強靱であり、広義に解されやすく、「投射」は近現代的で繊細に感じられ、そして狭義に解されやすい、と言えようか。この点、日本語においても、皮肉にも翻訳がうまくいっているゆえかもしれないが、事情は西洋とよく似ている。

例えば、フロイトは精神分析という学問の創設を「企て」、その一礎石として「投射」なる概念を制作した、というように二つの言葉は使い分けられる。

われわれ団塊の世代の者にとっては、古くは「映写機」と言われ、やがて「プロジェクター」となった言葉がさらに昔は「幻灯機」と言われていたことが懐かしく思い出される。医学を学んだ者には、中枢神経の末梢への「投射路」などの表現が懐かしい。これらの「投射」は、心理学概念としての「投射」と比べて自然で、かつ妥当である。基本に光学を含む物理学があり、理論の場が物質的に限定され、統合されているからである。

だが、企ては、さらに時代を超えて巨大な意味を内包しつつ生き続けているだろう。この点を強調して、独創的に明瞭化したのはバタイユである。以下、これを要約的に再考しておく。

企てとは、現存在が、現における生命の充溢とその現在的消尽を断念して、自身の生命的燃焼を、後刻に、未来に譲渡して、ひたすら未来のために生きていくことである。ここには時間論的自己疎外が露呈している。人間であることとは、ただ未来のために生きることであり、ここには未来という空虚に身売りしながら結局は現在をも空虚化して生きるという生存者の時間的倒錯すら現れている。現在は労働と睡眠でほとんどが埋め尽くされる。言語的に制作された秩序世界で、計画された労働を継続し、明晰な意識と確固たる自我、そしてそれに相即する事物の秩序を必須要件として生きること、生産労働効率を高め、作ったものを蓄え、蓄えを計画的に投資し、消費して、作り物と作り事を拡大再生産していくこと、習慣として身体に刻み込まれた生産労働の反復律動を通じて、観念としての「未来」と観念としての「過去」を制作し、推論的思考を駆使して時間の原基を、つまり「過去・現在・未来」という時間的パースペクティヴを制作すること、すなわち〈瞬間性〉、〈動物性〉を超越して、おのれを（等質的に）「時間化」、「歴史化」すること、これが企ての動機であり、結果でもある。学問だけでなく、日常生活全般における個々人の思考と行動が、さらには集団的には政治的、経済的、軍事的、宗教的活動のいっさいが企てである。性愛行為も、公共的人口保存を目的とする面を有する以上、民族と人類の未来のための生殖労働という企てとなりうる。われわれは、いつでも、どこでも、生産労働の歴史という等質的時間の捕囚でしかない。

フロイトならば、頑強に構築されてわれわれを拘束している、この「生産労働の歴史」を、「外的世界」、「文化」、あるいは歴史的伝統／掟としての「超自我」と言い換えるであろう。

投射と比較して、企てがいかに巨大かつ原始野性的な概念であるかが理解される。逆に言えば、茫漠たる企ての無際限性を限定し、概念を繊細化するためには、投射の慎重な概念化が必要でもある。だが、心的装置をめぐって、内的知覚と外的知覚が峻別されているかぎり、「内」から「外」へという心的投射（「排出」）は原理的に考えにくいメカニズムであり続ける。

しかし、フロイト自身が驚嘆していたように、シュレーバー語たる「始源の言語」の本質的特徴が原始語に通底するオイフェミスムスに存し、それがフロイトの精神分析の言語と酷似している、というフロイト自身の見解にここで従ってみたら、どうであろうか。つまり、原始語、シュレーバー語、バタイユの内的体験の言語と同じく、フロイトの精神分析の概念制作言語もまたオイフェミスムスの支配下で動いている、と素直に考えるならば、「内／外」という頑迷なる二項対立もまた（フロイト当人の意に反して）解消されるかもしれないではないか。

すでに予感されるかもしれないが、フロイトの企ては「がらくた」（ピカソ）の奔流に抗する企てであり、〈無秩序〉に抗する企てであるが、その反面、「がらくた」の〈無秩序〉、〈非理性〉、〈無意識〉、〈内的体験〉を全的に受容せんとする企てでもある。それゆえ、フロイトの企てが、「内的体験は企てだ」（バタイユ）と言われる意味での「否定的企て」に酷似した企てであり、「肯定的企て＝現実原理＝エロースの企て」と「否定的企て＝快原理＝死の欲動の企て」がフロイトにおいて激突し、渦動を引き起こすような、あまり類例を見ない、言うならば途轍もない企てであることは、大いに考えうる。

実際、われわれは、フロイトのシュレーバー分析において、実に奇妙な言語の〈無秩序〉に遭遇する。これはパラノイアの妄想主題の基礎的命題を可能なかぎり変更しようとするフロイト自身の〈無秩序〉、〈非理性〉、〈無意識〉の噴出とみなされうるものであり、空間的思考に拘束されて身動きできなくなってしまった投射概念の地盤を足元から崩すような、尋常でない論議なのである。フロイトはここで投射概念を不要にするような新たな企てを、自身の思考癖に潜在するオイフェミスムス的な傾向に則する形で試みている、と言っていいのだろう。

さて、フロイトが症例シュレーバーにおいて、同性愛的欲望空想を特別に重視したのはよく知られている。《私は彼を愛している》という、生々しく生きられる命題からすべてが始まる（「自伝的に記述されたパラノイアの一症例に関する精神分析的考察」一六四頁）。続く、際限のない命題変更、その意味過剰と意味不在の同時顕現と逆転的交代が、シュレーバー語に由来するのか、それともフロイト自身の特異な思考（言語連合の傾向）に由来するのか、この問いにはもう答えがない、答えなど要らない、そのような事態がフロイトの手で記述されている。

先に触れられた「作り変え（Umbau）」の多様性を、ここでは命題変更において確認しつつ、フロイトに従う形で追ってみよう。

《私は・彼を・愛している》という最初の命題は、動詞の否定的逆転によって《私は・彼を・愛していない》と変更され、次いで動詞の変換によって《私は・彼を・憎んでいる》に変化する。さらに、この命題の主語と目的語が変換されて、《彼が・私を・憎んでいる》となる。このような一連の命題変更によって、同性愛的欲望空想から迫害妄想が生まれてくるのだとフロイトは考える。ここでの命題変更は、文法上の戯れ的試論などではなく、世界と他者が生々しく生きられつつ「作り変え」られてゆく、生きられる体験である。妄想者が同性愛的欲望空想を恥じて意図的に命題を変更するのではない。これは論外である。では、同性愛的欲望空想が抑圧されて、やがて回帰してくる、と考えればどうか。事が無意識的であるゆえ、これのほうがまだましな考えだが、ここから迫害されるという実感は生じてこないだろう。命題変更を遂行している力は、無意識であるとも、抑圧されたものであるとも、さらにまたエスであるとも言えるだろうが、本当のところは、言語の差異化の動きの無基盤性そのもの、すなわちシュレーバーが「オイフェミスムス」と名づけた〈無秩序〉、〈非理性〉、〈無意識〉の多元的（二項対立秩序破壊的）連合の力そのものだ、としか言えないのではないか。もちろん、ここでもフロイトは、抑圧された内的知覚が外界から来る、という投射論を捨てない。

《私は・彼を・愛している》という同性愛の命題からは、《私は・彼を・愛していない》を経て、《私は・彼女を・愛している》との異性愛命題に転じ、これが《彼女が・私を・愛している》という被愛妄想になる「作り変え」も起こる。内的に抑え込まれた同性愛欲望は、外界から《彼女に愛されている》という命題になって戻ってくる。これも投射である。だが、しかし投射における情動の歪曲などと言ったところで済まないほど命題の変更の自由度が大きく、ほとんど不気味なほどだ、そもそも言語がこんなにも自由になってよいのか、というのが私の正直な実感である。

最初の命題からは、さらに男性の嫉妬妄想が、女性の嫉妬妄想が、そして《私は・誰も・愛していない》、《私は・私を・愛している》と表現されるナルシシズム的誇大妄想が、言うならば導き出される（同書、一六七―一六八頁）。

フロイトは「嫉妬妄想は主語に異議を申し立てる。迫害妄想は動詞に異議を申し立てる。被愛妄想は目的語に異議を申し立てる」（同書、一六七頁）というふうに錯綜した事態をまとめているが、見事とは言い難い印象がないでもない。実際の臨床場面では、妄想主題はさらに複雑でアンビヴァレントに混乱しており、刻々と、また歳月と生活状況変化を通じて、主題の強度が大きな振幅を示すことが多いのである。

命題変更は、時制の変更、能動受動の逆転、代名詞の交代、形容詞の反転と混乱、否定詞の出没などの因子を加えるならば、まさしく際限がないほどに可能だろう。意味過剰が極限に達して、急転直下、意味不在に転じることが起こるだろう。文法の脱臼、文法の散逸、文法の崩壊、文法の消滅が現に起きてしまっているのだが、これを抑圧メカニズム、無意識的興奮量の異常な亢進、抑圧された欲望の噴出、投射メカニズムなどの一連の継起によって、本当に説明できるのか。ましてわれわれの経験から十分に理解できるのか。

むしろ、起こっていることの順序というか深浅、つまりは広義の因果関係は逆転されねばならないのではあるまいか。言語連合の差異の無基盤性、それを魔的に現しているオイフェミスムス／アナクロニスムという語法の噴出こそが前提的かつ根源的な事態であって、その二次的、副次的帰結として、抑圧メカニズム、無意識的興奮量の異常亢進、抑圧されたものの噴出、投射メカニズムなどが連鎖反応的に起こり、際限のない命題変更が生きられ、欲望空想が〈無秩序〉のままに〈非理性〉の荒野に散逸しているのではないか。

われわれは、投射概念の心理学的洗練を断念し、野性的な企てに向けて歩みを進めているわけだが、ここまで来ると、いっさいを生み出しているのは「煮えたぎる興奮の坩堝」（『続・精神分析入門講義』九六頁）と言われたエスしかないのではないか、オイフェミスムス／アナクロニスムの渦動そのものしかないのではないか、との思いが強くなるばかりである。しかし、あせっても答えが出るような問題でもないので、投射メカニズムをここで捨てることなく、オイフェミスムス／アナクロニスムの渦動（言語の意味や夢的事象の造形の逆転、反転、変換、作り変え、時の脱臼散逸などを生み出し続ける渦動）の中に置き去りにされたなら、投射（人間的／心理限定的企て）はどのような世界を再構築したり新たに制作したりするのか、考えてみたい。

事を企て続ける人類が現時点で最終的に制作したのが、今や超自我的になってしまった「生産労働の歴史」であり、かつまた今日まで制作されてきた「生産労働の歴史」を唯一根底的な前提としてのみ、新たな世界制作の企てがなされうることを思うと明らかなように、新たな投射は世界の意味を制作し、その制作された世界を唯一の根底的前提としてのみ、新たな投射がなされうる。それゆえ、投射は基本的には制作的、造形的、積極的な、「未来」志向的な、そして「超自我」志向的な、言うならば「肯定的」（バタイユ）なメカニズムなのである。

これを忘れると投射を不必要なまでに病理学的な概念に矮小化してしまう危険がある。投射は特殊パラノイア的ではないとしたフロイトがこの危険を感知していることは読み取れるが、だからといって彼が広大無底の茫漠たる「企て」論に向かわなかったことを責めるのも、不毛な非難に終わるしかないことだ。

ここでは、投射メカニズムがわれわれの日常生活上、驚くほど身近な、生きるため、生き抜くための最も素朴かつ野性的な心的メカニズムでありうること、投射メカニズムという心的メカニズムが一種肯定的な企てとして作動しないと、人間はオイフェミスムス／アナクロニスムの渦動が待ち受けている深淵（フロイトはこの深淵を当然のごとく「エス」と呼ぶだろうが、しかしベルクソンならこの深淵を「過去」、「記憶」、「魂」と言わざるをえないだろう）に呑み込まれていくしかないこと、そして「内／外」という頑迷な空間的思考から自由になったとき初めて投射の概念が無理なく生まれうることをあらかじめ示唆しておくだけにする。

オイフェミスムス／アナクロニスムに発する投射のメカニズム

オイフェミスムス／アナクロニスムに支配された世界は、どのような時に現れるか、あるいはわれわれ自身はそれらしき事態をどのように経験するか。すでに述べたように、夢見の世界において、縮合、遷移、歪曲などを通じて、言語ないし夢の意味の逆転や物事の同一性の解体が起こっている。夢を例に出すならば、オイフェミスムス／アナクロニスムは決して稀有の珍しい出来事ではなく、われわれにも身近で慣れ親しまれている出来事であることが分かる。

シェイクスピアが『マクベス』冒頭で描いた魔女たちの呪いの言葉「きれいは穢《きた》ない、穢ないはきれい」の例からも明らかなように、逆説、矛盾、背理を、そして事のありようの異様のさまを、稲妻が走るように顕現させる語法は、文学的に（すなわち人間の深部内奥の矛盾を摘出して言語化するために）好んで用いられるもので、いわゆる撞着語法（「沈黙の叫び」など）に近いものが多用されるが、これはわれわれの日常でも稀ならず経験される。

フロイトは「不気味なもの」という興味深い論文を一九一九年に発表している。その中で「つまり、不気味な〔unheimlich〕ものとは、この事例にあっても、かつて慣れ親しんだ〔heimisch〕もの、古くから馴染みのものである。そして、この言葉についている前綴り「un」は抑圧の目印なのだ」（「不気味なもの」四一―四二頁）と書いているが、いつでも抑圧の目印が必要なわけではなく、フロイトの感受性の基底には「heimlich は unheimlich、unheimlich は heimlich」とでも直截に言い放つべき直観が流れている。フロイトは、この論文を書きながら、八年前のシュレーバーの衝撃、「始源の言語」の不気味な閃光の渦動を思い出していたことであろう。フロイトはこのように至る所でオイフェミスムス／アナクロニスムの世界に接近するのであるが、言うならば、この接近運動を一貫した全身的没入運動にまで徹底させて意図的に実行したのがバタイユであって、周知のように、彼はいわゆる世界没落体験に酷似したこの世界経験を、世界に対する「否定的企て」の経験、すなわち「内的体験」と名づけた。

フロイトによって「矛盾律」も「否定」も「時間経過」もないとされたエスが、さらに強烈にオイフェミスムス／アナクロニスムに支配されていることは言うまでもない。実際、オイフェミスムス／アナクロニスムとは、エスの実態の、エスの不気味な威力の、エスから生まれ出てくるものごとにつきまとう奇怪な特質の、より具体的な言い換えにほかならないのである。そして、エスが人間の存在全体を支配し、他のいっさいの審級を抹消してしまったとき、その肉の塊のような生き物の生命様態は「自体性愛（Autoerotismus）」的とされるが、通常の幼児も極度の退行に陥った精神病患者も、原則的にはエスから、自体性愛から発して、世界を（再）構築制作していく、とされる。エスにまつわる運動は、常に秩序と無秩序のあいだの往復運動なのだ。

この世界（再）構築作業が投射メカニズムに基づくとされるのだが、ここでフロイト自身からは回答が得られない決定的に重要な問いが放置されていることは指摘されなければならない。それは、自体性愛・エスの特性であるオイフェミスムス／アナクロニスムそのものは、（再）構築されるべき世界に向けて剝き出しのまま（つい「外に」と言いたくなる）投射されてしまうのか、それとも、この〈無秩序〉、〈非理性〉、〈無意識〉の渦動は投射されぬままひそかに（ここでもつい「内に」と言いたくなる）エスに（エスとして）とどまるのか、という問いである。

バタイユのような真剣な変人が現にいるのだから、リビード備給としての投射はオイフェミスムス／アナクロニスムを含んだままなされうる、と考えることはできよう。そのとき、〈無秩序〉が世界全体に流出してしまうことになる。世界は〈無秩序〉をもって、〈無秩序〉として生まれ来ることになる。しかし、バタイユは労せずして（自然現象としての）内的体験に至ったのではなく、現実原理的（肯定的）企てを全身でもって粉砕せんとする「否定的企て」に途方もなく膨大なエネルギーを使っているのである。生産労働の歴史、等質的時間に最高の価値を認めるという愚かしさを暴露するために、自身が棲んでいた等質的時間を脱し、あえてオイフェミスムス／アナクロニスムの支配下にある〈無秩序〉、〈非理性〉、〈無意識〉に全身を没入させつつ、至高性の〈瞬間〉を求めたのである。

要するに、命がけの否定的企てとしてなら、エスという渦動は投射され、世界化されうるのだ。だが、これはほとんど世界没落体験であって、尋常なことではない。バタイユのような例外はあるにもせよ、秩序性と等質性と同一性で構成されている常人の平凡な成育史においては、オイフェミスムス／アナクロニスムの特性は投射されることがない、世界に備給されるリビードはこの〈無秩序〉という特性を含んでいない、といちおうはみなすべきだろう。

さて、われわれの精神や心には内も外もない。これは経験的事実なのだ。われわれの常識は、内も外もない場所で、覚醒過程を、アモルフながら連続的に変質してゆく精神や心のありさまの変貌過程（弛緩・拡散から緊張・収縮へ）を認めるだけであって、「内」から「外」への「排出」現象としての「投射」など、見ようとしても見られないのである。なぜなら、そのような「投射」など、人類史上に一度も起こったことがないのだから。

空間的・物質的比喩を用い続けたいならば、「投射」概念制作と軌を一にして捏造された「（心の）内」と「（心の）外」という奇妙な空間的領域化は、実のところ、磁場と磁石のごとき微妙な関係のきわめて乱暴粗雑な分断の実体的表現であって、われわれの念頭から消去されるべき空間的観念にすぎない、とまず感知されなければならない。

この磁場は自我に、磁石は身体にそれぞれ対応させて考えられてもよい出来事で、この分極事象は、記憶と生、夢見と知覚、弛緩と緊張、拡散と収縮、過去と現在（未来）、内部と外部、精神と行動、さらには睡眠と覚醒、夢幻と現実、無意識と意識、無秩序と秩序、非理性と理性、エスと自我（この場合、エスが磁場に、自我が磁石に相当する）、円錐体の底面ABと先端Sなど、さまざまの相貌と名前を有している。

このように際限もなく多彩に表現されうる二項分極関係は、そのすべてがすでに本書で見てきて論じてきたものだ。しかし、これら諸分極が、一方の極（底面AB）から他方の極（先端S）へと収縮していくさまをここで「投射」と言い換えるのは、不自然ではあるまい。磁場の無数の磁力線が磁石に走り集まる。磁石から無数の磁力線が磁場に走って拡散したり、逆に磁石に向かって収縮したりするわけだが、この走りつつ磁場を形成する磁力線の流れを心的投射の物象化的比喩と考えるならば、少なくとも「(心の)内」から「(心の)外」への「心の排出」というグロテスクな比喩よりははるかに妥当である。

この磁力線の流れは、明らかにオイフェミスムス/アナクロニスムの極(底面AB近似)から、等質的時間秩序に基づく「生産労働の歴史」なる対極(先端S近似)へと引かれた磁力線でもって比喩的に表現されるだろう(これの逆流も当然ありうる)。そして、この磁力(線)をリビードとみなすならば、われわれはずいぶんとフロイトに近づくことになり、この磁力線を「太陽光線」とみなすならば、われわれはずいぶんとシュレーバーに近づくことになるのだが、実際、混沌の極(「内」という錯覚を生みやすい)から秩序の極(「外」という錯覚を生みやすい)へと磁力線・光線・リビードが走っているなら、この力線走行が「投射」という非常に誤解を生みやすい言葉へとずらされて定着してしまった事情は理解されるだろう。

理解に資するかもしれないので付記するが、バタイユならば、この差異分極化を「否定的企て」から「肯定的企て」に走る光線、あるいは〈瞬間〉から「歴史」に走る稲妻、さらにまた〈動物性〉から「人間性」へと飛躍する光線と換言することだろう。要するに、〈内的体験〉が〈無秩序〉、〈非理性〉的光源となって、頑強な蝶番で固定された確固不動の時間秩序という対極が照射され、制作されるのである。この照射(制作)という表現が「投射(制作)」としっかりした連合にあることは自明事であろう。また、「肯定的企て」を「意味安定化的企て」ないし「意味限定的企て」と言い換えるならば、「肯定的企て」は、すなわち

「投射＝まなざしの覚醒」にほかならないことが明らかになる。

日常茶飯事の中にヌミノーゼ的強度を有する特定の意味を知覚的に確認して、これをパラノイア的妄想構築の礎石とする妄想知覚体験[2]は臨床上周知のことだが、これなどはきわめて特殊な主題に限定されているとはいえ、やはり典型的な「再構築＝肯定的企て＝まなざしの覚醒＝磁力線の秩序到達＝投射終了」なのである。

以上を要するに、オイフェミスムス／アナクロニスムの無限大の意味過剰が縮減削除されてゆき、秩序化され、二項対立的に限定された意味同一性で成り立つ世界へと作り変えられること、あるいは有限の意味、有限の同一性の成立によって〈無意味〉、〈無秩序〉、〈非理性〉、〈無意識〉の過剰なる力が抑制され、二項対立にまで単純化され、鎮静化させられ、硬化させられた世界と交代すること、これがフロイトによって世界の（再）構築とも「作り変え」とも別言された「投射」の本性なのである。

「内的知覚」が「外的世界」へと「投射・排出」され、「投射・排出」されたものが「外的世界」から回帰してきて、「知覚」と錯覚される。このように文章化すると、やたらと複雑かつ不可思議な出来事が起こっているかのように感じられるが、実際に起こっているのは非常に単純なことなのだ。すなわち、「投射」という不自然きわまる名前を与えられた世界構成運動においては、〈無秩序〉の秩序化、〈非理性〉の理性化、そして、〈無意識〉の意識化が起こっているだけなのである。

フロイトは、もちろんこのような「投射」概念の長所も短所も見抜いていただろう。第二局所論を支配する空間的思考の特性、すなわち心的装置内部と心的装置外部という分断と領域化が同一空間で起こるとみなしてしまう思考特性が、フロイトに「投射」概念制作を強引に企てることの危険性を感知させた。しかし、危険性を感知したなら、安全で合理的な「投射」概念ができあがる、というような単純な話ではない。フロイトの空間的思考の停止が起きてしまうのだから、第二局所論制作の主である彼がもはや何事も考えられなくなるのが当然の帰結であり、「投射」概念は曖昧なまま放置されたのだ。そして、「投射」と違って、心的装置内部という唯一空間で理解可能な「抑圧」メカニズム研究が一気に進められたのである。結果的にこれが豊かな成果を生んだことは喜ばしい(3)。

以上、確かなこととして言える点を再確認しておくと、「投射」は、〈無秩序〉、〈非理性〉、〈無意識〉の極から「秩序」、「理性」、「意識」の極へと未知の力線が走ることであって、「投射」の産物とされる妄想や幻覚も、エスの渦動と比較するならば、ずいぶんと「秩序愛」的、「意味」希求的、「理性」的な(極度に意味を限定されたシンプルで静的な)世界新作となる。

また、オイフェミスムス/アナクロニスムの極から「生産労働の歴史」の極にまで走る磁力線について、フロイト的に、シュレーバー的に、あるいはバタイユ的に、そして多くの妄想知覚論者に添う形で考え、書いてきたのだが、ここに若干例示したさまざまな表現の背後に常に必ずベルクソンの円錐体(その収縮と弛緩の拍動)が沈黙したまま脈打ち、息づいていて、多くの言葉たちを統合し続けている事実は、こと改めて指摘するまでもあるまいが、やはり驚くべきことである。

記憶の円錐体と投射メカニズム

フロイト自身が中断してしまった投射概念研究ではあるが、以上に述べられてきた事情でもって、投射メカニズムの中枢的意義が新たに示唆されたとは思われる。しかし、実際のところ、投射の真義はなお不明瞭と言わなければならない。だが、フロイトの投射概念を持参して、比喩的に採用された磁場の分極状況へ、さらにこの分極状況で磁力線、光線が走ることへと淵源を求めて遡っていった時に、突然、これまで大変深く親しんできたベルクソンの言葉（「緊張と弛緩」、「収縮と拡散」など）が、われわれに強靭な連合のもとに回帰してきたのは、十分には予想していなかったことであり、注目していいことでもある。

投射という問題だけがフロイトとベルクソンの接近遭遇を引き起こしたのか、それとも二人の巨大な「無意識の発見者」の言葉の多くが、投射という問題の発生を契機にして強く連合し始め、共振し始めたのか、これは熟慮されてよい経緯である。

今、改めて、ベルクソンの記憶～夢～生～死～物質の円錐体において、フロイトが事実上、厳密な探究を断念してしまった投射メカニズムはどのように作動していると理解されるか、検討する。明らかなように、この問題の一部はすでにこれまでの数章節を費やして取り扱われ始めている。フロイトの「現実原理」、「快原理」、「自我」などの概念、なかんずく投射との関連における「抑圧」という概念が、ベルクソンの円錐体に織り込まれるようにして、機会あるごとに言及されてきた。だが、円錐体と精神分析概念が同じ舞台で、まとまった形で思考され、論じられることはなかった。

フロイトとベルクソンの関連を一望のもとに見渡して論じるなど無謀であることは私自身が十分に承知しているから、控えめに言うと、記憶の円錐体は人間という名の「企て（投射）」（前方未来のために生きること）の実態をどのように表現しているか、いや、それ以上に、記憶の円錐体に依拠することによって初めて解明される「企て（投射）」の本質があるのではないか、こういうかなり限定された問いを私は立ててみたいのである。

この問題は複雑怪奇であって、慎重を期すために理路をたどっていると、それがいつのまにか迂路となり、その迂路が出口なしの迷路と化してしまい、不毛な饒舌だけが残るような予期不安が消えないので、私はここで、まず直観されたことを述べ、次いで私の直観が正しいか否かを分析的に検討することにする。このような手順は言語連合の速度が光速に達しうるはずもなく、書く行為の速度は音速の万分の一にすらも達しえない以上、仕方なく採用されるものである。

《企て（投射）は、記憶の円錐体において、緊張（収縮）である》。

すでに若干は示唆されてきたことではあるが、私にはこう直観される。

これはどういうことか。まず押さえておくべきは、円錐体の底面ＡＢがフロイトの言うエスの場所だ（より正確に言えば、底面ＡＢの方向に浮上すればするほど、自我はエスに回帰し、退行的に変質するのだ）、底面ＡＢこそが、エロースとの闘争に勝利して、これを圧倒し去った死の欲動の舞台だ、と容易に理解されることである。これは、換言すれば、生命体の興奮量を極小に低下させる任務を担った快原理こそが、円錐体でもって表される記憶と生命の弛緩を常に引き起こし続ける原理だ、ということである。深夜の無窮の天空のごとき底面ＡＢは、こうして〈無秩序〉、〈非理性〉、〈無意識〉の極限のイマージュを示す。フロイトがエスについて規定した諸特性が、ここでは徹底的にあてはまる。太陽中心部における原子核反応のごときリビード渦動とエネルギー放出、快原理の支配、否定の不在、矛盾律の不在、空間の不在、時間の不在、諸印象の実質的不死性（結果としてのパノラマ体験）などが底面ＡＢで起こっているのである。

この深夜の天空は、底面ＡＢと仕方なく言ったが、もちろん実は無窮無底であって、この無限かつ夢幻の世界は論理的思考（言語連合）法則を破壊するオイフェミスムスの世界であり、また時間の関節が脱臼し、時間の蝶番が外れてしまった、逆転された時間、裏返しにされた時間の世界、アナクロニスムの世界にほかならない。小林秀雄がフロイトにとっての「夢」やピカソの絵画作品に直覚した「がらくた」の世界、フロイトが患者にふと感じざるをえなかった「ろくでなし」の世界が、この無底の夜の天空には、文字どおり夢のように漂っていると言ってもよかろう。

人間的生命体にこのような様態がありうるということを比類なく明瞭に示したのはベルク

ソンその人だが、彼自身は弛緩・拡散したこの〈無秩序〉、〈非理性〉、〈無意識〉の記憶（生命）の様態を好まなかった。あるいは人間的生命の本来的あり方とは考えなかった。ベルクソンにとって、「がらくた」、「ろくでなし」は、できるなら避けて通りたいものであった。彼がジャック・シュヴァリエを相手に見せた、「神秘思想家」から「狂人」を即座に切り捨てる問答無用というに近いものの言い方、あるいは「弛緩による注意力の退化のみられる病人の示す症状」というような表現（『ベルクソンとの対話』二三六頁）、これらは狂気、狂人についてのベルクソンの純朴すぎる感性ないしその背後に潜む無関心がベルクソンの一瞬の隙を突いて出てしまったものであることをはっきりと示している、と言うしかない。

ちなみに、シュヴァリエの『ベルクソンとの対話』はそれほど小さい本ではないのだが、私が気づくかぎり、この本の中にフロイトの名は一回しか出てこない。「一同は円形に席につき、ベルクソンはきわめて洗練された〝優雅なことば〟で、フロイトの療法について、それがまず患者自身についてしゃべらせ、打ち明け話をさせる点で患者に非常に高く評価されるのだと語り、「人間にとって自分自身を語るということが大きな喜びだということはよく知っていたのだが、日ごとに理解を深める」と言う」（一九三三年二月十一日、同書、二〇四頁）との文章がシュヴァリエによって記されているが、シュヴァリエに記述内容の選択の自由があることを認め、またベルクソンの発言が相手によって変わりうるという現実を認めた上でも、なおフロイトや狂気に関するベルクソンのナイーヴすぎる感覚が伝わってくるのである。

こういうとき、私はほとんど癖になってしまったかのように、パスカルのある言葉を思い出す。唐突と思われるが、ここでも引いておきたい。

　人間は、もし気が違っていないとしたら、別の違い方で気が違っていることになりかねないほどに、必然的に気が違っているものである。[4]（『パンセⅠ』四一四、二八二頁）

　パスカルの鋭敏すぎる感受性は驚嘆すべきだが、ベルクソンならパスカルのこの箴言をどう評するか、知りたいと思う。エスの特質がオイフェミスムス／アナクロニスムの渦動であり、記憶の円錐体も〈無秩序〉、〈非理性〉、〈無意識〉に支配された場所でありうると考えられるのだから、ベルクソンのナイーヴすぎる狂気観よりも、パスカルの恐怖すべき狂気感覚のほうが深遠なのではあるまいか。ベルクソンも、ついにはパスカルのおぞましいまでの直観の正しさを認めなければならないのではないだろうか。

　ここはベルクソン批判の場所ではないので本題に戻る。しかし、彼が円錐体図式において自身で発見してしまった底面ABの（パスカルの感覚の正しさを証明してしまうような）本性の本源的に〈非理性〉的な性質について抱いていた、多少とも回避的な、いや、時には拒絶的にもなりうる気分は、いちおう知っておいたほうがいい。

　ベルクソンは、基本的にはジャネと似て、円錐体先端S好みの人である。絶えざる緊張と絶えざる覚醒を求めてやまない人である。先端Sと面Pの実践的相即の持続にこそ記憶と生命の最高の様態を認める人である。覚醒と知覚と行動に絶対的な意義を感じ、「生活（生）への注意」と「正常な自我」を肯定する人である。彼にとっては、「秩序」こそが第一義的であって、〈無秩序〉は決して褒められたものではない。この偉大なる「無意識（記憶と生）の発見者」は、〈無意識〉よりも「意識」を、〈非理性〉よりも「理性」を大切にする。

さて、問題の「企て（投射）」であるが、これは、ベルクソン自身が何も書き残していないので断定はできないにもせよ、彼にとっては積極的に論じられるべきメカニズムであるに違いない、と推測することはできる。つまり、「企て（投射）」は一種独特の覚醒だと考えられるのである。円錐体に緊張・収縮が起こり、底面ABから先端Sへと、可能なかぎり遠い過去から現在へと覚醒過程が一気に進行する。このとき起こらなければならないのは、記憶の選択と削除、無限の意味過剰の速やかな縮減と限定、際限のない差異の戯れから有限の同一性への質的変化、現実生活を有効に進めるために必要な思考と事物の関係の同一性の確保、現在形の行動にさしあたって不必要な記憶の隔離ないし抑圧である。

本章の注ですでに勇み足的に触れてしまったことだが、ここまで考えてくると明らかなように、企て（投射、覚醒、収縮）は表裏一体的に抑圧をともなう、と理解されよう。さらに言うならば、投射は抑圧を大前提として起こり、抑圧は投射に誘導されるかぎりにおいて起こるのである。これはフロイトの心的装置第二局所論からは出てこない、一見すると多少とも奇異な理屈である。だが、ベルクソンの円錐体を凝視するならば、円錐体の収縮が、投射を、かつまた抑圧を同時に不可分の形で表現しているのは明白なのだ。この円錐体の収縮は、投射と抑圧のどちらか一方のみが起こるのは構造的にも力動的にも不可能なのだ、と告知しているのである。

円錐体の収縮にあたって、記憶、思考、感情、生命力など、多様かつ多大なる剰余が瞬時に削減され、行動の有効性にふさわしく調整されるわけだが、このとき削減され排除された剰余分はどこにゆくのか。言うまでもなく、底面ＡＢに近い過去に保存されている。抑圧され、隔離された記憶も感情も、同じく底面ＡＢに近い水準に保存される。能率的な行動が、いかに多くの豊かな記憶、過去、心情、夢、言語を、一時的であるにもせよ、犠牲にしてしまうことか、驚かされるが、これが「生産労働の歴史」を制作し続けるべく目論む「（肯定的）企て」の根本的な、異常なまでに貪欲に特定意味希求的になってしまった本性なのである。

では、現実世界で能率よく行動するにあたって、いったん破棄（抑圧）された剰余をフロイトはどう考えたか。反復になるが、フロイトは過大な興奮量を得てしまった無意識（エスと抑圧されたもの）が自我・意識・知覚という系を通って外界に「投射」される、「排出」されると考えた。これは、フロイトにとって、心的装置の「内／外」の空間の質が同じだから言えることであって、ベルクソンの円錐体にこのメカニズムを移し置くと、円錐体内の過大な剰余分は、先端Ｓと接する面Ｐにしか「外界」を見出せないゆえ、現在の知覚現場へと際限なく収縮し続けなければならないことになる。

しかし、ここで点Ｓと面Ｐの接点で起きているのは何事であるか。決してフロイトが当初考えていたような「投射」や「排出」ではない。エス親和的なオイフェミスムス／アナクロニスムの渦動から発散された際限のない差異の（多項対立的）戯れが必要かつ有限の思考的同一性、知覚的同一性へと選別され、有効な行動にとって不要な剰余分はいったん排斥されるという収縮の最終的目的が、先端Sすなわち面Pという接触点で起こっている、それだけなのである。面P以外の円錐体の外部空間を考えることは（底面ABの上方空間は暗黒の夜の神秘的な無限空間として存在させておくべきだ）、いわばビッグ・バンが起こる前の虚空的場所としての宇宙空間を想定するのと同様に、滑稽であろう。

ベルクソンの円錐体には、フロイトの心的装置第二局所論の図式と異なって、「内／外」という空間的分割がない。記憶（円錐体そのもの）と物質（面P）が接点Sで出会っている、これ以上の空間性は語りえない、そのようにこの図式は作られている。フロイトの作った心的装置の図式では、装置内空間と装置外世界が、刺激保護膜で仕切られてはいるにもせよ、同質的に連続しているゆえに、「投射」というような紛らわしい言葉・概念が生き続け、「排出」などというグロテスクな表現まで動員されるのだが、ベルクソンの図式は質的に同じ空間性（「排出」が可能であるような「外の」空間性）が思考できないように仕組まれている。

だから、ベルクソンの円錐体を見据えた上でようやく言えることだが、いわゆる「投射」は空間的出来事としては成立不可能、思考不可能であって、ただオイフェミスムス／アナクロニスムに支配されつつエスから湧出してくる際限のない差異化の戯れが緊張・収縮して、有限個の同一性にまで凝集され、限定される（秩序化される）メカニズムの、不適切に別言された名称（概念）にほかならないのである。円錐体は、現実世界を生き抜くために有効な行動を維持するべく、有用な記憶を選択し、無用な記憶を排斥することを、いつも企てている。この企て（投射）は心理学的に好まれて、その裏側から「抑圧」と言われてきたが、厳密には「存在論（生命論）的記憶の緊張・収縮（覚醒）」と言われなければならない。

以上の経緯から、シュレーバー分析においてフロイトが投射（妄想形成）論を中断し、結果的にそれが投射論の放棄となったことの一つの意味が理解される。つまり、フロイトが抑圧論に突き進んだとき、中断されたのは投射論だけではなかった。「内／外」という空間分割思考もまた、中断され、放棄されたのである。こうしてフロイトの心的装置第二局所論は、その不思議な空間性において、ベルクソンの記憶の円錐体に質的に類似してゆき、投射メカニズムは《エスが自我へと収縮すること》という意義を担うことになった。そう考えることによってのみ、使えないほどに歪んでしまった「投射」という概念が、野性的かつ原始的な〈企て〉なる根拠をなおもっていることが理解されよう。

この論議をいったん終わるにあたって、意味の逆転・反転・変換という投射メカニズムに特有の帰結を考えておく必要があるだろう。本来、意味の逆転ないし反転は、オイフェミスムス／アナクロニスムに支配された混沌たるエスから湧出し続ける差異の戯れの世界にこそ顕現するべきことであり、記憶の円錐体の緊張・収縮／覚醒の果てに、しかも有限の同一性が成立する場で、すなわち意味の安定性が保証される場で経験されるべきことではない、と思われよう。だが、事実はまるで異なるのだ。

フロイトとシュレーバーの衝突で典型的に見たように、精神分析は、また優れた文学は、至る所に意味の逆転・反転、感情変換、時制の散逸、論理の矛盾、表現の撞着、逆説の発見性を見出してしまう。要するに、オイフェミスムス／アナクロニスムは、われわれの日常経験のかなり浅いところに、日常の足元のすぐ下に潜んでいる。慣れ親しんだものが不気味なものに、不気味なものが慣れ親しんだものに、瞬時に反転しても、われわれは格別の異常事態とは感じまい。

人間の日常生活秩序を支えているのは、すでに述べたが、膨大な数の二項対立ないし膨大な数の事象の二元的構造である。この二項対立秩序と二元的構造を、私は、エス親和的なオイフェミスムス／アナクロニスムが投射（企て）によって干拓整地されたものと考えてきた。

このような比喩的な言いまわしをやめるために、ここでいっさいを改めて逆に考え直してみたら、どうであろうか。すなわち、エス親和的なオイフェミスムス／アナクロニスムにおける膨大無限の多項対立ないし多元的構造という意味過剰（＝意味不在）の事態が、収縮によって、覚醒によって、投射によって、抑圧によって、二項対立ないし二元的構造を呈する有限の同一性成立まで削減整序され、まさにこの同一性成立によって、この世界の基礎的枠組み、「秩序」、「理性」、「意識」はできているのだ、と。堅牢な二項対立性・二元性は一部の哲学専攻者には陳腐凡庸と思われるかもしれないが、われわれ日常人はこれに依拠して生活、いや、生存しているのである。

それゆえ、エス親和的なオイフェミスムス／アナクロニスムの多元性は、これを遠く置き去りにして収縮覚醒している人間的意識にとっては、深々度に隠れてしまっていて感知されない。円錐体先端Sに接している人には感知されえない。ここで、投射は（抑圧の裏づけという強力な支持を受けて）世界の二項対立性・二元性に基づく構造安定性を制作するメカニズム（企て）として、その本態を現してくるだろう。

弛緩し、夢見がちで、エス親和的なオイフェミスムス／アナクロニスムに近接している人間的生命体にあっては、いつでもどこでも二項対立は多項散乱（混沌）に呑み込まれ、二元性は多元的交代に肉薄してしまうだろう。円錐体底面ABに近い人間的生命体は、絶えず意味の逆転・反転、感情変換、時の関節の脱臼散逸、空間の多元的錯綜、物事の同一性の解体に触れざるをえなくなるだろう。われわれが毎日見ている夢の世界が、その実例である。

結局のところ、投射がさまざまな事象を逆転させているのではない。事情はまるで逆だろう。つまり、収縮としての投射（企て）は、森羅万象について意味逆転阻止的に働いているのであるが、逆転阻止に失敗することが非常に多いのである。それほどに、エスの収縮／投射拒否力（弛緩し続けんとする衝迫）は強いと考えなければならない。

エス親和的なオイフェミスムス／アナクロニスムにおける際限のない多元的逆転反転運動を二項対立ないし二元的構造まで凝集固定し、単純化してきた投射（収縮）メカニズムに、なおも強靱なエス的逆転反転運動が揺さぶりをかけてくる。われわれは、常にすでにエスの掌中で、エスの多元的かつ夢幻的な影に覆われて生かされているにすぎない。まさに先に述べたとおり、「私達は、或る夢から覚める事は出来るが、夢という円錐体から覚める事は出来ない」(小林秀雄『感想』二十九、(上)二六七頁)のであって、われわれは、エス親和的なオイフェミスムス/アナクロニスム自体から完璧に覚めることはできないのである。覚めるにしても、せいぜいのところ、いつ揺れ始めてもおかしくない、かなり不安定なままの二項対立世界まで、である。

動き続ける多元的世界が、見たところ不動の二元的世界に単純化されて作り変えられたとき、その制作完成(意味固定化終了)の瞬間、われわれは一種の残響錯覚として、多元的世界に由来する逆転反転運動を二元的世界で事後的に不気味な郷愁に襲われるかのように、感知するのである。

誤って投射のせいにされた逆転・反転・変換は、常にエス親和的なオイフェミスムス/アナクロニスムにこそ唯一の淵源ないし震源地を有している。投射は、収縮し、覚醒しつつ同一性を確立し、この揺れを懸命に抑えてきたが、いわば濡れ衣を着せられて揺れの犯人とされたのである。だが、投射の冤罪が晴れても、世界が安全になったわけではない。揺れの真犯人たるエスという震源地が、常に深々度にあるという思い込みに反し、実はだいたいにおいて非常に浅いところにもありうるということは、忘れられてはならない。

注

(1) 渡辺哲夫「精神病理学を作ることの原理的な困難について」参照。

(2) 妄想知覚研究は、二十世紀半ばにはドイツ語圏の精神病理学的研究の中枢に位置していた。「いっさいの妄想は妄想知覚で始まる」というクルト・シュナイダーの提言は有名であり、また今日の臨床においても確認される事実である。カール・ヤスパースからクラウス・コンラートに至る異常意味意識研究も著名かつ有力。これ以上のことは専門的煩雑に陥るのでやめるが、投射が一種独特の覚醒体験であり、意味発見体験であり、ヌミノーゼ的明証神秘体験であり、混沌たる多元的意味過剰(妄想気分/意味妄想、「何かよく分からないが、何か途方もないことが起こりつつある」と病者によって訴えられる世界没落的に不気味な異常気分)の厳格きわまる意味特定化であることは、妄想知覚という異常現象を知ると、よく理解される。妄想知覚は、妄想気分/意味妄想あるいは重度離人体験の中で妄想(新世界)を作れないまま溺れそうになった人間が生きる希望とともに(ただいま没落中の世界で)見出す一片のワラに等しい。このワラをつかんで手放さない者は、新奇な世界を創造して、妄想者として生き残ってゆく。なお、小林秀雄の「一ツの脳髄」で描かれている異常体験は「脳髄」にまつわる強迫体験であって、妄想ではないが、強迫観念にも、妄想と似た特定意味贈与作用と言うべき生存救済能力はあると考えられる。第Ⅲ章の「「一ツの脳髄」から「感想」の破綻(終焉)へ」を参照のこと。

(3) フロイトが投射論を中断し、抑圧論で大きな成果を収めたのは、確かに喜ばしいことだが、ベルクソンの円錐体を凝視するならば、投射/収縮運動の裏面には常にぴったりと抑圧/記憶削減運動が張りついていることが明らかになるわけで、フロイトの論述方針変更は明瞭な方向変換ではなく、投射メカニズムの裏側のメカニズムにまわっただけだ、と理解される。

(4) このパスカルの箴言は、周知のように、ミシェル・フーコー『狂気の歴史』の冒頭に引用されており、田村俶訳では「人間が狂気じみているのは必然的であるので、狂気じみていないことも、別種の狂気の傾向からいうと、やはり狂気じみていることになるだろう」(七頁)となっている。

第V章　進　化

ベルクソンと進化

精神医学にせよ、哲学にせよ、およそ学問的な企てが総じて追求しているのは、人間の幸福だと言っていいだろう。つまり、幸福を否定してくる不幸事の調査研究も含めて、人生の幸不幸の研究こそが、いっさいの学問の根本の任務なのである。このようなことを書くと、陳腐だ、凡庸だ、と非難されるだろうが、人間、還暦を過ぎて生きていると、こういうふうに考えるようになる。しかし、人間の幸不幸という問題は、言うならば、難しすぎるから、若い人、若い頃には、その問題の重要さが分からないように仕組まれているのではないか、と思わざるをえないほど、厄介なのだ。幸不幸という問題に自分なりに決着をつけるために、私は「フロイトとベルクソン」なる問題にまで到達したと言っていいかもしれない。

しかし、本書の冒頭に記したように、この問題の決定的重大性を知ったのは、私が三十八歳の頃であり、こうして文章を練っている現在から四半世紀近くも離れた昔のことなのである。つまり、生命力が充満しているような時には気づかれず、気づいたり、知的にのみにもせよこれを理解して人生を考えたりするためには不惑になる必要があり、気づいたことを文章化して自身に刻み込むようにして確認する行為に出るには還暦を過ぎなければならない、そういう問題が確かにあるのだ。もちろん、私の念頭にあるのは、いわゆる生き甲斐論ではなく、広義世界観としての人生論でも価値論でも死生観でもない。

しかし、改めて言うまでもないが、幸不幸の問題も、これまたオイフェミスムス／アナクロニスムの渦動の中に陥りうる。日常で非常に頻繁に何かにつけて「幸か不幸か」と言われるように（「真偽はともかく」とか「事の良し悪しは別にしても」など、思い浮かぶままに挙げてもかなりの例が示されるだろう）、幸は不幸、不幸は幸、というような言葉が、われわれの経験にしみ込んできて、われわれに眩暈を起こさせ、判断を停止させる。

『聖書』におけるイエスの言葉、使徒たちの言葉の多く、神話に登場する言葉の多く、至高の知者たちの箴言の多く、そして民俗学的に発見される諺の多くは、この渦動の実在を見抜いてのものである。不幸が神意となれば、それは幸に転じうるし、幸が意図せずして神への冒瀆を含むなら、それは不幸に転じる。また、「理性」と「非理性」は双方が「生産労働の歴史」の中で区別されるがゆえに、そのまま幸と不幸に通じやすいが、双方の底に潜んでいる〈非理性〉はそう簡単に幸不幸の答えを出すものではない。〈無意識〉、〈無秩序〉も、〈非理性〉に似ていて、安易な「幸／不幸」の回答を拒否していると私には思われる。こういう自身の経験や際限のない日常茶飯事をいちいち点検していてもきりがないのでやめる。

だが、ここで思いきって、ベルクソンには何かしら人生の幸を誘うような明るさがあり、フロイトには人生の不幸をそのまま見つめるような暗さがある、そのように直観されて仕方がない、と言ったならばどうであろうか。これは他人に強要できる直観ではないが、ベルクソンという企て（人間）には一種独特の救済性が濃厚に感知され、フロイトという企て（人間）からは救われない気分が伝わってくるとしたらどうであろうか。

おそらく、答えはない。しかし、この答えのない究極の問いがこの二人の「無意識の発見者」から発せられていると強く実感されるゆえに、私は「なぜ生まれてきてしまったのか」との自問自答の夜に、独り、この二人の大思想家に身をもって拘泥するのをやめられないのであろう。

『物質と記憶』を刊行してから十一年目、ベルクソンは一九〇七年に第三の主著と言われる『創造的進化』を刊行した。作品の生命的輝度は著しく高まっており、ある種の美意識の亢進すら後者からは伝わってくるが、前者からの直截強烈な影響は明白であって、論は間然するところがない。『創造的進化』がいかに魅惑的で面白いか、読む者を幸福にする光輝と躍動にいかに満ちているか、少し読んでみたい。

このように、様々な道を通って、われわれは同じ結論に辿り着いた。節足動物の進化は、昆虫、特に膜翅類とともに、頂点に達し、同じように脊椎動物の進化は人間と共に頂点に達する。もし、昆虫の世界と同じくらい本能が発達している所はないこと、膜翅類と同じくらい本能が優れている昆虫の集団はないことに気づくなら、動物界の進化は、植物的生への後退を除けば、二つの分岐する道で行われ、一方の道は本能に向かい、もう一方は知性へと向かった、と言えるだろう。

植物の麻痺状態、本能そして知性――以上が、それゆえ結局、植物と動物に共通な生命の推進力において一致していた諸要素である。それらは、発達しながら、最も予見不可能な形態の中に姿を見せていたが、その発達の途中で、ただ増大するだけで分離せざるをえなかった。自然哲学の大部分を駄目にしてしまった、アリストテレス以来伝わる重大な誤りがある。それは、植物的生、本能の生、理性的生に、ある発達する同じ傾向の三つの連続した程度を見ることである。実際これらは、成長しながら分裂していったある行動性の、三つの分岐した傾向なのである。これらの相違は強度の、もっと一般的に言えば程度の差異ではない。本性の差異なのである。(『創造的進化』一七三―一七四頁。強調はベルクソン)

こういう文章に、私は希望を感じる。喜びを感じる。静かな幸福を感じるのである。なぜであるか、うまく説明できないが、亜熱帯樹林の河や海岸に沿って散策していて、無数の植物たち、無数の昆虫たち、多様多彩な動物たち、光り輝く魚たち、いや、広く生命たちすべてに出会ってわれを忘れる時に感じる静かな幸福感が、ベルクソンのこういう文章を読む時の喜びに最も近い、とでも言うしかない。自身が生命的な差異化の戯れの場所と化してしまう瞬間と言うべきか。自我がエスになる時、というのは乱暴にすぎるにせよ、自我が純粋な一つの真偽無記の〈生〉になる時、と言うべきか。

私の貧寒な体験では心細いから、おそらくは人類にとって範例的とも言いうる崇高かつ幸福な体験記述をここに引いておく。書いた人は、ジャン＝ジャック・ルソー（一七一二―七八年）である。

しかし魂が十分に強固な地盤をみいだして、そこにすっかり安住し、そこに自らの全存在を集中して、過去を呼び起こす必要もなく未来を思いわずらう必要もないような状態、時間は魂にとってなんの意義ももたないような状態、いつまでも現在がつづき、しかもその持続を感じさせず、継起のあとかたもなく、欠乏や享有の、快楽や苦痛の、願望や恐怖のいかなる感情もなく、ただわたしたちが現存するという感情だけがあって、この感情だけで魂の全体を満たすことができる、こういう状態があるとするならば、この状態がつづくかぎり、そこにある人は幸福な人と呼ぶことができよう。それは生の快楽のうちにみいだされるような不完全な、みじめな、相対的な幸福ではなく、充実した完全無欠な幸福なのであって、魂のいっさいの空虚を埋めつくして、もはや満たすべきなにものをも感じさせないのである。（ルソー『孤独な散歩者の夢想』八七―八八頁）

この有名な「第五の散歩」の一節の体験をした頃、ルソーは五十四歳くらいになっていた。当時としては、やや老年期に入っていたのだろうか。レトリック上はいろいろと読めるだろうが、私はここに時間も空間も超越して弛緩しつつ漂う恍惚と至福の比類なき実体験を読み取る。まさに「夢想」の中の「夢想」であり、世俗的企てのなさ、無時間性（永遠性としての瞬間性）、魂の独立性（＝宇宙性）は徹底している。これは明らかに、大自然との一体性がいわば発作的に生じてしまう崇高な神秘体験である。攻撃性も破壊性も消去された、異常に純度の高い死の欲動自体の顕現、つまりは涅槃境ないし寂光土の実現と言うべきか。自我が解消されてしまっているから、体験全体がうまく説明できず残念だが、エス自体すらも透明性を帯びてしまっている。大自然が快原理を秩序ある様式で包み込んでいるゆえに、と言うべきか。ともかく、実におおらかな気分、微光に輝く静謐なる冥界とでも言いうる何かがルソーから伝わってくる。

同様の雰囲気がベルクソンからも伝わってくる。そして、ベルクソンの場合、科学的探究が鋭敏であるせいか、このような神秘的気分は明朗かつ明晰な雰囲気すら帯びてくるのである。例えば物質についての文章が、ベルクソンのものは何ともおおらかに響いてくる。

物質に内在するほとんど数学的と言ってもいいような秩序、客観的な秩序が存在していて、われわれの科学は進歩するにつれてそこへと近づいていく。なぜなら、物質というものが、伸張的なものへの非伸張的なものの弛緩、ひいては、自由の必然性への弛緩であるなら、そうした物質は純粋な等質的空間と完全には一致しないとはいえ、かかる空間に至る運動によって構成され、したがって幾何学に通じる道の途中にあるからだ。確かに、数学的形式を持つ諸法則が、物質に完全に適用可能になることは決してない。このためには、物質は純粋な空間とならなければならないし、持続から抜け出さねばならないだろう。（『創造的進化』二七七―二七八頁。強調は渡辺）

前著『物質と記憶』の面目と見識が躍如としている。そして、さらに大きな世界で、いわば大宇宙で、「弛緩」という重要な言葉が、あたかも一つの福音であるかのように生かされている。これまた、おおらか、としか言えない思考である。ここに至って、記憶の円錐体で始められた収縮と弛緩の差異化は、はっきりと生命と物質への差異化の動き、すなわち宇宙的な記憶（持続）の差異化から生まれる二大分岐とされてくる。底面ＡＢにて夢の場所とされた過去記憶の場所は、ここまで来ると、宇宙的な記憶としての物質の場所、数学的に美しい秩序を永遠に含みもつ宇宙的な弛緩の場所として論じられ始める。宇宙的な記憶の収縮からは、言うまでもなく生命が差異化されてくる。

表題からして『創造的進化』である。進化、発展、成長、分裂に継ぐ分裂、分岐に継ぐ分岐、差異に継ぐ差異、この躍動する生命が明晰きわまる思考で論じ尽くされているのだから、これを読む者が、一つの〈差異化する場所〉として、あるいは〈差異化する場所〉の一つとして、幸福感に包まれるのはごく自然なことだと言っていい。だが、ベルクソンの真の、最奥の明るさ、彼自身が光源になってしまうような大肯定は、第四の主著と呼ばれる『道徳と宗教の二源泉』（一九三二年）にあると考える人もいるだろう。エラン・ヴィタールが究極的にどこに至ったか、何に向かったか、これも幸福なる救済を語るベルクソン、という理解を徹底させるために想起しておいたほうがいい。

> すなわち、感覚及び意識によって正常な事実と病的な状態とを観察すれば、一面、記憶の生理学的説明は不充分であり、追憶の保存を脳髄に帰することは不可能であることがはっきりわかるし、他面、記憶が、現在の行動に厳密に必要であるものしかひき渡さないために収縮する点から、不滅な過去をあますところなく展開する究極面に至るまでの、その継続的膨張を跡づけてゆくことは可能であることがはっきりわかる。我々は、このようにして円錐の頂点から底辺に至った、と比喩的に言っていた。この円錐はただその尖端だけで物質のなかに嵌まり込んでいる。我々は、この尖端を離れるや否や、直ちにひとつの新しい領域に入りこむ。それはどんな領域なのか。それは精神だと言っておこう。次第によっては魂に属するものと言ってもよい、だがその場合は、用語法を変えて、この言葉に、恣意的な定義をではなく、体験の総体を含ませての話である。我々は、こうした経験的究明からして、死後における魂の生存の可能性を、そして、その蓋然性さえも結論する。というのは、我々は、すでにこの現世のときから、肉体に対する魂の独立性らしいものを観察しただろうし、それにいわば指で触れただろうからである。（『道徳と宗教の二源泉』三二二―三二三頁。強調は渡辺）

ベルクソンの生涯にとっての『物質と記憶』という著作の衝撃力がいかに決定的で、いかに強烈、そして深遠なものであったことか、改めて驚嘆してしまう。『物質と記憶』から三十六年、『創造的進化』からでも二十五年の歳月が経過しているのだが、記憶の円錐体は、ここに至って、「死後における魂の生存」そのものに、（先端Sが物質面Pから遊離したなら）「魂の独立性」の本体になってくる。この思索のフォルムの一貫性と徹底性にこそ、「死後における魂の生存」を説く内容とともに、あるいはこの神秘思想的な内容以上に、われわれを幸福にする力が存するのだろう。

つまり、比類なく明晰な、しかしまた同時に祈りに等しい思考がベルクソンによってなされており、このような思考は、内容を超えて、われわれにとって魅惑的であるのだ。私は先にパスカルの〈狂気〉にまつわる凄絶とも言うべき感覚についての箴言を引用して、ベルクソンの狂気観の悪しきナイーヴさ、言うならば単純素朴を少し批判したつもりになったのだが、ベルクソンの神秘感覚がここまで亢進してくると、ベルクソンの極限にまで研ぎ澄まされた「理性」が急転直下、〈非理性〉に化す光景を目のあたりにする思いが強くなり、先の批判を撤回したくもなるのである。

死後の霊魂の不滅について

『道徳と宗教の二源泉』から引用した文章個所をもう一度読み直してみよう。くどくなるから反復引用はしないが、断片的に引くと、「それは精神だと言っておこう。次第によっては魂に属するものと言ってもよい」、「体験の総体」、「死後における魂の生存の可能性」、「肉体に対する魂の独立性」などとある。ベルクソンが死後の霊魂の不滅存続を信じていた、あえて言うなら知っていたのは明白である。重要なことゆえ、確認しておく。同じ文章個所の少し前のほうには、「この円錐はただその尖端だけで物質のなかに嵌まり込んでいる。我々は、この尖端を離れるや否や、直ちにひとつの新しい領域に入りこむ」と書かれている。「円錐」が「尖端」を、SP領域を離れ、記憶の「継続的膨張を跡づけてゆく」と、そこに「死後における魂の生存」が経験される、とベルクソンは明言している。「尖端」は、ここでは脳とも身体とも、身体習慣と感覚的・運動的に相即する物質的宇宙とも解されてよいが、肝要なのは、身体と宇宙の解体によって「記憶」(の継続的膨張の跡)が「死後における魂」として自由を得て、「イデアの世界」たる「故郷」(夢・冥界のさらなる向こう側)に帰ってゆく、という論理の明晰さ、信念の強靭さ、その信念のある種、非宗教的な特質である。

ずいぶんと大胆なことだとも思われるが、読んでいて私の気持ちが安らぎを感じているのも、これまた事実なのである。この私の気持ちの安らぎがベルクソンの思索の比類なき明晰さに依拠していることも明らかである。等質的時空間の中を騒ぎまくるだけの科学的言説とも、願望の産物たる世界観哲学の言説とも異なるベルクソンの静かな言葉は、こうして私にも、私の死後の経験を強く示唆してくれる。こういう学問は、まさしく類例がないのだ。「魂の落下が生の始まり」(つまり、魂は生命でも自然でもない、ということだ)というプロティノスの考えを大肯定のもとに引いたベルクソンが想起される（「夢」一一六頁）。「一八九六年来、『物質と記憶』の結論として、魂の死後存続の信念に達していた」とジャック・シュヴァリエに答えていたベルクソンが想起される（シュヴァリエ『ベルクソンとの対話』三一〇頁）。

だが、ここで一気に霊魂論に突入するのは、やはり危険だろう。ベルクソン自身、思索をここまで徹底してきても、なお「（円錐の）先端＝物質」という謎を決定的に重要な問題として手に握りしめているのだ。もはや、本書の執拗なリフレインとなってしまった観があるが、ここでもまた「魂の死後存続」という経験と「物質」存在との関連を考えておくことにする。

さて、円錐体に関して、その底部が、まず人生の全記憶（パノラマ）ないし夢の場所として、次いで『創造的進化』になると純粋持続の弛緩ゆえに生じた（数学的秩序を内に秘めた）物質の場所として、そしてここに至って「精神」、「魂」の場所として説かれているが、ここには明らかに二種類の物質性が現れている。一つ、円錐の先端が入り込んでいる「物質＝知覚」。一つ、弛緩の果てに生命と差異化されて底面に顕現してくる「物質（＝非有機体、非生命体、非知覚体、無機物）＝精神（「記憶」とも「夢」とも「幻覚」とも、そして「魂」とも言われうる）」。いつも必ず一貫した明快な論理を徹底させてくるベルクソンにしてはどうであろうか、と以前から気になっていたし、本書第Ⅲ章の「無機物（フロイト）と物質（ベルクソン）と」と題した節ですでに触れたのだが、何度でも繰り返して問うべき問題であるゆえ、繰り返す。

弛緩の果てに底面に顕現してくる「物質」にフロイトの言う「無機物」（無生命体）を感知した今、円錐の先端が突き刺さっている「物質」（知覚）には生ける身体的（知覚的）物質性が、底面の不滅の過去に拡散する物質（精神）には死せる精神的（非物体的）物質性が、それぞれ対応すると考えて、これをベルクソン特有の新たで、かつ徹底した唯物論への格好の入り口とみなすべきではないか。神秘家ベルクソンと徹底した唯物論者ベルクソン、この一見したところの矛盾は興味深いことなので、避けて通りたくとも、できない相談だろう。

少し余談めいてしまうが、絶対に矛盾すると感じられる二つの物質性を語っても、そこになお独特の透明性と純粋性を顕現させるベルクソンの思索（企て方）は、フロイトのそれと比べると、やはり美しい、人を幸福にする何かがいつも発散されているものだと感じられる。フロイトの感覚、思考と文章が美しくない、とは言っていない。おそらく、信仰の深さと音楽的精神による、フロイトと異質な美しさがベルクソンの思考にはあるのだ。そのような空前絶後の企てとしてのベルクソンの唯物論を、私は以下のような経験に則した文章に見出すのである。

かつて我々は、「心霊学」によって蒐集された観察のうちから、次の事実に注目したことがあった。ある婦人があるホテルの上の方の階にいた。彼女は下に降りようと思って階段の踊り場《パリエ》に行った。エレベーターの箱を閉ざすための扉はちょうど開いていた。この扉はエレベーターが階に止まった場合にしか開かないはずだったから、当然彼女はエレベーターがそこに来ていると信じ、それに乗ろうと突進した。突然、彼女は後ろに突き飛ばされるのを感じた――エレベーターを運転する男がちょうどその時現われて、彼女を踊り場に押し戻していたのである。この瞬間、彼女は放心から目ざめた。彼女は、そこには男もいなければ、エレベーターも来ていなかったことを確認して、仰天した。エレベーターは下方に止まっていたのに、装置が故障していたので、彼女のいた階で扉が開き得たのだった。彼女は空っぽのところに飛び込もうとしていたわけである――その時、奇跡的な幻覚が彼女の生命を救ったわけである。この奇跡が容易に説明されることはいうまでもない。この婦人は現実の事実に基づいて正当に推論していた。なぜならば、扉は実際に開いていたし、従って、エレベーターはその階に来ているはずだったからである。彼女はエレベーターの通路が空っぽなのを知覚してさえいたら、そうした間違いをしなかっただろうが、しかし、推理に引き続く行動がすでに始まっていたので、そうした知覚も、あまりに遅すぎて、間に合わなかっただろう。その時、推理する人格の下にいた夢遊病的な、本能的人格が出現したわけである。この人格は危険を認めていた。直ちに行動せねばならなかった。この人格が、即座に彼女の身体を後方にはねとばし、と同時に虚構の幻覚的知覚を現出させていたのである。このような知覚が、外見的には不条理な運動を挑発するのに、またそれを説明するのに、最も適していたわ

けである。(『道徳と宗教の二源泉』一四六―一四七頁)

これは簡単に解読できる文章ではない。決して簡単に解読すべき文章でもない。まず、われわれは合理主義的解釈を特別に好み、またベルクソンにも同じ合理的実証主義的解釈を要請してしまう点、自戒しなければならない。われわれは実際には何も理解できていないにもかかわらず、「幻覚」だ、「夢遊病」だ、「本能的人格」だと言われると、すべてが分かったかのような錯覚に陥ってしまう。あるいは、「エレベーターを運転する男」が十人の人の危機を二回以上救ったら信じてもいい、などと問題を初等算数の次元に引き下げてしまう。謎の名前がすり替えられただけで、謎は謎のままなのである。

この『二源泉』を書いていた頃、ベルクソンはすでに聖女テレサと十字架の聖ヨハネに代表されるスペイン・カトリック神秘主義に、いわば全身全霊をもって帰依してしまっていたことが忘れられてはならない。つまり、晩年に入りつつあったベルクソンにとって、「幻覚」や「夢遊病」はもはや誤謬ではなく、不毛な狂気の空虚な産物でもなく、精神が物質化する実例、宗教発生の源泉になっていたのである。「奇跡」も「虚構」も力学的実在性を帯びてきている。(弛緩・拡散を前提とした)「幻覚」と(緊張・収縮を前提とした)「知覚」の使い分けが曖昧になってきている事実も、これまでのベルクソンではありえないことで、興味深い。だが、しかしそうでなければ、この婦人の身体が「後方にはねとば」された勢いも、この婦人が「後ろに突き飛ばされる」と実感した経験も生じようがあるまい。この生々しいまでに露骨なまでに物質化する精神をこそ、ベルクソンはこの婦人のエレベーター体験の逸話で伝えたかった。ここに「肉体に対する魂の独立性」、さらには「魂の死後存続」という考えが不動の前提として潜在しているのは言うまでもない。

神秘体験へのベルクソンの途方もない親和性に深く共感したからこそ、小林秀雄は、その長大なるベルクソン論「感想」を、「門を出ると、おっかさんという蛍が飛んでいた」（『感想』一、(上)一二頁）という論証不可能かつ論証不要な自明事から、個人的経験から始めたのである。小林秀雄にとっても、ベルクソンにとっても、個人的な経験は自明の経験であって、それをこと改めて、神秘だ、奇跡だ、と大声で騒ぎ立てる必要などまったくなかったのだし、実証主義的説明や統計論的解釈は個人的な経験の自明性を台なしにするだけの抽象的おしゃべりにすぎなかったと言っていい。

ここで即座に生ずるべきは、円錐体の先端から底面方向へと起こっている記憶（＝夢、生命）の弛緩という出来事の連想である。精神の物質化という、強いて言うならば神秘的な出来事が、「夢遊病的人格」、「本能的人格」、「幻覚的知覚」の出現という形で、精神（記憶）の弛緩として、精神の実体化として、明快に理解されるのである。

円錐体の先端がそこに突き刺さる際の物質化（身体化、知覚化）にせよ、精神の弛緩化としての精神の実体化／物質化にせよ、われわれは、記憶／精神が複数ないし多元的な物質性で包囲されうる（多元的に物質化しうる）光景を目にすることになる。肝要なのは、この円錐体が質的に差異化されて多元的に物質化を起こす、という経験であろう。そうでなかったら、ベルクソンが、また小林秀雄が、ともに奇怪とも言うべきマテリアリストと化して、それぞれに考え抜いた果てに、当然のごとく、物理学と心霊学に同時に同等のエネルギーを注ぎ続けた理由が分からなくなるのである。精神が多元的な物質性に向けて差異化していく光景が生々しく思い浮かぶとき、ベルクソンがずいぶん昔に、すでに『物質と記憶』で、観念（表象）であって物質的、物質であって観念（表象）的とでも言うしかない「イマージュ」なる言葉、まるで精神が物質化した瞬間のための言葉、あるいは物質が精神化した瞬間のための言葉を使い始めたことが、改めて大変意味深く感じられる。誤解が多いから使わなくなってしまったのだろうが、ベルクソンは「イマージュ」なる言葉を、まさしくオイフェミスティッシュに使い始めたのだと私は思う。唯物論と唯心論に対する、また一元論と二元論に対するベルクソニスムの神的なまでの平衡感覚を感じるとき、このように使われ始めた「イマージュ」なる言葉の異常な力は見逃されてはならない。

大岡昇平は、『文學界』の「追悼特集・小林秀雄」（昭和五十八（一九八三）年五月）で大江健三郎を相手に、「いや、彼（小林秀雄）は最初から対象の存在は怪しいと思ってたんだ。壁をなめたのもその現われだけど、彼が書いた「心なければ物なし」という書がありますがね」と語り、続いてエレベーターを操作する男に救われた婦人の話に移って、「それが精神が対象を生み出すんだと（小林秀雄は）言うんですけどね」と少し困惑しながらも、深刻に、かつ懐かしそうに回想している（大岡昇平・大江健三郎「特別対談　伝えられたもの」二四―二五頁）。「心なければ物なし」とは実に切実な経験であって、ここから「精神あれば物質あり」という多元的マテリアリズムと言っていい思考ないし感受性は必然的に、かつストレートに出てくるわけである。

私はこの章を書き始めるにあたって、人間の「進化」を論じたベルクソン、人間の「退化」を凝視し重視し続けたフロイト、といった漠然とした想定を抱いていたが、同時に、そんなに単純なことで事が済むはずもない、との確信をもっていた。

ともかく、まずベルクソンの思索に触れる時の奇妙に幸福な感覚、ベルクソンから発せられる明るさ、『創造的進化』という書名が明瞭に告知してくる生命の創造性と生命の進化性への信頼は明白だった。だが、彼の思索はだんだん激しさを増していったように思われる。「ある発達する同じ傾向の三つの連続した程度」ではなく、「植物的生」、「本能の生」、「理性的生」は生命が一気に爆発的に破裂して飛散してゆく激烈な質的差異化にほかならないとベルクソンが断定するとき、私は何かしら生命の輝きに溢れた戯れの美しさと楽しさを直截に教えられたような幸福な気分になった。それは、立て続けに永遠に破裂し続ける巨大で比類なく美しい絢爛たる花火をまざまざと見つめているような気分なのかもしれない。また、物質が弛緩しつつ際限なく等質的空間に肉薄してゆくのを思う時にも、物質にこもっている美しい幾何学の秩序への意志、ないし音楽的な透明化への意志のごときものを感じて、うれしかった。

そして、さらに、とどまるところを知らないかのように、ベルクソンは「死後における魂の生存の可能性」、「肉体に対する魂の独立性」へと論証を進める。すべては記憶の円錐体の動かし難い妥当性と、そこから発するいっさいの可能性の直覚と鋭い分析に基づいて論証されているので、非の打ちどころがないのである。ベルクソンは自身の〈無秩序〉、〈非理性〉、〈無意識〉の（夢からの）覚醒過程に即応する形で、次々と巨大かつ綿密な思想を展開していったが、これは人間の「進化」の範例ではあるまいか。ベルクソンから伝わってくるのは、哲学体系でもなく、新たな世界観でもなく、新奇な知識群でもない。アンリ・ベルクソンという一人の人間がいかに際限なく覚醒していったことか、いかに高貴な、至高の、とも言うべき神秘の精神に迫っていったことか、言葉の最奥の意味での人間の「進化」が彼によっていかに見事に実演されたことか、これがわれわれを打つのである。と同時に、ベルクソンが最後まで「神秘」と「狂気」という問題から離れずに（双方を隔てる距離には複雑微妙から単純素朴へというかなりの振幅があるにもせよ）、いかに執拗に拘泥し続けたことか、いかに徹底して思索し抜いたことか、その比類のない誠実さも、われわれの心を打つ。

ある狂人は自分を皇帝だと思いこむだろう。彼は自分のしぐさや言葉や行為にいかにもナポレオンらしい風貌を与えるだろう、そして、まさしくこの点が彼の狂気であろう——だが、そうしたことが幾分かでもナポレオンの名誉を傷つけることになるだろうか。それと同様に、神秘主義を変に真似ることもできようが、それは神秘的狂気というものだろう——このことから、神秘主義は狂気だと言えるだろうか。それにしても、恍惚や見神や狂喜が異常状態であり、そして、異常なものと病的なものとの区別は困難であることは、異論の余地がない。（『道徳と宗教の二源泉』二七九頁）

超人的な覚醒への努力が常に「狂気」に遭遇してしまうことは不思議である。おそらく「理性」と「非理性」に分割される以前の潜在的な〈非理性〉、さらに言うならば〈無意識〉、〈無秩序〉を抱え込んだまま生まれ、生きて、もがいて、死んでゆく、人間という宿命が、いつでもこの不思議を惹起している。ここにはパスカルの凄まじい狂気感覚にどんどん肉薄してゆくベルクソンの狂気観の動きが感知されるのだが、パスカルに拘泥するのをやめて、フロイトとベルクソンの歩みの異同に視点を戻しても、〈無秩序〉、〈非理性〉、〈無意識〉、〈狂気〉からの覚醒に徹するか、それとも〈無秩序〉、〈非理性〉、〈無意識〉、〈狂気〉に沈降していって、深々度の暗闇の探究としての人間の探究に徹するか、やはり亀裂は走ってしまう。ここでもまた、二人の正反対方向への歩みが見えてくるのである。

繰り返すことにもなるが、ベルクソンは「生活（生）への注意」力を高め続け、生ける物質に突き刺さりつつ未来に進みゆく記憶先端であり続けんと欲し、現実における即座の行動に直結する絶えざる覚醒を、弛緩の極からの急峻な緊張・収縮の無限の反復過程を、人間的生命のあるべき「進化」と考えていた。その果てに「肉体に対する魂の独立性」と「魂の死後存続」への「進化＝超人化」が起こることは（ここにはすでに、緊張・収縮＝弛緩・拡散という、どうしようもない円錐体固有のパラドクスが侵入し始めているわけだが）、ベルクソンにとっては、聖女テレサと十字架の聖ヨハネの神秘体験において完全に実証済みのことであった。

原始単細胞から不滅の霊魂への「進化」、これは途方もない信仰告白のように思われるかもしれないが、ベルクソンは、意識の現象学から、記憶の存在論へ、生命の差異化躍動論へ、不死不滅の霊魂論へと徹底した思索を推し進めたのであって、自身の思いつきに酔ったのではない。彼にはいっさいの宇宙的出来事が際限なき差異化の連続として直観されたから、その直観されたところを分析してみただけだ、ただそれだけのことなのである。ベルクソンがニーチェに対して慎重であった事実は記録されているが、ベルクソンにとっても、「進化」とは一種独特の「超人」への歩みであったのだと私は思う。

トルストイの『イワン・イリッチの死』を再読する

死後の霊魂の不滅を信じるに至るまでベルクソンを導いてきたのが『物質と記憶』という純粋に知的かつ学理的な書物であり、かつまたその中枢に位置する記憶の円錐体図式を発見したベルクソンの徹底的に科学的かつ経験的な思考であるなら、「死後における魂の生存の可能性」あるいは「肉体に対する魂の独立性」についての確信は、その発生において、個人的信念や宗教的信仰とはかなり遠いものだ、と言わねばならない。繰り返すが、厳密に言えば、ベルクソンは、信じたのではなく、死後の霊魂の不滅を知っていた、認識していた、それ以外の論理的思考は不可能だった、と言うべきである。それほどまでに、記憶の円錐体は科学的に発見された図式なのである。この円錐体発見のベルクソンの思考過程は、物理学を範とする自然科学よりも科学的であり、いっさいの世界観哲学よりも学として厳密に哲学的である。

これほど厳密に科学的に見出された記憶の円錐体が、同時にまた、まるでカメレオンのように、見る者が欲するところに応じて、眩暈を引き起こすほど多様にその見え姿を変え続ける事実には、これまで繰り返し幾度も述べてきたわけだが、改めて驚嘆させられる。

この円錐体は、まさに変幻自在、神変不可思議なのである。内容的には反復になるが、表現を少し変えて言うなら、この円錐体は「物質記憶連続体」、「物質精神連続体」（小林秀雄）、「知覚夢幻（幻覚）連続体」、「有機無機連続体」、「現在過去連続体」なのであり、また翻って考えるなら「自我エス連続体」なのであって、ついには「生死（肉霊）連続体」でもあるのだ。この円錐体は、まさに万有の万華鏡であるとしか言えないのである。しかも、このような意味の異常な際限のなさは、ベルクソンの円錐体の混沌たる万能を意味するのではあるまい。むしろ、「汝自身を知れ」というデルポイのアポロン神殿の神託がベルクソンに至って、真に濃厚な経験的具体性（われわれの足元に潜んでいるオイフェミスムス／アナクロニスムの特質）を帯びただけだ、と考えるべきである。

そして、先に記したように、『物質と記憶』が『意識に直接与えられたものについての試論』の完成に事実上先行する形で生成し始め、やがて『創造的進化』を経て『道徳と宗教の二源泉』へと大展開してゆく事実を凝視するなら、円錐体が如実かつカメレオン的に表現している右に列挙した数々の連続体の中で、「生死（肉霊）連続体」とされたものが特別に深刻にアンリ・ベルクソンなる人物に感受されたことは明白なのである。現実原理あるいはエロースに則して収縮し、快原理あるいは死の欲動の支配下で弛緩することをやめないこの円錐体の運動は、まさしく永遠に続く。記憶が、精神が、過去が、魂が永遠だから、この円錐体は、肉体と知覚（物質）的宇宙が解体してもなお、全体としては根本において永遠不滅なのである。

このとき極度に深刻な問題となるのは、「死ぬという経験」だろう。先にSP領域と称してきた相即現場が永遠に切断される時の円錐体激変の瞬間の経験だろう。これは、太古に人類に物心がついてからの一貫した最大関心事なので、多言を要することではあるまい。円錐体の収縮が生命の緊張を、その弛緩が死滅という拡散を暗示しているのは確かだが、人間という生き物にとって、生涯にわたってまとわりつくのは、日常的行動と知覚の膨大な断片の集積ではなく、やはり「人は必ず死ぬ」という冷厳なる事実である。少なくとも私はこの残酷な事実に幼い頃から途方もない恐怖を覚え続けて、今日に至っている。この絶体絶命の酷薄な恐怖ゆえに、私は円錐体の収縮ではなく、その弛緩に比較を絶した関心を抱かざるをえないのだ。

さて、死については膨大無数の言葉が費やされている。だが、その言葉の感銘の深さ、重さは、その言葉に触れた者に生じる恐怖の強さによってのみ痛感されるのではないか。その意味で、私はレフ・トルストイ（一八二八―一九一〇年）の短篇『イワン・イリッチの死』[1]

（一八八四―一八八六年）という言語作品以上に深く重いものを知らない。この短篇は大文豪トルストイが五十八歳になって書き終えたもので、すべてにおいて凡庸な裁判官イワン・イリッチが病んで死ぬ経過を信じ難いまでのものすごい想像力でもって書ききったものだ。

ちなみに、この恐ろしい短篇が世に出たとき、フロイトは三十歳、ベルクソンは二十七歳であるが、二人がほかならぬ『イワン・イリッチの死』を熟読承知していたか否かは不明である。また、この短篇について二人が何かを語っていたか否か、私は寡聞にしてまだ知りえていないが、二人ともこの凄絶な短篇小説を読んでいたと想定していけないことはない。しかし、この件についての確証的資料を私は知らない。

エレンベルガーも、ピーター・ゲイも、トルストイとフロイトの関係には触れていない。アーネスト・ジョーンズが、フロイトの友人になったルー・アンドレーアス＝ザロメ（一八六一―一九三七年）がトルストイの友人でもあったことを記しているが（『フロイトの生涯』三三八頁）、フロイト自身とトルストイの関係は記されていない。『ルー・ザロメ回想録』にも、トルストイとフロイトの関係は書かれていない。

ベルクソンとトルストイについては、特にウラジミール・ジャンケレヴィッチ（一九〇三―一八五年）が、大局的見地から、貴重な見解、とりわけ相互の宗教的思想家としての社会的行動の類似と相違について幾度か簡潔に触れている（『アンリ・ベルクソン』九九―一〇〇、二五九、三二三―三二五、三六一、三八四―三八五頁）。トルストイとベルクソンの「死」に関する思想的ないし感覚的差異についてのジャンケレヴィッチのかなり興味深い考えについては、のちに少し触れることになるだろう。

さて、ここで『イワン・イリッチの死』の決定的に重要と思われる終末部を、かなり長くはなるが、そのまま引用し、再読してみたいと思う。これほどの文学作品は、要約紹介や断片化した上での解説を峻拒するものだ。小説はイワン・イリッチの葬儀場面から始まり、そのすぐあとに「イワン・イリッチの死」（『イワン・イリッチの死』一八頁）と書かれている。イワン・イリッチは四十五歳で、中央裁判所の判事として死んだ」（『イワン・イリッチの死』一八頁）と書かれている。人間としても、夫としても、父親としても、判事としても、とにかくあらゆる点で凡庸な男が凡庸に死んだことが比類のない文章で綴られている。これ以上の説明はやめる。以下は、最終章の全文である。


この瞬間、なんとも言えないほど恐ろしい叫び声がはじまった。これが三日の間ひっきりなしに続いたのである。それは二間《ま》へだてた所で聞いても、ぞっとせずにいられないほどであった。妻に返事をしたその瞬間、彼はもうだめだと悟った。もうとり返しはつかない、最後が来たのだ、本当の最後が来たのだ。しかし、疑惑はいぜんとして解決されず、そのまま疑惑として残っている。

「うう！　ううう！　うう！」彼はさまざまな音調でわめいた。彼は『死ぬう』と叫びだしたのだけれど、そのままただ『う』の音を続けているばかりだったのである。

その三日の間、彼にとっては時間というものが存在しなかった。彼はその間ひっきりなしに、打ち勝つことのできない、目に見えぬ力により押し込まれた、黒い袋の中でもがき続けた。ちょうど死刑囚が首斬人の手の中で暴れるように、しょせんたすからぬと知りながら、暴れまわった。どんなに一生懸命もがいても、しだいしだいに恐ろしいもののほうへ近よってゆく、彼はそれを各瞬間ごとに感じた。彼は感じた——自分の苦しみは、この黒い穴の中へ押し込まれることでもあるが、またそれと同時に、ひと思いにこの穴へ滑り込めない事に、より多くの苦痛が含まれている。ひと思いにすべり込むじゃまをしているのは、自分の生活が立派なものだったという意識である。こうした生の肯定が彼を捕えて、先へ行かせまいとするために、それがなによりも彼を苦しめるのであった。

突然ある力が彼の胸や脇腹をついて、ひときわ強く呼吸を圧迫した。と、彼は深い穴の中へ落ち込んだ。すると、その穴の端のほうになにやら光りだした。彼は汽車に乗っている時に似た気持を経験した。前のほうへ進んでる気でいると、今度は後ろへ向けて走っているようにも思われる。そのうちにとつぜん、本当の方角がわかってくるのである。「そうだ、なにもかも間違っていた」と、彼はひとりごちた。『しかし、それは別にかまやしない、大丈夫、大丈夫「本当のこと」をすることもできる。だが「本当のこと」とはなんだろう？』と彼は自問した。と、急に静かになった。

それは三日目の終りで、死ぬ二時間まえのことであった。ちょうどこのとき、小柄な中学生がそっと父の部屋へ忍び込んで、寝台のそばへ近よった。瀕死の病人は絶えず自暴自棄に叫び続けながら、両手をふり回していた。ふとその片腕が中学生の頭に当たった。中学生はその手をつかまえて、自分の唇へもってゆくと、いきなりわっと泣きだした。

ちょうどその時、イワン・イリッチは穴の中へ落ち込んで、一点の光明を認めた。そして、自分の生活は間違っていたものの、しかし、まだ取り返しはつく、という思想が啓示されたのである。彼は「本当の事」とは何かと自問して、耳傾けながら、じっと静まりかえった。その時、誰かが自分の手を接吻しているのを感じた。彼は眼を見開き、わが子のほうを見やった。彼は可哀そうになってきた。妻がかたわらへ寄った。彼は妻を見あげた。妻は口を開けたまま、鼻や頬の涙を拭こうともせず、絶望したような表情を浮かべながら、じっと夫を見つめていた。彼は可哀そうになってきた。『そうだ、おれはこの人たちを苦しめている』と彼は考えた。『可哀そうだ、しかし、おれが死んだら、みんな楽になるんだ。』彼はそう言いたくなったが、口に出す力はなかった。『だが、なんのためにそんな事をいうんだ、実行すればいいじゃないか』と考えた。彼は妻に目顔をしてわが子をさしながら、こう言った。

「連れて行け……可哀そうだ……お前も……」彼はまた『許してくれ〔プロスチー〕』と言いたかったが、「ゆるめてくれ〔プロプスチー〕」と言ってしまった。[2] そして、もう言い直す力もなく、必要な人は悟ってくれるだろうと感じながら、ただ片手をひとふりした。

すると、とつぜん、はっきりわかった——今まで彼を悩まして、彼の体から出て行こうとしなかったものが、一時にすっかり出て行くのであった。四方八方、ありとあらゆる方角から。妻子が可哀そうだ、彼らを苦しめないようにしなければならない。彼らをこの苦痛から救って、自分ものがれねばならない。『なんていい気持だ、そして、なんという造作のないことだ』と彼は考えた。『痛みは？』と自問した。『いったいどこへ行ったのだ？　おい、苦痛、お前はどこにいるのだ？』

彼は耳を澄ましはじめた。

『そうだ、ここにいるのだ。なに、かまやしない、勝手にするがいい。』

『ところで死は？　どこにいるのだ？』

古くから馴染みになっている死の恐怖をさがしたが、見つからなかった。いったいどこにいるのだ？

死とはなんだ？　恐怖はまるでなかった。なぜなら、死がなかったからである。

死の代わりに光があった。

「ああ、そうだったのか！」彼は声にたてて言った。「なんという喜びだろう！」

これらはすべて彼にとって、ほんの一瞬の出来事であったが、この一瞬間の意味はもはや変わることがなかった。しかし、そばにいる人にとっては、彼の臨終の苦悶はなお二時間つづいた。彼の胸の中でなにかことこと鳴った。衰えきった体がぴくぴくとふるえた。やがて、そのことこと鳴る音もしわがれた呼吸も、しだいに間遠になって行った。

「いよいよお終いだ！」誰かが頭の上で言った。

彼はこの言葉を聞いて、それを心の中で繰り返した。『もう死はおしまいだ』と彼は自分で自分に言い聞かした。『もう死はなくなったのだ。』

彼は息を吸いこんだが、それも中途で消えて、ぐっと身を伸ばしたかと思うと、そのまま死んでしまった。（同書、九九―一〇二頁）

これほどまでに長い引用をしたのは、私にとって初めてである。息子と妻が描かれている文章は引用せずともよかったか、と何度も悩んだ。しかし、そうはいかないのである。前半分を省略して引用してしまうと、イワン・イリッチの死の具体性が致命的に稀薄になってしまい、全体が二流の哲学者の感想文的論文のように空疎になってしまうのだ。ともかく、大文豪の芸術作品の引用など可能なら避けるべきで、そんなに長い小説ではないのだから、岩波文庫（本文はちょうど一〇〇頁にすぎない）の全文が読まれるべきなのである。

しかも、この長い引用の内奥を感知するためには、実は直前の第十一章の一部をさらに読むべきなのだが、それでは読者の疲労がひどくなるだろうから、しばらく間を置いてから立ち返ることにする。

それにしても、読み返すごとに深い感銘を受ける小説である。人間の究極の宿命への問いを思うに、この『イワン・イリッチの死』は、まさに究極の問いの絶頂をなしていると私は思わざるをえないのだ。

『イワン・イリッチの死』と正宗白鳥

死とは何か、死後霊魂は不滅であるか、人間の死を救ってくれる神秘的次元ないし存在は本当にあるのか、それとも孤独と懐疑と絶望の果てに断末魔の叫びが響きわたって完璧なる虚無に終わるのがそもそも人生なのではないか。正宗白鳥（一八七九―一九六二年）が、おそらくはその人生において、半世紀以上にわたって何度も何度もトルストイの『イワン・イリッチの死』を読み返していた事実を知って、その心意に納得できるのは、われわれがこういう恐怖すべき疑念に取り憑かれる時である。正宗白鳥ほど、トルストイに、そしてその『イワン・イリッチの死』に異常に深い関心を持ち続けた文学者（キリスト者と言うべきか）は世界的に見てもいないのではないか。少なくとも私は寡聞にして一人も知らないのである。この正宗白鳥の『イワン・イリッチの死』読後感の微妙な変化を丹念に追ったのは山本健吉（一九〇七―八八年）である。

『イワン・イリッチの死』を反復熟読する正宗白鳥の文章から、異なった時期に書かれた四つの文章を取り上げて引用した山本健吉は、冷徹酷薄なまでの大批評家の、この短篇に対する微妙至極な変化を見逃していない。ここでは二つの文章を示しておきたい。

まず昭和九年の文章、白鳥五十五歳の時のものである。

ボードレールやポーは、死の恐怖を描き、或は死の姿を美術品のように享楽した。トルストイは、有るがままの真実を描いた。しかし、そのトルストイにしても、イリッチの最後に於て、甘いお説教をくっつけている。トルストイは多年死の問題に没頭した結果、この「法悦」の境地を見つけたつもりで、それを見つけたればこそ、『イリッチの死』を書く気になったのであろうが、私は、その点では首を傾けないではいられなかった。夏目漱石から「則天去私」を聴かされたようであった。（山本健吉『正宗白鳥』一六七頁より。現代かな遣いに変更）

実に辛辣だが、これほどまでに正直かつ公平無私にはなかなかなれないものだと痛感させられる。この批評は皮肉な私情に満ちているようで、実は無私なのだ。正宗白鳥にかかると、夏目漱石も森鷗外も（いい加減なことを書いたりしたりすると）容赦なく切って捨てられる。彼自身によってほとんど最高に尊敬されているはずのトルストイも、ここではばっさりと切られているが、自己の感情と自己の思索の絶対矛盾（これゆえに多くの批評家の真の批評精神が萎えてしまう）など、正宗白鳥という人には容易に克服可能だったのかもしれぬ。

さて、次は昭和二十六年、白鳥七十二歳の時のものである。

トルストイなどに於て、小説も極致に達していると我々は思っていたが、それより上、それより先がまだありそうである。私は、ますます老境に進んでいるため、『イリイッチの死』の如き作品にしみじみ心を惹かれるのであるが、つまりは、世界のどんな作家だって、真に徹して死を見極める事は出来ないのだ。死後の世界を、地獄だの天国だの、永遠の生命とか、何かと幻想して見たって、それは畢竟心の遊びであるが、しかし、生きている間の人間の心の動きを見極めたら、そこに前生の影も死後の影も映っているのが見えそうに空想される。それは『カラマゾフ』などドストエフスキーの或作品や、トルストイの晩年の作品を読むと、人間と云う生物の執念が、生れる前、死んだ後までも纏わっているように感銘される事がある。彼等は永遠の生命を持っていそうなのである。作家たる彼等自身がそれを持っていそうだ。（同書、一六九―一七〇頁より。現代かな遣いに変更、強調は渡辺）

思わず強調のための傍点を付してしまったが、ほかならぬ、異常なまでに理知的と言うべき正宗白鳥が「永遠の生命」と言い、含羞を込めつつも霊魂不滅の神秘思想に近づいていくのは、驚くべきことである。イワン・イリッチの神秘の心境が半世紀以上もの歳月の中で徐々にしみ込んでいっているようにも感じられるのだ。

　こうして正宗白鳥にまで論を進めたのは、単なる余談なのではない。トルストイの『イワン・イリッチの死』という短篇は、わが国の空前絶後の、凄絶なまでに理知的な一個の批評精神をここまで魅惑した絶品なのだ、晩年になってからのトルストイの想像力は他と比べてみても桁違いのものになっていたのだ（併記されうるのはドストエフスキーのみ）、ということを、山本健吉の名著の助けを借りてでも、迂路ではないかと批判されてもなお、はっきりと確認したかったのである。

弛緩（extension）の至福（Seligkeit）

『イワン・イリッチの死』の最終章を読んで、私が強く感じたのは、トルストイの化け物じみた想像力の激しさである。いかにトルストイとはいえ、死んだ経験はなかったわけだから、なぜこれほどまでに異様な、「恐怖はまるでなかった。なぜなら、死がなかったからである」というような、奇怪とも言うべき「喜び」の体験を活写しえたのであるか。

もうお気づきの読者もおられるだろうが、私がどきりとしたのは、臨死のイワン・イリッチが「許してくれ（プロスチー）」と言わず、「ゆるめてくれ（プロプスチー）」と言ったということ、そう描いたトルストイの想像力に打たれたからである。山本健吉も同様の驚嘆を経験したのだろうが、彼は詳しくは解釈していない。たぶん、イワン・イリッチあるいはトルストイと同様に「必要な人は悟ってくれるだろうと感じ」たから、二つのロシア語をカタカナのルビとして付すにとどめたのであろう。

私はロシア語を知らない。二つが語源的に似ていることは直感されるが、論証する力もない。しかし、ここでもフロイトの失策行為としての言い間違い理解法は、いちおうは通用すると思う。イワン・イリッチが本当に言いたかった言葉は、間違いなく「ゆるめてくれ（プロプスチー）」であっただろう。これは、先に引用した最終章の直前、死の三日前の記述を読んでみると明白だ。

彼は妻の顔を見ないで、「うむ」と言った。妻の衣裳、その体格、その顔、その表情、その声の響き——すべてはただ一つのことを語っていた。『違う——過去現在においてお前の生活を形づくっていたものは、なにもかもみんな虚偽だ、お前の目から生死を隠していた機関《からくり》にほかならない。』こう考えるやいなや、憎悪の念がむらむらとこみ上げてきた。そして、憎悪の念とともに、悩ましい肉体の苦痛が襲い、苦痛とともに避け難い間近な終焉《しゅうえん》の意識が浮かんできた。なにかしら変わったことが始まった。——体じゅう締めあげられるような、鉄砲で撃たれるような気持がし、息がつまってきた。

(『イワン・イリッチの死』九八頁。強調は渡辺)

イワン・イリッチの妻に対する憎悪は、実はイワン・イリッチの生死問題を臓器のからくりについてのおしゃべりにすり替え続ける医師たち、イワン・イリッチの死後の貨幣価値や世俗名誉(年金、後任人事、給料など)を計算する多くの人たちに対する憎悪と同根なのだが、憎悪が正当か不当かは別にして、憎悪と憤怒と破壊衝動の噴出のゆえに、イワン・イリッチの全身が、瀕死無力であるにもかかわらず、恐ろしいまでに緊張・収縮しているのをトルストイは見事に見抜いているのである。死の三日前になっても、現実原理に服した心身の緊張・収縮プロセス、知覚への意志、覚醒への欲動、肯定的企て、要するに有機体の興奮量の著しい増大は起こる。この時の途轍もない「締めあげられるような」絶望の苦しさをも、トルストイは書き尽くしている。そして、この「締めあげられるような」緊張の地獄が死の直前、二時間前まで続いたことが、「今まで彼を悩まして、彼の体から出て行こうとしなかったものが、一時にすっかり出て行くのであった」と書き継がれているのは先に引用したとおりである。「出て行こうとしなかったもの」が「締めあげられるような」気持ちであり、痙攣的に収縮し続けるイワン・イリッチの生命そのものであることは説明不要である。

また、死の三日前に激昂したイワン・イリッチという心身の緊張興奮が、死の二時間前になるまで単純に低下緩和してきたとは考えないほうがいい。死んでゆく人の心身の緊張・収縮と弛緩・拡散の運動は、さまざまな経過、多様な振幅を示すようである。トルストイも、死の数週間前にイワン・イリッチにパノラマ体験（ベルクソン）に似た過去世界の記憶の大洪水が起こったことを記述している。つまり、死の二時間前にならずとも、三日間の断末魔の叫びの時にならずとも、もっと早い時期に、心身の緊張・収縮の完全な解除、パノラマ体験的な心身と時間の弛緩・拡散、現実生活への完璧な無関心は、死後の世界への入り口通過体験としてすでに起こるのだとトルストイの凄まじい想像力は知ってしまっているのである。

心身の著しい生命的緊張・収縮との対比においてこそ（それを通り抜けたからこそ）、死に至る二時間の神秘体験的法悦、永遠の涅槃的経験という至福の享受を可能とする心身の最終的弛緩が起こってくるのだ、そう考えるのは自然なことだと思われる。少なくとも、イワン・イリッチが本当に言いたかったこと、「ゆるめてくれ（プロプスチー）」という言葉が、弛緩しきった〈無秩序〉、〈非理性〉、〈無意識〉から漏れ出てしまい、「言い直す」力もゆとりもなかったのは、つまり「言い直す」必要がなかったからである。「死の代わりに光があった」とされる時に、徹底した弛緩の安息と至福の時を前にして、「許してくれ」と「ゆるめてくれ」にいかなる違いがあろうか。「許してくれ」にせよ「ゆるめてくれ」にせよ、心身の徹底した弛緩が永遠の安息の時と救済の時をもたらしてくれるのであれば、これらの言葉は言い間違いとも言えないほど相互に親密に連合してしまっている。

ベルクソンの生命の円錐体に戻るなら、死の恐怖と絶望的苦痛は収縮に固有の感覚である。円錐体先端のSP領域にしがみつく時にのみ「死」という地獄が人間という生き物を締め上げるのであって、人間が全的心身として円錐体底面ABへと弛緩し、拡散して、まさしくゆるみきってしまうなら、生／死のコントラストが稀薄になって、やがては消えてしまうのだから、「死」は端的に消滅するしかあるまい。しかも、「彼にとっては時間というものが存在しなかった」のだから、「死」の消滅は「永遠」の福音となるのである。イワン・イリッチに「もう死はなくなったのだ」、もう許されたのだ、もう救われたのだ、もうゆるんだのだ、とはっきり感知させたトルストイの想像力の巨大と深遠には、ただただ唖然とするのみである。

無時間性において弛緩したイワン・イリッチからは、エス（フロイト）親和的なオイフェミスムス／アナクロニスムに固有の至福の（selig）渦動すら伝わってくるのである。

さて、トルストイとベルクソンの内奥の関係について独自の見解を示したのは、すでに少し触れたが、ジャンケレヴィッチである。少し引用してみよう。巨大な二つの魂がぶつかり合うと実に多様な光景が見えてくることがよく分かる文章である。

この点でベルクソンは、トルストイの不安について省察し、死と死が啓示するものについてとりわけ鋭く深い感覚を持っていたロシア人レオン・シェストフとは遠くかけ離れている。それだけではない。ベルクソンはトルストイの汎神論がそうだったようにつねに再生する不安を押し殺し続けるという必要がなかった。ベルクソンは『創造的進化』の三章末尾で死に対する勝利の圧倒的な希望を、進歩主義的で黙示録的な希望をわれわれに語っている。ベルクソンの不死化作用はイザヤがすでに告げていた死の死そのものではないか？　エドモン・フレッグはベルクソンに「死は死ぬことだろう」と語らせている。あらゆる悲劇的情熱と無縁であったベルクソンは死のうちに非存在の不条理を見ることはなかった。（ジャンケレヴィッチ『アンリ・ベルクソン』三六二―三六三頁）

ジャンケレヴィッチは明らかに『創造的進化』の感覚で円錐体を見ている。宇宙的な記憶（持続）の弛緩として物質が底面ＡＢに、宇宙的な記憶の収縮として生命が先端部ＳＰ領域に差異化されて揺らめき動いているが、生命の差異化は、さらに植物へ、動物へ、また本能へ、知能（直観）へと際限もなく爆発的に持続してゆく。この宇宙的生命の永遠の祝祭的連続爆発こそが、ジャンケレヴィッチが着目する「死の死」なのである。ベルクソンが「死は死ぬことだろう」と言うのも、豊饒無限に持続する生命の差異化に贈る賛歌に等しい。

もちろん、ベルクソンもジャンケレヴィッチも間違っているわけではない。ただ、トルストイのイワン・イリッチと違って、ということは私と違って、弛緩に生命の豊饒を見ないだけだ。私がフロイトの影響を受けて、ベルクソンの円錐体の先端にエロース（≒現実原理）を、底面に死の欲動（≒快原理）を見たことで、弛緩の意味が変わってしまったのだが、誰かが正しく、他の誰かが誤謬を起こしているというわけではないのだ。

私は先に「ベルクソンと進化」と題した節で『創造的進化』の一文を引用して生命の無限の豊饒を読んで感じる喜びを言い、そのすぐあとでルソーの「第五の散歩」の夢想の神秘的な透明と静寂に移って何の違和感もなかったのだが（つまり、私はルソーの夢想にも「死の死」に等しい経験を感じるのだが）、ベルクソンの円錐体には、確かにわれわれをこういう不思議な逆転、魔法のような理路に誘う魅力がある。そして、ベルクソンが十字架の聖ヨハネを精神の絶頂とみなしていたことを思うと、(3) ジャンケレヴィッチが「あらゆる悲劇的情熱と無縁であった」と決めつけるベルクソン像は、まるで影のない光のようで、単純明快にすぎると感じられないこともない。

トルストイもベルクソンも死の消滅を語っている。一方は弛緩（「プロプスチー」）ゆえの夢想（涅槃）的な死の消滅を、他方は生命の爆発的差異化ゆえの死の消滅を語っている。生来の気質的な違いもあるのだろうが、私にはトルストイやイワン・イリッチの、あるいはルソーの、さらには正宗白鳥の、弛緩の徹底こそが死の終焉を、至福をもたらす、という感受性のほうが共感しやすい。

ここでは、ニュアンスが異なるにもせよ重要な、ジャンケレヴィッチのような関心の持ち方が看過されぬように、「死の死」なる厄介な問題について少しは論じるべきと思われたので触れたのである。

それにしても、私はベルクソンの円錐体における弛緩の運動に、また弛緩した様態に過大なる評価を下してはいないだろうか。そもそも、こういう感覚は、ベルクソン自身にとっても可能なら避けたいような生命様態なのだ。フロイトにしても、エスという海を干拓して自我にしたらいい、という考えなのである。緊張と収縮が人間の（人生の）あり方として好ましいとの見解では、フロイトはベルクソンと同じなのである。だが、フロイトはそれほど単純には理解できない。同様に、ベルクソンもおよそ正解などありえない問題の塊なのである。私は、決して美しくない、至福でもなく、救済でもなく、神的でもない、そのようなものとしてのエスを、そしてまた円錐体を考えてゆくべきところに来たのかと思う。

実際、ベルクソンの円錐体には、あろうことか「退化／解体」する人間という紋様も鮮明に書き込まれているのである。退化の紋様は、すなわち有機体の解体と腐敗の紋様であり、生命的興奮量の減衰と消滅の紋様であり、無機物の自己反復とも言うべき、物質性に固有の、際限のない、同じものの反復の紋様であり、弛緩という頽落的愉悦の紋様であり、夢幻の涅槃に漂いつつ拡散し続ける享楽の紋様であり、死の欲動の奴隷であることを歓喜する、快原理に呑み込まれる紋様であり、そしていっさいの生の進化・差異化が否定されて、生が同じものの永遠回帰という奇怪として浮かび上がってくる、そういう紋様である。ベルクソン自身はこのようなベルクソニスム理解を好まないかもしれないが、だからといって、これを見ないふりをして通り過ぎるわけにもいくまい。それに、円錐体に不吉な紋様を書き込むのは、実はベルクソン自身ではなくフロイトのエスなのだから、あまり悩まなくてもいいだろう。

フロイトと退化／反復

ベルクソンと異なって、フロイトには意識への信頼が乏しい、覚醒への真剣かつ深刻な努力が認められない、緊張・収縮の維持と「生への注意」の維持への要請が切実には感じられない、と言うしかあるまい。「かつてエスがあったところに、自我を成らしめること」を要請するにもかかわらず、フロイトにとっては〈無秩序〉、〈非理性〉、〈無意識〉、〈エス〉であることこそが〈心の基体〉の本性なのであって、それは、無機物に帰ってゆく衝迫に、死の欲動に服している、と観念されている。自身が要請するところの反対極で本領を発揮するのが、フロイトという男の最大の個性であり、価値なのである。

現在にのしかかっている巨大に膨張した過去／記憶（底面ＡＢ）への弛緩・拡散が、夢幻界へ、無機的物質界へという反‐現実、反‐行動、反‐生命、反‐覚醒の動きであることは、ベルクソンの論理からも必然的に出てくる帰結であるにもせよ、フロイトのように、これ以外のいっさいの（創造的、進化的、差異化的）生命現象をすべて「ただいまエロースの誘惑で迂路通過中の仮象群」とみなすことは、すなわちストレートに（最短距離で）無機物へ到達する以外に意味なしということにほかならず、救われようのない極論と思われないだろうか。

フロイト自身も、死の欲動が圧倒的に強大であることを述べたあと、『自我とエス』なる著書を「しかし、そのような言い方をすれば、エロースの役割を過小に評価することになるかもしれないのが、気がかりではある」（『自我とエス』六二頁）という意味深い困惑の結語で終えているのだ。エロースからもらった人生の豊かな紆余曲折を、死に至るまでの時間を多少なりとも延長するためにだけ存在する不毛で無意味な迂路だ、時間潰しだとみなすのは、あまりにも不幸なことではないか、とフロイト自身が考えあぐねているのである。

フロイトを迷わせている、この原理的な次元の問題、生命は隆盛進化してゆくのか、滅んでゆくのか、という究極の問いは、しかしメタサイコロジー的に思索されているだけではなく、臨床的な経験に由来するものでもあった。

症例シュレーバーについて、フロイトは、抑圧、抑圧の失敗と抑圧されたものの噴出的回帰、現実解体、という連鎖こそが狂気の第一義的事態であって、投射メカニズムと妄想形成は、妄想内容が抑圧の破綻という内的破局の投射（出来事の意味の同一性の発見的覚醒）である世界没落体験であっても、やはり疾患の産物ではなく「回復の試み」、（現実世界の）「再構築」であり、狂気としては第二義的であることを論じていた。

つまり、シュレーバーにおいては、現実世界の退化ないし解体と、そのさらなる進化あるいは（再）構築が、ほとんど同時に、あるいは必然的に相継いで起きている、これをフロイトはゲーテの『ファウスト』を引いてまで強調しているのである。生命が、シュレーバーという舞台の上で、滅亡（無機状態の再興、無機物への自己反復的な帰還）と隆盛（果てしなき創造、エロースによって駆動された進化）をめぐって内戦を起こしているような雰囲気である。

このように考えてくると、「ベルクソンの救済性と福音的性格vs.フロイトの絶望性と呪詛的性格」という単純な二項対立で事が片づくはずはない、と理解されてくる。特に留目すべきは、フロイトの思索の、ほとんど重厚とまで言いうる多元的複雑性だろう。

ベルクソンの思索において、フロイトのように徹底した悲観と絶望を一緒同時に感知するのは難しいかもしれない。それどころか、ジャンケレヴィッチが指摘するように（引用はしていないが）、『創造的進化』第三章の末尾の個所は、ベルクソンの個性の独特の明るさと激しさを存分に示している。特にフロイトとのコントラストをここでは感じたいので、少し引用して読んでみたい。

すべての生物は関係し合っており、すべては同じ恐るべき推進力に身を委ねている。動物の拠り所は植物にあり、人間は動物にまたがっている。そして、時間と空間において、人類全体は、われわれ各人の横を、そしてわれわれの前と後ろを疾駆し、めざましい攻撃を行っている、ある巨大な軍団である。その攻撃は、あらゆる抵抗を撃退し、多くの困難を、おそらく死さえをも乗り越えることが可能である。(『創造的進化』三四四頁)

これがベルクソンの比類のない明朗性と救済性なのだが、もう一人の「無意識の発見者」フロイトとの違いは歴然としていると言うしかない。すべての生物、生命は死んで無機物に帰る、とするフロイトに、ベルクソンのような勝利の雄叫びを求めることなどできるはずもない。エスを極端に野蛮かつ原始的なものと解釈するなら、フロイトにも生命の「疾駆」のような光景を見ることはできるのだろうが、フロイトのエスは、結局のところ、エロースではなく、死の欲動の舞台なのであり、その舞台では、すべてが最終的には死滅して解体してゆくしかないのだ。こうなると、ベルクソンとフロイトを区切っている裂隙は埋めようがないではないか、とも思われる。

しかし、フロイトにある種の救済性を見出す試みは即座にあきらめるべきだとは言えない、とも感じられる。すでに本書のどこかで言及された文章と思われるが、繰り返し引用され、読まれてもなお不十分であるような、きわめて重要な文章というのはあるもので、私はそのフロイトの文章を、たとえ二度目であったとしても、重複が起こるとしても、あえてここに引いておく必要を感じる。話題が生命の死と不死に関している個所からの引用である。

すでに原生物の研究からわかったことだが、それ以降の〔細胞〕分裂なしに二つの個体が融合すること、つまり接合は、やがて互いに引き離れる両個体に対し、強壮にし若返らせるよう働くのであった〔…〕。両個体はさらに世代を重ねてもなんら退化の現象を示さないし、自分の行う新陳代謝の害に対しより長く抵抗しうるように見うけられる。この一つの観察は性的合一の効果をも典型的に示すとみなされてもよいだろう。しかし、たいして異なるところのない二細胞の融合がどのような仕方で、生命のこうした刷新をもたらすのであろうか。この問いに対しては、原生生物の接合を化学的刺激によって、いやそれどころか機械的刺激〔…〕によって、取って換えようという実験が、確実な答えを与えてくれるだろう。つまり、その若返り作用は、新たな刺激量の流入によって生ずるのである。ところで、このことは次の仮定とうまく合致する。それはすなわち、個体の生命のプロセスは、内的理由によって化学的緊張を解除することへと、つまり、死ぬことへと向かってゆくのに、別個体の生命ある基質との合一はそうした緊張を増大し、いわば新たな生命活力の差異〔Vitaldifferenzen〕を搬入するのであり、この差異が今度は生き尽くされて均され〔abgelebt werden〕ねばならないことになる、という仮定である。（『快原理の彼岸』一一三―一一四頁。強調はフロイト）

この文章の直後に周知の「涅槃原理」という言葉が出てくるので、フロイトが「生命活力の差異を搬入する」ことよりも、「この差異」が「生き尽くされて均されねばならない」必然性のほうを重視しているのは間違いなく、ここから「死の欲動の存在を信じる最強の動機」がフロイトに生じてくるのだが、結論的にそうなってしまったとしても、「二つの個体」が「融合」、「接合」することで「生命」の「刷新」、「若返り」、「新たな刺激量の流入」が起こる事実へのフロイト自身の関心の深さが看過されてはならない。この関心の深さゆえに、フロイトは、この数頁後に「ところが、全存在を二つに分断されたため、両半身は互いへの憧憬によって一つに結びついた。両半身は、一つに合体したいという渇望に動かされ、かき抱き合い互いに絡み合ったのである」（同書、一一六—一一七頁。強調はフロイト）というプラトンの『饗宴』に出てくる神話の有名な一節をあえて引いていると考えていいのである。

加えて、『快原理の彼岸』のこの引用個所に付された原注35（同書、一一九頁）を一読すれば明らかなように、プラトンは、ベルクソンにおけるのと似て、フロイトによって別格的な無謬性への賛辞を捧げられた稀有の存在なのである。「新たな生命活力の差異を搬入する」という言葉の背後にプラトン思想（「一つに合体したいという渇望」）が潜んでいるとするならば、この「差異」という言葉のフロイト自身にとっての重さ、エロースに由来する力の重大性をないがしろにするのは危険である。「新たな生命活力の差異」の永遠に反復される「搬入」をフロイトは考えていなかった、などとは誰も言えまい。

文章を読み、思考を感知するかぎり、確かにベルクソンは明るく晴れやかで透明であり、フロイトは陰鬱で独特に（深海的に）混濁しているであろう。だが、仮にそうであるにせよ、ベルクソンの中世スペインのカトリック神秘思想崇拝を認め、聖女テレサと十字架の聖ヨハネに「創造的進化」の最終的目標到達を、つまり「超人」の顕現と言っても不思議ではないほどの事態を見て取るベルクソンの信仰が肯定されうるとするならば、われわれはまた同時にプラトンの神話の意味するところを信じる、あるいは信じようと欲するフロイトの信念と思想をも肯定しなければなるまい。

「新たな生命活力の差異の搬入」、「新たな刺激量の流入」、「融合」、「接合」、「性的合一の効果」、「生命」の「刷新」、「若返り」というフロイトの思考における深々度の連合に何度も触れていると、そしてさらにフロイトが自身のこのような連合をほかならぬプラトンにまで伸ばしてゆくのを見ると、フロイトにおいても、ベルクソンに匹敵するような、創造への、進化への、躍動する生命の差異化の運動への大いなる肯定の雰囲気が感知されていいではないか。私は結論が出ようもないところに入り込んでしまったが、もう一度、反復する個所があるのも厭わず、フロイトの文章をここで引いておきたい。

最後にエスの話に戻るが、エスは、自我に対して愛や憎しみを表明する手段をもっていない。エスは自分の欲するところを言うことができないし、そもそも統一的と言えるような意志を形成したこともない。エスのなかではエロースと死の欲動が闘争している。この二つの欲動がいかなる手段を用いて防御しあっているかは、すでに述べたところである。そのさまを見ると、エスは、沈黙しているが強大な死の欲動、自ら休息を求めるとともに、快原理の合図にしたがって平和を攪乱するエロースを休息させようとしている死の欲動の支配下にある、とでも言いたくなる。しかし、そのような言い方をすれば、エロースの役割を過小に評価することになるかもしれないのが、気がかりではある。(『自我とエス』六二頁)

今この時点で改めて引用すると、ものすごい文章だと痛感せざるをえない。最後の一文は決して文飾でなく、読者への迎合でもなく、ペシミストの下手な弁明でもなく、まさしくプラトンを信じ、愛し、好むフロイトの本音なのだと分かってくる、そういう文章である。フロイトは、やはりエロースを切り捨てていない。そして、この一点において、ベルクソンの言うエラン・ヴィタールと(リビードというよりもむしろ)エロースの舞台でもあるエス、すなわち収縮と弛緩を反復しつつ際限もなく差異化してゆくエスとの激しい共振が感知されるのである。二人とも「無意識の発見者」であるならば、ここでの「無意識」とはエラン・ヴィタールであり、かつまた同時にエロースとしてのエスである、と解されなければならない。そして、「無意識の発見」史において、『快原理の彼岸』と『自我とエス』、この二冊の小さな本がフロイトの思索の絶頂を示しているのではないか、との思いはますます強くなるのである。

フロイトを「抑圧」、「退行」、「退化」、「解体」、「反復強迫」、「死の欲動」で尽くされる陰鬱なだけの思想家とみなすのは、やはり危険なのだろう。エロースが、夢だけでなく、また狂気を、すなわち幻覚や妄想を、強迫観念や異常な恐怖を、さらにはヒステリー性転換解離症状を生み出すにもせよ、それらが生命の回復の試み、生命による世界の再構築の試みであるならば、フロイトもまた、ベルクソンとは別の感性をもって、エロースの役割を正当に評価していると言っていい。ただ、『創造的進化』の第三章におけるベルクソンが示す凱旋行進のような「人類」の未来を思い描くには、フロイトは慎重すぎ、懐疑的で悲観的にすぎる、とだけは言えよう。この逡巡と沈思がフロイトのエスの重厚性、複雑怪奇な多面性をわれわれに強く印象づけるのだが、ベルクソンの円錐体の無限変貌を続けながら拍動し続けるカメレオン的変幻自在もまた、相当巨大な不可思議を突きつけてくるのだ。やはり、フロイトとベルクソンの優と劣、複雑と単純など、単なる思いつきとしても、安易に語りうることではないのだろう。

ただ、ベルクソンの円錐体において、不吉な紋様、退化と解体の紋様、弛緩しきった怠惰な愉悦の紋様、死の紋様をフロイトほど明瞭に見て取った者はいない、そういう思想史的物語はありうる、とだけは言えそうである。

注

（1）　レフ・トルストイ『イワン・イリッチの死』米川正夫訳、岩波書店（岩波文庫）、一九七三年。この米川正夫訳の初版は、一九二八年に同文庫として刊行されている。現在容易に入手できるのは、正夫氏の子息である米川和夫氏が改訂して一九七三年に刊行された版である。

（2）「許してくれ」と「ゆるめてくれ」について、それぞれのロシア語をカタカナのルビにして「プロスチー」および「プロプスチー」と付したのは、米川正夫ではなく、トルストイの『イワン・イリッチの死』に向けて際限もなく反復肉薄してゆく正宗白鳥のありさまを論じた山本健吉である。山本健吉にロシア語や外国語全般に関するルビづけの癖があったわけではないので、特別な意味を感知したがゆえにルビを付したのだろうが、二回（計四語）にわたってそうしているにもかかわらず、自身がそうしたことの理由をいっさい述べていない（『正宗白鳥』二〇八、二三四頁）。

（3）「暗夜（神の不在）」を謳う十字架の聖ヨハネの言葉の中には、「静寂の中での神への愛にみちた注意と注思」というような注目すべきものがある。これは、霊魂が弛緩しつつ収縮しうることの、十字架の聖ヨハネの直観である。ベルクソンにとっても、オイフェミスムス／アナクロニスム的な感覚と思索は親しめるものだったと考えるべきだろう。先にも触れたが、十字架の聖ヨハネに関しては鶴岡賀雄氏が本格的な労作を刊行してくれて、学ぶところが多い。『十字架のヨハネ研究』一〇四頁、さらには一三五頁以下、特に一四五頁を参照されたい。

エピローグ――エスが企てる

ほとんど芸術的なまでの、宇宙的スケールを有する創造性が生み出しえた（記憶～夢～生～死～物質～記憶～……）円錐体が示す無限大の変貌と躍動の光景を、あるいはまた、この円錐体が表現しえた収縮と弛緩の無限拍動の起伏のありさまを、フロイトの「自我とエス」を中心とする、これまた特異に独創的な概念群と心的装置第二局所論でもって照射せんとすると、必然的に、エス親和的な野性的〈企て〉が自我親和的な「投射」にまで収縮してゆくプロセスから考え始めなければならないことが理解される。円錐体の底面ＡＢが先端Ｓへと収縮する動性は、エスが自我を際限なく制作し続ける（エスが自身の一部を変化させ、分離して、その部分を自我制作の素材に供する、あるいはエスそれ自体が自我に際限なく変質し続ける）という意味において、「エスが企てる」と単純に命題化されていい。

だが、しかし「エスが企てる」という言い方には深い矛盾が含まれている。なぜなら、これまで述べてきたように、オイフェミスムス／アナクロニスムに支配されたカオス的渦動としての「エス」の蠢きと特殊人間的な（根本からして言語的、知性的、時間的、秩序志向的、未来志向的な）「企て」とは、概念規定の基本からして相容れない事柄だからである。エスについてのこの厄介さを無視するのは、ベルクソンの円錐体の無限大に膨張し続ける底面ＡＢの彼方を感覚‐運動的先端たるＳＰ領域に閉じ込めうると信じるくらい無謀な誤謬に等しかろう。

ベルクソンとフロイトの巨大な仕事によって、確かに「私が企てる」とは言えなくなった。日常で「私が企てる」というような言葉が飛び交うのは事実だが、真剣にわが身を振り返ってみると、この種の言葉は方便にすぎないことが分かる。二人の決定的に明瞭な「無意識の発見者」の出現ののち、人類に属する各自は「私が企てる」のだが、実は「エスが企てる」のだと、文字どおりオイフェミスティッシュに言わなければならなくなったのである。「私が企てる」なる命題は、それ自体あまり発見的でないので、直接には考えない。

先に、第Ⅳ章の「フロイトの企ての特質」と題した節でジョルジュ・バタイユの「企て」に関する深い思索に言及したが、バタイユに学ぶならば、「エスが企てる」は正確には「エスが肯定的に／否定的に企てる」というような、これまたオイフェミスティッシュに、ダブル・バインドに服した仕方で表記されなければならない。言うまでもなく、「エスが肯定的に企てる」とき「私が企てる」という出来事に近づき、「エスが否定的に企てる」ときほぼ純粋に「エスが企てる」という命題に等しくなる。バタイユが人間を〈内的体験〉に誘うように、否定的企ては人類が獲得してきた至宝たる「秩序」、「理性」、「意識」、「言語」、「時間」、「自我」を瓦礫へと誘惑する、常に危険な動きである。

肯定的企てとして、エスは、「自我」を、「抑圧されたもの」を、「超自我」を、「外的世界秩序」を、そして究極においては「生産労働の歴史」を制作する。自身の一部を素材にして、これら制作されるべきものを制作すべく企て続けるのが、エスなのである。換言すれば、エスの肯定的企ては、「煮えたぎる興奮の坩堝」から「秩序」、「理性」、「意識」を生み出すわけであるが、この産出運動としての肯定的企てをベルクソンのボキャブラリーと図式でもって描き直すなら、肯定的に企て続けるエスの動性は、円錐体の緊張・収縮、覚醒・投射の拍動と同じことになる。さらに言えば、現実原理に服したかぎりにおいて燃え上がるエロースの造形力、差異化としての生命的造形の運動が、エスの肯定的企てそのものにほかならない。

「エスが企てる」という命題が以上に述べてきたような肯定的企てに限定されるのであるならば、このエスの企ては特殊人間的・特殊意識的企て（＝投射としての収縮）とまったく同義になり、ここに難題は発生しないことになる。

だが、フロイトのエス探究に固有の険悪なる雲行きは、死の欲動論に至って明瞭になり、ここからは必然的にバタイユの「否定的企て」に代表されるような、危険とも魅惑的とも言える感覚と思考が生まれ出ることになる。

フロイトのエスの概念を擬人化することは（あわれな自我の三人の専制君主の一人としてフロイト自身が比喩的に行ってはいるが）慎重になされるべきだが、エスを舞台として展開される否定的企ては、快原理の支配を、死の欲動の圧倒的勝利を、さらには有機体の興奮量の極小化を、ということは、すなわちベルクソンの生命の円錐体（もうここまで来れば「生死連続体」と言ってもよかろう）の徹底した弛緩を究極の目的にしている、と言っていいだろう。エス親和的なオイフェミスムス／アナクロニスムという深淵の渦動に帰郷せんとするこの企ては、もちろん否定的企てだが、エスが肯定的にも企て続ける事実と考え合わせると、エスをエロースと死の欲動の闘争の場とみなす見解はまったく正しいと言うべきである。やはり、先に触れたように、「エスが企てる」という命題は、より正確には「エスが肯定的に／否定的に企てる」と表示されねばならないのである。これは「エスが緊張・収縮／弛緩・拡散を企てる」とも換言できるのである。

ずいぶん前に「ミンコフスキーの精神病理学」と題した節（第Ⅰ章）で互氏の教示に従って引用したリヒテンベルクの文章を、ここでもう一度、繰り返して読む必要を感じる。

> 私が考える〔ich denke〕と言ってはならず、稲妻が走る〔es blitzt〕と言うのと同じように、それが考える〔es denkt〕と言わなければならない[1]〔…〕（互盛央『エスの系譜』八二頁より）

ここで「それが考える」とはまさしく「それ（エス）が企てる」ことなのであるが、フロイトとリヒテンベルクの微妙な差異をあえて言うなら、フロイトに由来する「エスが企てる」との命題は、もちろん「私が考える」というものほど単純でも凡庸でもないが、しかしまた「稲妻が走る」に匹敵する純度に至ったリヒテンベルクの「それが考える」の高みにまでは達していない、その高みの透明性にまでは至りえない宿命下にある、という点を指摘しなければならない。フロイト固有の思考習癖からして、「エスが企てる」は「それ（エス）が肯定的に（自我的に収縮して）／否定的に（エス的に弛緩して）企てる」とでも表記すべき錯綜あるいは混濁を、要するにオイフェミスムス／アナクロニスムの渦動を内に含みもっているのである。「エスが企てる」という単純と思われた命題が、さらに、いかに途轍もなく複雑長大に、いかに微細に構文化されてゆくことか、これには驚くべきだが、あえてすべての命題を書き尽くすことはしないでよかろう。

なお、蛇足的になるが、リヒテンベルクの「それが考える」を「それが肯定的に／否定的に考える」と変質させることはできない。「考える」という動詞が「投射する」という動詞に近く、すでに純化され、洗練されてしまっていて、「企てる」なる動詞の野性的多元性をもっていないのが、その理由である。

さて、人類の社会化と歴史化の途方もない歩みは、誰でもが承知するように、「生産労働の歴史」へと凝固してきている。肯定的企ては「秩序」、「理性」、「意識」、「自我」を制作し、これを駆使して（これらに操られて）、結局、「生産労働の歴史」に至る以外の道を知らないのである。肯定的企ては、その緊張度、覚醒度からして、現実原理に服するしかない。「エロース」という実に多義的な言葉はここでは使いにくいが、「生産」の一語を重視するなら、肯定的企てはエロースしか知らないのだ、エロースには肯定的企てという局面が強いのだ、とあえて言ってもよかろう。

だが、死の欲動がエロースと絡み合うかぎりにおいてのみ実効性を発揮しうるのも、エロ

いる、ということ。エスの本性についてかなり意見の一致を見ているのであるから「エロース」と「リビドー」との関係を論ずる必要がある。

ースを唯一の媒体として自身を実現しうるのも、また事実である。フロイト自身が迷っていたエロースの本性について、私に何か言えるはずもないが、かなり確かと思われるのは、フロイトのエロースとベルクソンのエラン・ヴィタールがよく似ていること、しかし死の欲動に相当する直観ないし概念化が、フロイトでは圧倒的に濃厚であり、ベルクソンでは稀薄であること、であろう。

ここから、「暗く重厚なフロイト」と「明るく軽快なベルクソン」との通念が生じてくるのかもしれない。このコントラストは、『快原理の彼岸』で極度に明瞭化されたフロイトの「弛緩」重視傾向、『創造的進化』第三章で生命の爆発的差異化の勝利を凱旋将軍のごとく謳うベルクソンの「弛緩」回避傾向にも現れていると言っていい。もちろん、こう言ったからといって、エラン・ヴィタールはエスの企ての肯定的な一面だけを意味していると単純化してしまうことには極度に警戒的でなければなるまい。むしろ、ベルクソンのエラン・ヴィタールのみが、あの比類なきリヒテンベルクの「稲妻が走る」、「それが考える」という至高の純度にまで達していることを、われわれは熟慮しなければならない。エラン・ヴィタールのみが〈企て〉の混乱と錯綜を超越してしまったのだ、と考えるなら、真偽はともかく、私はうれしくなるのだから、問題は不必要に単純化されるべきではないのである。

論の焦点をまたフロイト的な「エスが肯定的に／否定的に企てる」に定めたいが、フロイトは晩年に至って、実に意味深長なことを言っている。特別に意味深いと思われる二つの文章を例示しよう。一つは「精神分析概説」に書かれた「もともとはすべてがエスであったのであり、自我は、外界からの継続的な影響を通じてエスから発展してきたものである」（一九八頁）という文章。今一つは、先にも言及したが「神秘主義とは、自我の外側の領域たるエスの漠たる自己知覚である」（「成果、着想、問題」二八五頁）という文章。

このような文章から伝わってくるのは、最晩年におけるフロイトが通常考えられているよりもずっとベルクソンに近い、という印象である。「もともとはすべてがエスであった」との感性は、弛緩しきった無差異の存在の渦動が、肯定的な緊張への企てを、際限のない、まさに宇宙創造的な差異化の「驀進」を開始したのだとの考えに至りうる。

そして、「神秘主義とは……」というメモからは、肯定的企てである差異化の連続爆発を開始したエスが、実は今もなお弛緩した（それゆえ「漠たる自己知覚」しかできない）様態を時としてとりうるのではないか、というようなフロイトの特異な夢想が伝わってくる。このように感じ考えるフロイトから、私はまたしても、収縮と弛緩の拍動を際限もなく反復してやまないベルクソンの円錐体の拍動音を聴く思いがする。実際、この円錐体は宇宙の心臓のデッサンではないか、とすら思われることがある。

ともかく、最晩年のフロイトからは、弛緩を優位に置いてはならない、弛緩（死の欲動）と収縮（エロース）には先攻後攻の違いなどない、神秘主義には警戒しなければならないが、自我異質的な領域はことごとく神秘そのものではないだろうか、否定的企てという大海に肯定的企てという小舟が浮いているのが実情ではあるまいか、という声が聴こえてくるのである。

実際、フロイトがいかにエスの肯定的企てを重視し、強調してきたことか、これまで何度か触れてきたが、確認のため、もう一度、彼の文章を引いておく。

精神分析の意図するところは、言うまでもなく、自我を強化して、これをますます超自我から独立したものに仕立ててあげること、自我の知覚領域を拡大し、自我の編成を拡充して、自我がエスのさまざまな部分を新たに獲得できるようにすることにあります。つまり、かつてエスがあったところに、自我を成らしめること、これなのです。それは、たとえばゾイデル海の干拓にも似た文化事業なのです。(『続・精神分析入門講義』一〇四頁)

精神分析療法は、エスの無時間性においてエネルギー備給を受けて不死になってしまった印象を、「過去・現在・未来」という時のパースペクティヴに移し置き、この印象を過去のものと断じ、これを意識化せしめ、その印象からエネルギーを剥奪することを任務としている。それゆえ、精神分析療法は、エスというエネルギーの渦動を緊張・収縮せしめて、そのオイフェミスムス／アナクロニスムを時の蝶番制作によって秩序化するという、徹底的に肯定的な企てなのである。

つまり、精神分析療法は、究極において、エスを「生産労働の歴史」に可能なかぎり組み込んで秩序化してゆくことを目標としているのだが、それとは別に、自我を「超自我（化しつつある「生産労働の歴史」）から独立」させることをも重要任務としているのである。

　最晩年のフロイトには、強大すぎるエスを多少とも超自我的な「生産労働の歴史」の調教下に置き、他方で弱すぎるあわれな自我を「生産労働の歴史」からは多少とも解放したいものだ、というような矛盾する想念があったのか、とも思われる。「ゾイデル海の干拓」という比喩の、ひどく無味乾燥でひからびたような響きは、「生産労働の歴史」に屈服せざるをえなかったフロイトの微妙な真意、新たな超自我たる「生産労働の歴史」から自我を、自身を十分に解放できなかった寂しい気持ちを伝えているではないか。

　こういう困惑を抱いていたであろうフロイトからは、『創造的進化』や『道徳と宗教の二源泉』のベルクソンが恵んでくれる幸福感が感知されないのだから、人間とは何とも神変不可思議である。デルポイのアポロン神殿の神託は、われわれからますます遠く離れてしまったのかもしれない。フロイトを読むと、この神託に肉薄しうるが幸福感は乏しく、ベルクソンを読むと、この神託に近づきえないが明瞭に幸福を覚える、これが私の個人的実感だ。しかし、この二人について、学問的には結論めいたことは言えないのである。

　「エスが企てる」という命題が、すでに触れたように、いかに際限もなく複雑に錯綜していって、多層的に構文化されてゆくことか、ここにすでに神託に等しい謎が姿を現していたとも言える。

　二人に共通するのは、例えば《企てられ制作されたものである自我ではなく、肯定的であれ否定的であれ、企てるエスこそがそのつどの現在の始まりである》というべき命題ではあるまいか。ルソーが神的な透明性で時間と生命を超越し、至高の寂光に漂い、トルストイのイワン・イリッチが「もう死はおしまいだ」と知って至福に震え、生命論者たるベルクソンが「死は死ぬことだろう」と黙示的に言う。これらは現実原理に拘束された収縮（肯定的企て）などではなく、むしろ夢幻体験に近いものであって、基本は弛緩（あるいは弛緩の徹底を前提とするゆえに激烈化する収縮という否定的企て）なのだ。

フロイトはこれらを「神秘主義」と言うだろう。死の欲動に圧倒されてゆくエロースの悲劇の舞台たる、結局は酷薄なるエスを改めて突きつけてくるかもしれない。しかし、「自我の外側」で起こる「エスの漠たる自己知覚」という戦慄すべき言葉を残したのも、フロイトなのである。ルソーも、トルストイのイワン・イリッチも、そしてベルクソンも、ニュアンスの違いは明らかだが、それぞれに「エスの漠たる自己知覚」に直接に触れていると言っていいのである。この「自己知覚」をもエスの企てとみなすならば、それは、肯定的／否定的という矛盾の垂直下方はるかの深淵で起きている神秘の企てだとしか言えないだろう。

生産労働と戦争行為に明け暮れて緊張・収縮し続けるわれわれが、二人の巨大な「無意識の発見者」から学ぶのは、表立っては二人とも肯定的企てと覚醒を要請するにもかかわらず、無限のニュアンスと無限の形をとる弛緩と拡散の豊饒を、〈無意識〉の際限のない豊かさを、〈非理性〉、〈無秩序〉に満々と湛えられている終わりのない遊戯性を想起すること、トルストイのイワン・イリッチのように「許してくれ（プロスチー）」を「ゆるめてくれ（プロプスチー）」と言い間違えること、なのではあるまいか。

注

（1）リヒテンベルクからフロイトに至る系譜の重要性は、「企て」という事態においては、特殊人間的に矮小化されて、かろうじて生き延びてきた「(肯定的)企て」の専制君主的な独裁を峻拒し、「(否定的)企て」の無限の可能性を解放したことに存する。そして、フロイトに至ってエスという概念が見事に磨き抜かれたように、「自我の企て」の独裁も「エスの企て」の独裁も、総じてもって却下され、「企て」におけるダブル・バインド的緊張が、言うならば「自我エス連続体」としての円錐体たる人間を指し示すことになったのである。

文献一覧

ジークムント・フロイトの著作（作品名の五十音順）

「ある幼児期神経症の病歴より〔狼男〕」（一九一八年）、須藤訓任訳、『フロイト全集』第十四巻、岩波書店、二〇一〇年。

『快原理の彼岸』（一九二〇年）、須藤訓任訳、『フロイト全集』第十七巻、岩波書店、二〇〇六年。

『機知――その無意識との関係』（一九〇五年）、中岡成文・太寿堂真・多賀健太郎訳、『フロイト全集』第八巻、岩波書店、二〇〇八年。

「原始語のもつ逆の意味について」（一九一〇年）、高田珠樹訳、『フロイト全集』第十一巻、岩波書店、二〇〇九年。

『自我とエス』（一九二三年）、道籏泰三訳、『フロイト全集』第十八巻、岩波書店、二〇〇七年。

『失語症の理解にむけて――批判的研究』（一八九一年）、中村靖子訳、『フロイト全集』第一巻、岩波書店、二〇〇九年。

「自伝的に記述されたパラノイアの一症例に関する精神分析的考察〔シュレーバー〕」（一九一一年）、渡辺哲夫訳、『フロイト全集』第十一巻、岩波書店、二〇〇九年。

「神経症および精神病における現実喪失」（一九二四年）、本間直樹訳、『フロイト全集』第十八巻、岩波書店、二〇〇七年。

「成果、着想、問題」（一九三八年執筆）、高田珠樹訳、『フロイト全集』第二十二巻、岩波書店、二〇〇七年。

「精神分析概説」（一九三八年）、津田均訳、『フロイト全集』第二十二巻、岩波書店、二〇〇七年。

「精神分析とテレパシー」（一九二一年執筆）、須藤訓任訳、『フロイト全集』第十七巻、岩波書店、二〇〇六年。

『続・精神分析入門講義』（一九三三年）、道籏泰三訳、『フロイト全集』第二十一巻、岩波書店、二〇一一年。

「不気味なもの」（一九一九年）、藤野寛訳、『フロイト全集』第十七巻、岩波書店、二〇〇六年。

『フリースへの手紙 一八八七―一九〇四』河田晃訳、誠信書房、二〇〇一年（*Briefe an Wilhelm Fliess 1887-1904*, ungekürzte Ausgabe, herausgegeben von Jeffrey Moussaieff Masson, Bearbeitung der deutschen Fassung von Michael Schröter, Transkription von Gerhard Fichtner, Fischer, 1986)。

『フロイト＝ユンク往復書簡』（全二冊）、金森誠也訳、講談社（講談社学術文庫）、二〇〇七年。

『モーセという男と一神教』（一九三九年）、渡辺哲夫訳、『フロイト全集』第二十二巻、岩波書店、二〇〇七年。

『夢解釈』（一九〇〇年）、新宮一成訳、『フロイト全集』第四―五巻、岩波書店、二〇〇七、一一年。

「夢とテレパシー」（一九二二年）、須藤訓任訳、『フロイト全集』第十七巻、岩波書店、二〇〇六年。

アンリ・ベルクソンの著作（作品名の五十音順）

「現在の記憶内容と誤った再認」（一九〇八年）、『精神のエネルギー』宇波彰訳、第三文明社（レグルス文庫）、一九九二年。

「緒論」（一九二二年）、『思想と動くもの』河野与一訳、岩波書店（岩波文庫）、一九九八年。

「《生者の幻》と《心霊研究》」（一九一三年）、『精神のエネルギー』宇波彰訳、第三文明社（レグルス文庫）、一九九二年。

『創造的進化』（一九〇七年）、合田正人・松井久訳、筑摩書房（ちくま学芸文庫）、二〇一〇年。

『道徳と宗教の二源泉』（一九三二年）、平山高次訳（改訳版）、岩波書店（岩波文庫）、一九七七年。

『物質と記憶』（一八九六年）、合田正人・松本力訳、筑摩書房（ちくま学芸文庫）、二〇〇七年。

「夢」（一九〇一年）、『精神のエネルギー』宇波彰訳、第三文明社（レグルス文庫）、一九九二年。

『笑い』（一九〇〇年）、林達夫訳、岩波書店（岩波文庫）、一九七六年。

その他の文献（日本語文献、外国語文献それぞれ著者名の五十音順）

上山安敏『フロイトとユング――精神分析運動とヨーロッパ知識社会』岩波書店、一九八九年。

大岡昇平・大江健三郎「特別対談　伝えられたもの」、『文學界　追悼特集・小林秀雄』文藝春秋、一九八三年五月。

澤潟久敬「ベルクソン哲学の素描」、澤潟久敬責任編集『ベルクソン』（「世界の名著」53）、中央公論社、一九六九年。

小林秀雄『感想』（全二冊）、『小林秀雄全作品』別巻一―二、新潮社、二〇〇五年。

――『近代絵画』、『小林秀雄全作品』第二十二集、新潮社、二〇〇四年。

――「現代思想について――講義・質疑応答」、新潮CD『小林秀雄講演』第四巻、新潮社、二〇〇四年。

――「一ツの脳髄」、『小林秀雄全作品』第一集、新潮社、二〇〇二年。

――「正宗白鳥の作について」、『小林秀雄全作品』別巻二、新潮社、二〇〇五年。

――「歴史」、『小林秀雄全作品』第二十三集、新潮社、二〇〇四年。

小林秀雄・岡潔「人間の建設」、『小林秀雄全作品』第二十五集、新潮社、二〇〇四年。

互盛央『エスの系譜――沈黙の西洋思想史』講談社（講談社学術文庫）、二〇一六年。

鶴岡賀雄『十字架のヨハネ研究』創文社、二〇〇〇年。

林達夫「ベルクソン以後――改版へのあとがき」、アンリ・ベルクソン『笑い』林達夫訳、岩波書店（岩波文庫）、一九七六年。

前田英樹『小林秀雄』河出書房新社、一九九八年。

三島由紀夫「小説とは何か」、『新潮 三島由紀夫読本』（『新潮』一月臨時増刊）、新潮社、一九七一年一月。

山本健吉『正宗白鳥――その底にあるもの』講談社（講談社文芸文庫）、二〇一一年。

渡辺哲夫『シュレーバー』筑摩書房、一九九三年。

――「精神病理学を作ることの原理的な困難について」、木村敏・坂部恵監修『〈かたり〉と〈作り〉――臨床哲学の諸相』河合文化教育研究所、二〇〇九年。

和田康『歴史と瞬間――ジョルジュ・バタイユにおける時間思想の研究』溪水社、二〇〇四年。

エレンベルガー、アンリ『無意識の発見――力動精神医学発達史』（全二冊）、木村敏・中井久夫監訳、弘文堂、一九八〇年。

ゲイ、ピーター『フロイト』（全二冊）、鈴木晶訳、みすず書房、一九九七、二〇〇四年。

ザロメ、ルー・アンドレーアス『ルー・ザロメ回想録』山本尤訳、ミネルヴァ書房、二〇〇六年。

シェイクスピア、ウィリアム『マクベス』（改版）、福田恆存訳、新潮社（新潮文庫）、二〇一〇年。

ジェイムズ、ウィリアム『宗教的経験の諸相』（全二冊）、☒田啓三郎訳、岩波書店（岩波文庫）、一九六九、七〇年。

ジャネ、ピエール『心理学的医学』松本雅彦訳、みすず書房、一九八一年。

ジャンケレヴィッチ、ウラジミール『アンリ・ベルクソン』（増補新版）、阿部一智・桑田禮彰訳、新評論、一九九七年。

シュヴァリエ、ジャック『ベルクソンとの対話』仲沢紀雄訳、みすず書房、一九六九年。

シュリヤ、ミシェル『G・バタイユ伝』（全二冊）、西谷修・中沢信一・川竹英克訳、河出書房新社、一九九一年。

シュレーバー、ダニエル・パウル『ある神経病者の回想録』渡辺哲夫訳、講談社（講談社学術文庫）、二〇一五年。

ジョーンズ、アーネスト『フロイトの生涯』竹友安彦・藤井治彦訳、紀伊國屋書店、一九六九年。

トルストイ、レフ『イワン・イリッチの死』（改版）、米川正夫訳、岩波書店（岩波文庫）、一九七三年。

パスカル、ブレーズ『パンセⅠ』前田陽一・由木康訳、中央公論新社（中公クラシックス）、二〇〇一年。

バタイユ、ジョルジュ『内的体験――無神学大全』出口裕弘訳、平凡社（平凡社ライブラリー）、一九九八年。

フェレンツィ、シャーンドル『臨床日記』森茂起訳、みすず書房、二〇〇〇年。

フーコー、ミシェル『狂気の歴史――古典主義時代における』田村俶訳、新潮社、一九七五年。

ミンコフスキー、ウジェーヌ『生きられる時間――現象学的・精神病理学的研究』（全二冊）、中江育生・清水誠・大橋博司訳、みすず書房、一九七二、七三年。

――『精神分裂病――分裂性性格者及び精神分裂病者の精神病理学』（改版）、村上仁訳、みすず書房、一九八八年。

ユング、カール・グスタフ『心霊現象の心理と病理』宇野昌人・岩堀武司・山本淳訳、法政大学出版局、一九八二年。

――『ユング自伝――思い出・夢・思想』（全二冊）、河合隼雄・藤縄昭・出井淑子訳、みすず書房、一九七二、七三年。

ラプランシュ、ジャン&ジャン＝ベルトラン・ポンタリス『精神分析用語辞典』村上仁監訳、みすず書房、一九七七年。

ルソー、ジャン＝ジャック『孤独な散歩者の夢想』今野一雄訳、岩波書店（岩波文庫）、一九六〇年。

学術文庫版あとがき

本書は、二〇一二年はじめに書き終えられ、同年の六月に岩波書店から刊行された。書き終えられた時点で、私は沖縄の精神科病院ですでに六年間弱、働いていた。精神科病院で働き、亜熱帯〜熱帯の大自然を散策し、大海原やマングローブを茫然と眺め、本書原稿の執筆に戻り、翌朝にまた病院に出勤し……という日々だった。特に熱帯大自然の散策の記憶が本書執筆の構想と雰囲気的に一体であったことが懐かしい。つまり、当時、私は風土的にベルクソンの『創造的進化』に親和的な、時々刻々と萌え上がる大自然の生命力そのものの中で思索し、執筆していた。無数の生き物たちを愛で、さまざまのグラデーションを示す緑色に輝く熱帯雨林や原色のハイビスカス、ブーゲンビリアなどの花々に酔い、大型の蝶や美しい小鳥、そして熱帯魚の群れと戯れ、無限の大海原が日々の光景であった恵みに陶然としていた歳月は、私を強烈にベルクソンの世界に導いていった。沖縄のこの生活風土の弛緩しきった明るさは、『物質と記憶』というベルクソンの深刻なる主著をもずいぶんと明るく、読みやすく、してくれたと思う。

だが、私は一介の精神科臨床医であり、フロイトの恩恵によって生活そのものの土台を与えられてきた労働者であったのも事実である。精神分析的な臨床営為は私の医師生活の骨格になっていた。そして、沖縄の大自然といえども（ぎらぎらと輝く灼熱の太陽といえども）、このフロイトの暗さ、自我とエスと超自我の織りなす冥界的な暗さを、さらに明るくすることはできなかった。

こうして、十九世紀末に現れた二人の偉大なる「無意識の発見者」は、明るさと生命力躍動に輝くベルクソンと、暗さの中で死の欲動を呟き始めるフロイト、という対極性をなすことになった。沖縄の風土は二人のコントラストを明瞭化してくれたようだ。二人の明暗の差に、私はずいぶん昔から、ぼんやりとは気づいていた。だが、この二人の明／暗、この二人の生／死、この二人の進化／退化、この二人の収縮／弛緩……といった各々の対パターンの由来は、沖縄に来る前は、なかなか明瞭にならなかった。

他方、フロイトとベルクソンの二人がともに「無意識の発見者」として並び立っていることと自体は否定しようがなかった。その分かりやすい理由は、おそらく二人がまったく別個に描いた二つの図式の類似性と相違性に存する。これは、本書九五頁に引かれたベルクソンの「記憶の円錐体」図式（一八九六年）と、同じく九七頁に引かれたフロイトの「第二局所論」図式（一九三三年）のあいだに生まれてきた奇妙な類縁あるいは根底的な連合にはっきりと現れている。

本書冒頭に記したように、一九八七年頃に川崎市郊外で自動車通勤の途中に聴いた小林秀雄の講演テープ内容にかなりの衝撃を受けた。そして、私の場合、その衝撃の余波が以後二十年余にわたって持続していたわけだが、この二人の巨人の同質性と異質性は具体的にどのようであったか、という謎は解けないままであった。私の気分はもやもやとしたままであった。

沖縄の大自然の中で、確か三度目であったが、ベルクソンの『物質と記憶』を熟読玩味し、この読書努力が同時並行的に読んでいたフロイトの『快原理の彼岸』、『自我とエス』、そして『続・精神分析入門講義』と激しく共振し始めたとき、二人の「無意識の発見者」の魂が示す近接と離反の運動がようやく明瞭に見えてきたのである。こうして私に漠とした義務感が芽生えてから、それが一応の文章化に至るまで、おおよそ二十五年の歳月が流れたのだが、もちろん完璧な成果に至ったとは言えない。ベルクソンもフロイトも、心理学や精神病理学の通常基盤を踏み抜いてしまっており、真の哲学に固有の難解さが二人の思想に浸透してしまっているゆえ、現時点でこれ以上の理路をたどりゆくのは危険なのである。

既述のように、本書はずいぶん以前に岩波書店より刊行された。このたび、講談社学術文庫に収録されることになった。大変ありがたく、また光栄なことである。なるべく多くの人たちが二人の「無意識の発見者」のあいだに介入し、思索してくれることを願っている。文庫化にあたり多大の御尽力をいただいた講談社学芸第三出版部の互盛央氏に、心からの感謝の言葉を申し上げる。

二〇二四年初冬

渡辺哲夫

ラ　行

マ　行

ヤ　行

タ　行

ナ　行

ハ　行

人名索引

・本文および注に登場する人名を以下に掲げる。実在の人物のほか、神話や伝説に登場する人名・神名、文学作品の登場人物も対象とした。なお、見出し、書名、文献の参照指示に出現するものは対象としていない。
・ジークムント・フロイトとアンリ・ベルクソンは対象としなかった。

ア　行

カ　行

サ　行

KODANSHA

本書は、二〇一二年に岩波書店より刊行されました。学術文庫への収録にあたり、文献を最新のものに変えるなど、若干の訂正を加えています。

渡辺哲夫（わたなべ　てつお）

1949年，茨城県生まれ。東北大学医学部卒業（医学博士）。精神科医。専門は，精神病理学。主な著書に，『創造の星』，『〈精神病〉の発明』（以上，講談社選書メチエ），『二〇世紀精神病理学史』，『祝祭性と狂気』ほか。主な訳書に，ダニエル・パウル・シュレーバー『ある神経病者の回想録』（講談社学術文庫），ジークムント・フロイト『モーセと一神教』ほか。

講談社学術文庫

定価はカバーに表示してあります。

フロイトとベルクソン

渡辺《わたなべ》哲夫《てつお》

2025年3月11日　第1刷発行

発行者　篠木和久
発行所　株式会社講談社
東京都文京区音羽2-12-21 〒112-8001
電話　編集（03）5395-3512
販売（03）5395-5817
業務（03）5395-3615
装　幀　蟹江征治
印　刷　株式会社新藤慶昌堂
製　本　株式会社国宝社

ISBN978-4-06-538783-2

「講談社学術文庫」の刊行に当たって

これは、学術をポケットに入れることをモットーとして生まれた文庫である。学術は少年の心を養い、成年の心を満たす。その学術がポケットにはいる形で、万人のものになることは、生涯教育をうたう現代の理想である。

こうした考え方は、学術を巨大な城のように見る世間の常識に反するかもしれない。また、一部の人たちからは、学術の権威をおとすものと非難されるかもしれない。しかし、それはいずれも学術の新しい在り方を解しないものといわざるをえない。

学術は、まず魔術への挑戦から始まった。やがて、いわゆる常識をつぎつぎに改めていった。学術の権威は、幾百年、幾千年にわたる、苦しい戦いの成果である。こうしてきずきあげられた城が、一見して近づきがたいものにうつるのは、そのためである。しかし、学術の権威を、その形の上だけで判断してはならない。その生成のあとをかえりみれば、その根は常に人々の生活の中にあった。学術が大きな力たりうるのはそのためであって、生活をはなれた学術は、どこにもない。

開かれた社会といわれる現代にとって、これはまったく自明である。生活と学術との間に、もし距離があるとすれば、何をおいてもこれを埋めねばならない。もしこの距離が形の上の迷信からきているとすれば、その迷信をうち破らねばならぬ。

学術文庫は、内外の迷信を打破し、学術のために新しい天地をひらく意図をもって生まれた。文庫という小さい形と、学術という壮大な城とが、完全に両立するためには、なおいくらかの時を必要とするであろう。しかし、学術をポケットにした社会が、人間の生活にとってより豊かな社会であることは、たしかである。そうした社会の実現のために、文庫の世界に新しいジャンルを加えることができれば幸いである。

一九七六年六月

野間省一

哲学・思想・心理

2693
未完のレーニン 〈力〉の思想を読む
白井 聡著（解説・國分功一郎）

資本主義の「外」は断じて存在する！ レーニンという思想史上の事件そのものである人物の思想、その核心を、『国家と革命』『何をなすべきか？』のテクストを読み込むことで摑み、現代人にとっての意義を捉え直す。

電 P

2694
自然真営道
安藤昌益著／野口武彦抄訳・解説

江戸中期、封建社会の低層たる農民の生活を根拠としながら、独特の時代批判をものした思想家・昌益。人間の作為を暴き、自然世への回帰を説く、「土の思想」の核心とは何か？ 管啓次郎氏によるエッセイも収録。

電 P

2699
デカルト 「われ思う」のは誰か
斎藤慶典著

「われ思う、ゆえにわれあり」という命題は最終到達点ではなかった！ 『方法叙説』と『省察』という二つの主著を精緻に読み解くことで、この命題のもつ真の意味を明らかにする。第一人者が挑む哲学者との対話！

電 P

2700
方法叙説
ルネ・デカルト著／小泉義之訳

われわれは、この新訳を待っていた――デカルトから出発した孤高の研究者が満を持してみずからの原点に再び挑む。『方法序説』という従来の邦題を再検討に付すなど、細部に至るまで行き届いた最良の訳が誕生！

電 P

2703
個性という幻想
ハリー・スタック・サリヴァン著／阿部大樹編訳

対人関係が精神疾患を生み出すメカニズムを解明し、いま注目の精神医学の古典。人種差別、徴兵と戦争、プロパガンダ、国際政治などを論じ、社会科学の中に精神医学を位置づける。本邦初訳の論考を中心に新編集。

電 P

2704
人間の条件
ハンナ・アレント著／牧野雅彦訳

「労働」「仕事」「行為」の三分類で知られ、その絡み合いの中で「世界からの疎外」がもたらされるさまを描き出した古典。はてしない科学と技術の進歩の中、人間はいかにして「人間」でありうるのか――待望の新訳！

P

《講談社学術文庫　既刊より》

哲学・思想・心理

2706
中国思想史
武内義雄著（解説・浅野裕一）

孔子・老荘・墨子ら諸子百家から、四書五経の研究を深めた経学の伝統、道教・仏教・儒教の相互交渉、朱子学の成立、清代考証学の成果まで。中国哲学の二千年を一人の学識の視野で一望した、唯一無二の中国思想全史。

電 P

2716
ベルクソンの哲学　生成する実在の肯定
檜垣立哉著（解説・杉山直樹）

「生の哲学」を提唱したアンリ・ベルクソン。旧来の哲学を根底から批判し、転覆させたその哲学は、ドゥルーズの革新的な解釈によって蘇った。全主要著作を誰よりもクリアかつ精密に解説する、最良のガイド。

電 P

2720
『エセー』読解入門　モンテーニュと西洋の精神史
大西克智著

『エセー』を読むことは、モンテーニュを読むことであり、人間が紡いできた精神の歴史そのものを読むことである――文庫版で全六冊に及ぶ分量をもち、錯綜した構成をもつ名著をその背景とともに完全解説する。

電 P

2722
荘子の哲学
中島隆博著

古今東西の『荘子』研究を渉猟。自己と世界の変容を説く「物化」思想をその可能性の中心として取り出し、現代の西洋哲学と突き合わせることで、荘子の思索を新たな相貌の下に甦らせる。新時代の標準たる読解の書。

電 P

2728
異常の構造
木村　敏著（解説・渡辺哲夫）

「日常性」が解体するとき、人間は、そして社会はどうなるのか？　稀代の精神病理学者の名を世に広く知らしめるとともに、社会精神医学的な雰囲気を濃く帯びていることで、ひときわ異彩を放つ不朽の名著！

電 P

2738
九鬼周造
田中久文著

理性と感情、東洋と西洋、男と女、偶然と必然……幾多の対立に引き裂かれた生の只中で、日本哲学の巨星は何を探究したのか。生い立ちから主著『「いき」の構造』『偶然性の問題』まで、思索の全過程を辿る決定版！

電 P

《講談社学術文庫　既刊より》

哲学・思想・心理

2743
読むことのアレゴリー
ポール・ド・マン著／土田知則訳
巨人ポール・ド・マンがルソー、ニーチェ、リルケ、プルーストを題材にして脱構築批評を展開する本書は、堂々たる主著であり、不滅の金字塔にほかならない。長らく待望された全訳が、ついに文庫化！
電P

2744
畠中尚志全文集
畠中尚志著（解説・畠中美菜子／國分功一郎）
スピノザの名訳者は、稀代の文章家でもあった。岩波文庫に収録されたスピノザの全哲学著作の訳者解説をはじめ、雑誌での論争、そして雑誌に寄せた味わい深いエッセイまで——生前発表された文章のすべてを集成。
電P

2749
宗教哲学講義
G・W・F・ヘーゲル著／山﨑　純訳
ドイツ観念論の代表的哲学者ヘーゲル。彼の講義は人気を博し、後世まで語り継がれた。西洋から東洋までの宗教を体系的に講じた一八二七年の講義に、一八三一年の講義の要約を付す。ヘーゲル最晩年の到達点！

2750
ゴルギアス
プラトン著／三嶋輝夫訳
練達の訳者が初期対話篇の代表作をついに新訳。代表的なソフィストであるゴルギアスとの弁論術をめぐる対話が展開される中で、「正義」とは何か、「徳」とは何かが問われる。その果てに姿を現す理想の政治家像とは？
電P

2751
ツァラトゥストラはこう言った
フリードリヒ・ニーチェ著／森　一郎訳
ニーチェ畢生の書にして、ドイツ屈指の文学作品である本書は、永遠回帰、力への意志、そして超人思想に至る過程を克明に描き出す唯一無二の物語。「声に出して読める日本語」で第一人者が完成させた渾身の新訳！
電P

2755
知性改善論
バールーフ・デ・スピノザ著／秋保　亘訳
本書をもって、青年は「哲学者」になった。デカルトやベーコンなど先人の思想と格闘し、独自の思想を提示した本書は、主著『エチカ』を予告している。気鋭の研究者が最新の研究成果を盛り込みつつ新訳を完成した。
電P

哲学・思想・心理

2768

松永澄夫著

日常性の哲学　知覚する私・理解する私

〈私〉が物を知覚し、出来事を理解するとはいったいどういうことだろうか？　日常生活を支えている物の知覚と出来事の理解を具体的な事例とともにやさしい言葉でしなやかに描き出す。 電 P

2782

村田純一著

技術の哲学　古代ギリシャから現代まで

「技術とは何か？」「技術といかに付き合うか？」──数千年の人類史を辿りつつ、普遍かつ喫緊の問題の核心へと迫る。自然や社会に開かれた技術の多次元的性格を明らかにする、泰斗による決定版・入門書！ 電 P

2783

曹操著／渡邉義浩訳

魏武注孫子

千八百年受け継がれた兵法の「スタンダード」、そのテキストは「三国志」の曹操が校勘したものだった。英傑たちが戦場において孫子の思想をいかに具体化させたかを分析する「実戦事例」を併載した、画期的全訳！ 電 P

2785・2786

長谷川　宏著

日本精神史（上）（下）

日本とは何か？　美術、思想、文学などを徹底的に読み解く。縄文時代の巨大建造物から江戸末期の『東海道四谷怪談』まで。日本の思想と文化を「精神」の歴史として一望のもとにとらえたベストセラーの文庫化！ 電 P

2796

ピエール＝ジョゼフ・プルードン著／伊多波宗周訳

所有とは何か

「所有とは盗みである」という衝撃的な命題を提示した社会哲学の古典中の古典。激化する格差社会に向けて今こそ読むべき名著を半世紀ぶりに新訳。来たるべき理想の社会とは何か、どうすれば実現できるのか？ 電 P

2801

中村　元著

インド思想史

『リグ・ヴェーダ』からウパニシャッド、ジャイナ教、仏教、ヒンドゥー教、近代のガンジーに至るまで三〇〇〇年にわたる多様な思想を簡潔にあますところなく描く。世界的インド哲学、仏教学者による至高の概説書。 電 P